献给我的导师乐黛云先生九十华诞

JOHN KING FAIRBANK'S
THOUGHTS OF
CHINESE STUDIES

费正清中国学思想研究

陈国兴／著

山东人民出版社·济南
国家一级出版社 全国百佳图书出版单位

图书在版编目（CIP）数据

费正清中国学思想研究/陈国兴著. -- 济南：山东人民出版社，2022.1
ISBN 978-7-209-13532-0

Ⅰ. ①费… Ⅱ. ①陈… Ⅲ. ①费正清（Fairbank，John King 1907—1991）—汉学—思想评论 Ⅳ. ①K207.8

中国版本图书馆 CIP 数据核字(2021)第 212657 号

费正清中国学思想研究
FEIZHENGQING ZHONGGUOXUE SIXIANG YANJIU
陈国兴 著

主管单位 山东出版传媒股份有限公司
出版发行 山东人民出版社
出 版 人 胡长青
社　　址 济南市英雄山路 165 号
邮　　编 250002
电　　话 总编室（0531）82098914
　　　　 市场部（0531）82098027
网　　址 http://www.sd-book.com.cn
印　　装 山东华立印务有限公司
经　　销 新华书店

规　　格 16 开（169mm×239mm）
印　　张 16.5
字　　数 252 千字
版　　次 2022 年 1 月第 1 版
印　　次 2022 年 1 月第 1 次
ISBN 978-7-209-13532-0
定　　价 68.00 元
如有印装质量问题，请与出版社总编室联系调换。

寄語：

江山代有才人出
各領风騷數百年

張西平
二〇二二.七.十

序言

陈国兴教授是我的师弟，1985年7月我从聊城师范学院（现聊城大学）英语系毕业，他9月入学，上学时我们并未谋面。后来我因工作调动去了山东大学外国语学院任教职，同在济南，慢慢成了好朋友，2019年我调到了齐鲁工业大学外国语学院，又成了同事，算起来我们俩相识也有二十几年了。

与他相识相熟，他做事低调，为人谦虚，不事张扬，但在做学问上，一直以来刻苦上进，一丝不苟。2008年他考取北京外国语大学博士，师从我国著名学者乐黛云先生，从事比较文学与跨文化研究。近年来，虽忙于各种行政事务，但他一刻也没有放松专业学习，不断有文章发表、著作出版、项目立项。但由于各种原因，他的博士论文一直没有出版，他不时与我谈起他的苦恼，今年听说他终于联系好一家出版社，可以出版了，我从心底替他高兴，并从我的项目资金里拿出一部分帮助他达成夙愿。

本书缘起于他的博士论文。在他于北外攻读博士学位期间，上海东方出版中心约乐黛云先生牵头编写一套有关当代海外汉学家个案研究的丛书，包括费正清（John King Fairbank，1907—1991）、史华兹（Benjamin I. Schwartz，1916—1999）、李约瑟（Joseph Terence Montgomery Needham，1900—1995）、宇文所安（Stephen Owen，1946— ）、于连（François

Jullien，1951— ）、安乐哲（Roger T. Ames，1947— ）等，乐先生希望他能参与其中一位汉学家的研究。他是在英国诺丁汉大学（University of Nottingham）拿的硕士学位，方向为国际问题研究/亚太地区（International Studies/Asia-Pacific Region），这期间学习了国际关系理论、环太平洋地区国际关系、中国政治、中美关系等方面的课程，回国后主要从事跨文化、英美文化、翻译等方面的教学与科研工作。在这些研究个案中，唯有费正清是一个从中英关系史入手的美国中国研究专家，侧重从中美文化角度对近代中国的解释与分析，所以他最终选取了费正清作为自己的研究对象。之后，在乐先生指导下，完成了题为《费正清中国学思想研究》的博士论文，于2011年年底顺利通过论文答辩，并被北京外国语大学评为校级优秀论文，2012年春获得博士学位。

在写作过程中，他注意从国内外挖掘文献资料，如用近一年时间，几经周折，在牛津大学 Bodleian 图书馆找到了费正清1936年完成的博士论文 *The Origin of the Chinese Maritime Customs Service, 1850-58*，目前除牛津大学 Bodleian 图书馆的原件外，只有他手中的一本电子版及交给北京外国语大学汉学中心的一本复印件；从香港中文大学找到了加拿大费正清研究学者保罗·埃文斯1982年的博士论文 *Fairbank: Intellectual and Enterprise in American China Scholarship, 1936-1961*，1946年马叙伦和李嘉译就费正清《我们在中国的机会》分别发表的文章《读美国人费正清论中国时局》和《费正清论中国时局真相》，以及张朋园、林凤娃、吴翎君、冯先祥等的相关文章。他还以 Email 方式，采访了费正清女儿霍莉女士、保罗·埃文斯教授、哈佛大学费正清中国研究中心图书馆的 Nancy Hearst 女士、牛津大学 Bodleian 图书馆的 Rob Wilkes 先生等，并当面请教了张西平、安乐哲教授等。近期又增加了不少参考文献，吸收了近年来国家关于文化建设的指导思想，体现了有关费正清研究的最新成果。可以说在材料的搜集方面，他下足了功夫，采用了不少一手资料。

国内对费正清的研究大多是基于费正清个人生涯的小的历史叙事，

本书把费正清及其中国学的形成与发展置于美国历史、中国历史、美国汉学史、中美关系史的大叙事中，力图对费正清的研究更趋于客观、理性；并从后现代主义的理论视角来检视其思想及其所带有的西方中心主义印记，最后以安乐哲教授的互系哲学理论为指导，力图突破“西方中心”和“中国中心”两极模式，探索一种中国文化分析和发展的古今中外通约对话的途径。以安乐哲教授的互系哲学理论来分析费正清的中国传统文化观，对于在世界舆论场中构建中国特色文化话语，增强中国对外话语权，是一种较为有效的方法。

毕业之后，特别是近年来，他紧密结合中国特色文化话语权的构建，对博士期间的这一选题又进行了深入思考，在部分地方进行了进一步完善和修改。

在观点上做了修正。他博士论文的一个主要观点在于分析、批判中国研究的两个极端——费正清的西方文化中心主义和保罗·柯文的“中国中心观”，并提出了建设中外互动的第三次中国研究范式转移的设想。修改后，以十八大以后习近平总书记有关讲话精神为指导，如“支持和鼓励建立海外中国学术中心”，“加强国内外智库交流，推动海外中国学研究”，“打造融通中外的新概念、新范畴、新表述”等，将海外中国学作为一个反观自身的借镜，突出了中国特色话语的分析，旨在为构建中国特色外交话语、在世界舆论场中讲好中国故事提供一些思考和建议。

对费正清的西方文化中心主义和保罗·柯文的“中国中心观”的批判，他没有局限于原来的理论分析，而是通过增加对现实语境的描述，力求使这种分析批判更趋于客观、理性。

基于上述观点的变化，他在内容上也做了相应调整。增加了“序言”，在“绪论”中增加了习近平总书记加强中国话语权建设、发扬中国优秀传统文化有关讲话精神，作为呼应，在“结论”中也增加了有关论述。在“摘要”和第 1 章中，增加了费正清中国学思想形成和发展的现实语境分析，以及美国汉学实用主义特点的论述。在第 1 章，对美国清教思想、四位导师的学术观点、中国自由主义知识分子所处的社会环境等，进行了更为详细的介绍。由于他在攻读博士学位期间，拿到费正清的博士论文和加拿大学者保罗·埃文斯的博士论文较晚，没有来得及做仔细分析，因此在本书的第1章第6节增添了对费正清本人博士论文内容的描述，以及保罗·埃文斯在自己博士论文中有关费正清博士论文的分析。

结构上也做了微调。在章节安排上，他将原博士论文中“致谢”部分置于最后。第1章标题改为“费正清的教育背景”，将原来2.2节中的博士前的教育部分单独拿出，形成了本章的第2节“早年教育”，同时将博士论文中的2.4节“获得牛津大学博士学位”纳入本章形成第6节。将博士论文中的2.5节“执教哈佛”纳入第2章，形成了现在的第2章第1节。

对于师弟陈国兴教授这种精益求精的精神，我感到由衷敬佩。我认为该书是近年来有关费正清研究的不可多得的一本专著，无论在材料挖掘还是论证方面，都有非常好的创新，相信它的出版必将对我国当代海外汉学研究起到很好的促进作用，对于当下中国特色话语权的构建有着良好的借鉴意义。

刘振前
2021年6月

摘要

无论缘何路径去梳理或探讨西方具有现代意义的中国研究，恐怕都绕不开一个人——费正清（1907—1991）。

以法国为中心的传统汉学通常是运用历史学、考据学的研究方法，以古典为事象展开对中国作为知识客体的研究，虽然客观上有着对中西文化交流的促进作用，但往往被认为是一种纯知识型的学问。而在现实主义至上的美国，由于与商业与国家利益的勾连，当汉学移植到美国时，出现了水土不服的现象，与欧洲汉学的人文科学精神相殊，美国汉学一开始就呈现出社会科学的特征。美国汉学是伴随着中美贸易开始的，随着商船来到中国的有传教士，还有外交官，他们除了研究中国语言、中国经典外，还在中国创办了报道中国现实的报纸、翻译了法律著作、出版了有关早期中美关系的著作，有的对中国进行了实地考察，出版了有关中国西藏地区、中国人口的专著。所以，在美国现实主义背景下成长起来的费正清，无怪乎选择了被汉学忽略的近代中英外交史作为切入点，并敢于单枪匹马地闯入中国研究的一个新领域。二战后由其开创的“区域研究”——中国学伴随着新中国的成立、成长和壮大，逐渐成为一门“显学”，中国研究的中心由此从法国转移到美国。费正清对中国学的开创之功以及在此基础上形成的对中美关系发展的前瞻性认识及贡献，使其成为中国学的一代宗师。

在长达六十年的学术生涯中，费正清不仅目睹了二十世纪三十年代以来波澜壮阔、跌宕起伏的中国社会、历史的变迁，而且直接参与了诡谲多变、错综纠葛的中美交往。从闭塞的美国中西部的清教徒后代，到暮年大英帝国的学生，到派驻到腐朽的国民党中国的美国外交官，再到新英格兰上流社会的大学教授，现实语境的沧桑变迁，自我身份的变换更迭，没有改变他始终如一的学术焦点——中国，并且在自我身份建构中逐步形成了具有现实主义特色的美国中国学。如他本人所言："历史学家是他自己历史的一部分。我不相信无主观价值标准的社会科学研究的现实性"，"试图去抛弃主观价值标准的社会科学家是在欺骗自己"。①

费正清一生著作等身，成果累累，据不完全统计，出版了至少44本专著（部分与他人合作），主编或联合主编至少18本论著，发表了187篇论文，与他人合撰18篇，为别人专著撰写序言52篇，发表书评160篇，尚不包括大量的专访及声像材料。甚至直到他1991年9月14日去世前两天，还亲自把刚刚完成的《中国新史》交到哈佛大学出版社。

费正清奇特、丰富的人生经历及其复杂、多变的学术思想，使其本人也成为了学界研究的对象。二战以后，在西方学界一种具有强烈的政治性和文化批判色彩的学术思潮——后殖民主义开始兴起，美国史学界开始对长期居于统治地位的"冲击-反应"中国研究模式提出挑战。在中国学界，自二十世纪九十年代至今，费正清的研究热潮持续不衰，受西方后殖民主义的影响，基本上是从西方中心主义出发开展的批判。应该说，这些基于学理的批判没有错误，但某种程度上都忽略了费正清其时所处的现实语境。本书试图挖掘费正清中国学思想变迁背后的语境，从而对其中国学的形成、发展、变化进行一种较为客观的分析、批评，以期对当代世界语境下中国特色文化话语权的构建，能有所借鉴。

本书首先回顾了费正清的生活历程和学术生涯，梳理了他的学术渊源，总结分析了他的中国学形成的主要原因和有别于传统汉学的主要特色。四

① 保罗·埃文斯:《费正清看中国》,陈同、罗苏文、袁燮铭、张培德译,上海:上海人民出版社,1995年,第390页。

位引其入门的大师韦伯斯特、马士、拉铁摩尔和蒋廷黻，其中前三位是外交史研究专家，而马士和拉铁摩尔既是近代中国外交史研究专家又是近代中国外交的直接参与者，蒋廷黻是近代中国史专家，费正清在他们影响下一开始就进入汉学家不屑一顾的近代中国外交史的研究，其对中文文献的利用又使他不同于前辈的近代中国外交史研究；宗教家庭背景和学术官僚身份产生的学术服务于国家利益的观念，课题研究受到特殊利益集团基金会和政府的支持，让他的中国学具有强烈的功利主义色彩，因而有人认为费正清的中国学就是一种官方中国问题研究，费正清本人也获得了“学术企业家”的称号，其学术的客观性常常受到质疑；麦卡锡主义之后，费正清整合了美国东西部分裂的中国学机构，形成了全国性的集团化协作的中国学学术研究和人才培养网络，六十年代的两次环球学术旅行，使中国学在全世界得到扩张；二战期间，美国政府出于战争的需要成立了战略情报局，集中了包括费正清在内的来自全国各个领域的专家，进行情报的收集、整理和分析工作，社会科学研究方法在情报分析中的综合运用给费正清的中国学以很大的启发，战后，他在东亚研究中心举办的研讨班上邀请了社会科学领域的专家前来授课，并将这些社会科学理论应用到他的第一本专著《美国与中国》撰写之中，因而社会科学综合研究的方法成为他的中国学另一大特色。因此，我们可以把费正清开创的中国学称之为西方中国研究从传统汉学以来的第一次范式转移。

对费正清中国学思想的分析和评价是本书的重点。费正清的中国传统文化观以及在此基础上形成的对近代中国史分析的“冲击-反应”模式，是其中国学思想的核心。通过上述对其中国学背景的分析，归纳了费正清中国传统文化观产生的几个方面的原因：在美国传教士中国观的影响下形成的负面化的中国形象的前见，西方知识结构体系，“五四”中国自由主义知识分子的影响，以及对腐败的国民党政府的偏执性厌恶。因此，他对中国传统文化，特别是儒家思想的看法基本上是铁板一块的否定性评价。费正清对儒家思想的看法延续了帕森斯从韦伯资本主义理性发展出的资本主义制度和价值观普适性的观点，实际上是一种把儒家思想完全看作专制工具的观点。本书认为，作为工具理性的儒家思想确有它的局限性，但是它的价值理性，像审美性、互系逻辑等仍具有很好的社会建构作用。中西比较哲学积极开发中国传统文化智源，企图来弥合西方自启蒙主义以来资本主义理性造成的社会、自然和价值的分裂，正是看中了儒家思想蕴涵的价值理性功能。

对中国朝贡制度的研究由费正清首开先河，因此他的中国世界秩序观成为其中国传统文化观的重要组成部分。在费正清看来，中国的世界秩序是以自我为中心的、等级制的朝贡关系，因而是一种不平等的、落后的外交制度，而西方在民族-国家基础上形成的条约关系是一种平等的、进步的外交制度，条约制度的冲击必然会导致朝贡制度的瓦解，最终为近代化意义上的中国民族-国家的产生铺平道路。本文通过追溯条约制国际关系法的形成和发展，认为，欧洲在威斯特伐利亚体系下形成的，基于民族-国家的所谓国际关系法，实际上最初是用来协调欧洲内部关系的国家间法，只不过后来殖民者出于殖民和扩张的需要，把它变成了一种普适霸权逻辑。鸦片战争之后，外国列强与中国签订的一系列不平等条约就是西方这种霸权逻辑的体现。中国的朝贡制度，就其实质而言，是一种差序包容的互系性的外交关系制度，主张社会、自然、道德、精神的和谐与稳定，在上下有别、尊卑有序的差序中主张主客包容、反对对立。因而，中国传统的外交制度，对于解决在西方霸权逻辑和强权政治下造成的国际关系的紧张、对立、冲突，有着很好的借鉴意义。

出于对中国世界秩序的上述看法，费正清试图将中美关系的发展纳入到美国自由-民主的体系中，但是麦卡锡主义的恐怖、朝鲜战争和越南战争的失败以及“水门”事件丑闻，对美国所谓普适主义的制度和价值观形成了很大冲击，特别是随着中国国际地位的巩固与提升，费正清开始从中苏美三国角力的现实主义角度思考中美关系，最终从一个理想主义者转变为一个现实主义者，顺应了中美关系的发展，为两国关系正常化做出了自己的贡献。中美关系的正常化是费正清中国学与现实政治结合的最好说明，代表了他学术生涯的巅峰。

“冲击-反应”模式是费正清整个中国学的核心分析框架，笔者分析了费正清“冲击-反应”模式的形成及柯文等对该模式的批判。在西方知识背景中培养的知识结构以及冷战造成的两极思维，让他思考问题的逻辑不可避免地带有二元对立的惯性，对社会发展的看法往往带有明显的线性和目的论色彩，从而在他中国传统文化观的基础上形成了“西方冲击-中国反应”的中国学模式，即认为：停滞、落后的中国社会的近代化进程只有在充满活力、进步的西方冲击下才能实现。柯文从后现代主义史学观出发，认为费正清的“冲击-反应”模式以及与此类似的“帝国主义”模式和“传统-近代”模式都是典型的西方中心主义思想。他在解构了“西方”概念后，主张采取“移情”的方法深入中国内部寻找中国近代化的自身因素，以柯文为代表的“内部取向”的研究方法标志着以中国为中心的西方中国研究的第二次范式转移。第二次范式转移带来了广泛而持久的影响，之后大量出现的个案调查、分析、研究就是这种影响的结果。费正清本人在晚年也认识到自己中国学“外部取向”的缺陷，在《美国与中国》（第四版）、《中国：传统与变迁》、《伟大的中国革命》等后期著作中进行了打补丁式的修补，但“冲击-反应”模式的大框架并没有得到根本纠正。

柯文的“内部取向”虽然有利于摆脱中国学的西方中心主义倾向，但这种从一元走向另一元的做法只是原来二元对立的倒置，而且在中国国内极易引起狭隘的民族主义和保守主义思想，不利于当今全球化时代的多元思维。本书认为，不能片面地从“中国中心”出发，对费正清的中国学思想一概予以否定，毕竟十九世纪西方对中国的影响是客观存在的，是任何人都无法回避的。世界上所有民族在历史长河中创造的优秀文明成果，都有值得其他民族学习和借鉴的地方。文明是多彩的、平等的、包容的，“文明因交流而多彩，文明因互鉴而丰富”①。此外，对费正清中国学思想的研

① 习近平：《习近平谈“一带一路”》，北京：中央文献出版社，2018 年，第 14—19 页。

究，不能单纯地从学理上进行历史虚无主义的批判，应结合当时的现实语境进行客观、理性的分析。他本人也说："脱离历史去想象北京，是极端不现实的。"① 因此，我们可以把费正清开创的中国学作为一个反观自身的借镜，在批评和自我批评的前提下借鉴吸收西方文化，同时继承自己的传统文化，从而在"穿越西方，回归传统"的横纵坐标上重塑我们的当代文化，形成一种国内中国文化研究与国外中国学互动、互构的格局，把中国文化建设成为当今世界文化的一种重要智源，形成中国研究的第三次范式转移。

---

① John King Fairbank. "China's Foreign Policy in Historical Perspective", op. cit, *Foreign Affairs* (April, 1969): p. 43.

目录

绪论

第 1 节　选题的意义

作为二十世纪最伟大的中国学家费正清，在其长达六十年的学术生涯中，著作等身，成果累累，据不完全统计，出版了至少 44 本专著（部分与他人合作），主编或联合主编至少 18 本论著，发表了 187 篇论文，与他人合撰 18 篇，为别人专著撰写序言 52 篇，发表书评 160 篇，尚不包括大量的专访及声像材料。① 一般而言，古典汉学（特别是专业汉学）通常把中国作为一种知识客体，费正清在与中国文化紧密接触的过程中，从现实语境出发对中国文化进行的冷酷的理性观察与分析，以及用社会科学综合方法对近代中国展开的"区域研究"，开创了世界中国学的先河。作为史家的费正清善于把中美关系置于广阔的历史叙事之中，因而较一般的国际关系学家和历史学家，更有一种纵横交叠的双维度视野，在处理中美关系时更加理性和现实，最终为中美关系的发展做出了贡献。

但是，费正清的中国学，尤其是其著名的"冲击-反应"模式（impact-response model）的西方中心主义棱镜对中国文化造成的折射与扭曲，在六十年代遭到来自其学术阵营内部的猛烈批判，到八十年代形成了内部取向的"中国中心观"。中国学者自近代以来，国力的衰微造成了学术上的"失语"，在相当长的一段时间里，在西方学术话语霸权的笼罩下，丧失了自己的主体地位，成为西方学术话语的附庸，中国学成为西方学者书写中国问题的单向度写作，中国文化成为中国学家笔下被宰制的客体。"中国中心观"对"西方中心"的驱逐，纠正了中国学术界长期以来的"失语症"，恢复了中国学中中国文化的主体地位。

伴随着二十世纪九十年代中国经济的腾飞和国际地位的提升，"中国中心观"一路高歌猛进，学术界呈现出对费正清"冲击-反应"模式批判的一边倒的倾向，形成了"中国中心观"一统天下的格局，"冲击-反应"模式

① 徐国琦:《略论费正清》,《美国研究》1994 年第 2 期。

在一片口诛笔伐中渐趋式微。这种从彼岸走向此岸的简约化的二元对立逻辑，堵塞了进一步研究和多元化思考的可能性，在社会上也容易导致激进主义的精神气质和保守主义的文化倾向。

西方文明在现代性的冲击下产生了种种裂痕，许多西方学者在重构西方文化的过程中越来越发现中国传统文化智源的重要性。随着中国的崛起，特别是中国成功的经验以及参与世界事务的体验成为各国中国学的理论和智识来源，原来处于优势地位的西方中国学家们开始进行自我反思和批判，并开始尝试“自我他者化”的视角。弗朗索瓦·于连（François Jullien，1951— ）把中国文明看作是“与欧洲没有实际的借鉴或影响关系之下而独自发展时间最长的文明”，认为“中国是从外部正视我们的思想——由此使之脱离传统成见——的理想形象”，由于身在其中的迷茫，于连选择了离开，通过中国的迂回从而更深入地进入希腊。[①] 于连把中国作为他者之镜，可以远距离地透视欧洲思想的全景图像，借以反省、重建欧洲文化。在汪德迈（Leon Vandermeersch，1928—2021）看来，西方的人文主义面对近代以降的挑战已无法给出答案，而儒家思想可能会成为指引世界的一条道路，如“天人合一”尊重自然的思想、“远神近人”拒绝宗教的完整主义思想、“四海之内皆兄弟”的博爱思想等。[②] 同样，安乐哲（Roger T. Ames，1947— ）的中西比较哲学研究也是试图把儒家思想化为丰富、改造西方世界的一种文化资源：“儒家从社会角度定义‘人’的观念是否可以用来修改和加强西方自由主义模式？在一种以‘礼’建构的社会中，我们能否发现可以利用的资源，以帮助我们更好地理解我们哲学根基不足却颇富实际价值的人权观念？……”[③] 他主张以礼治来构建社会，来弥补西方法治社会的不足。[④]

① ［法］弗朗索瓦·于连：《迂回与进入·前言》，杜小真译，北京：三联书店，1998 年，第 3—4 页。

② ［法］汪德迈：《〈儒藏〉的世界意义》，《光明日报》，2009 年 8 月 31 日第 12 版。

③ ［美］安乐哲：《通过孔子而思·中译本序》，何金俐译，北京：北京大学出版社，2005 年，第 V 页。

④ 此段文意亦见乐黛云：《漫议汉学与国学的交叉》，《清华大学学报》（哲学社会科学版）2010 年第 6 期。

尽管经过四十多年的改革开放，特别是近年来经济的迅速发展，中国已经成为世界第二大经济体，但在文化上话语权仍然处于与之不相匹配的弱势地位，仍然需要一个较长的建设过程。当前，中国文化发展面临的一个至关重要任务就是，如何在当今诡谲多变的政治、经济语境下对中国传统文化进行现代诠释，使之参与到正在进行的世界文化的建构，在新的世界文化中发出中国人的声音。既然外国学者纷至沓来，企图从中国传统的思想智库中淘金，那么同样面临着文化重建任务的我们为什么坐以待毙呢？

“传承和弘扬中华优秀传统文化，并不意味着故步自封，闭上眼睛不看世界。中华民族是一个兼容并蓄、海纳百川的民族，在漫长历史进程中，不断学习他人的好东西，把他人的好东西化成自己的东西，这才形成我们的民族特色。”① 习近平总书记在2016年5月哲学社会科学工作座谈会上指出，“要注意加强话语体系建设，在解读中国实践、构建中国理论上，我们应该最有发言权”，但实际上我们在“国际上的声音还比较小，还处于有理说不出、说了传不开的境地”，要“支持和鼓励建立海外中国学术中心”，“加强国内外智库交流，推动海外中国学研究”。② 乐黛云先生在编辑这套有关当代海外汉学家个案研究丛书的组稿会上也提出，应该把汉学、中国学作为一种反观自身、丰富自身的手段，而不仅仅是作为一种客观的研究对象。她还指出，必须要加强对西方中国观的了解与分析，一方面将之作为他者，在比较和参照中来重新认识中国文化的特点；另一方面总结西方人对中国文化的独特理解，包括误读和曲解，分析其文化根由，实现对话交流、互相为用的目的。

谈到对中华优秀传统文化的挖掘和阐发时，习近平进一步指出：“强调民族性并不是要排斥其他国家的研究成果，而是要在比较、对照、批判、吸收、升华的基础上，使民族性更加符合当代中国和当今世界的发展要

① 中共中央宣传部：《习近平新时代中国特色社会主义思想学习纲要》，北京：学习出版社，人民出版社，2019年，第148页。

② 习近平：《习近平谈治国理政》（第二卷），北京：外文出版社，2017年，第346页。

求。”[1] 中国学者在加强民族文化自觉、提高自身文化身份认同，维护本民族文化和自身文化身份的主体性的同时，也应培养自己的世界胸怀，把自己的研究置于世界语境中，展开与他人的平等交流与对话，注意从“被他者化”的视角中吸收、借鉴西方的理论和经验，避免单纯地以传统批判现代、以中国性批判西方性造成的颠倒的“东方主义”。全球性的生产和市场的形成，模糊了原来的疆域界限；全球性劳动力市场的形成，实现了研究人员的全球性的跨界流动，混淆了社会学家们的主体意识。同时，全球化瓦解了文化霸权主义，促进了不同国家和民族之间的沟通与理解。中国本土研究者应主动参与到世界性的中国研究中来，加强与各国学者的互动，在互为主体、互为“他者”的视角下，抛弃中心和边缘的观念，展开不同文化间互为文本、互为语境、互为主观、互相参照、互相照亮的研究。就像二十世纪二十年代陈寅恪先生提出的“国学”研究的新视野那样——“中国主体，世界眼光”，中国学者的文化身份应是自我与他者、现代与传统的定位。因此，笔者认为，中国当代文化的建构应该是一种“穿越西方，回归传统”的范式，在利用古今中外各种智源的基础上，“发现在中国的历史”，而不仅仅是“在中国发现历史”。[2]

费正清第一本传记作者，加拿大英属哥伦比亚大学亚洲研究所所长保罗·埃文斯（Paul M. Evans）教授告诉笔者，在有关费正清的研究搁笔20年后，最近正重新回归这个领域，目前正在从事费正清的中国的世界秩序与王庚武[3]中国在全球化时代的对外关系的对比研究。同时，费正清的小女儿霍莉·费尔班克（Holly Fairbank）在给笔者的信中说，她正在撰写一本有关父亲的著作。他们都是期望发现费正清及其开创的中国学在当下的学

① 习近平:《习近平谈治国理政》(第二卷),北京:外文出版社,2017年,第340页。

② 罗志田:《发现在中国的历史——关于中国近代史研究的一点反思》,《北京大学学报》(哲学社会科学版)2004年第5期。

③ 作者注:王庚武(Wang Gungwu, 1930—),祖籍江苏泰州,生于印尼。澳大利亚华裔中国史、华人华侨史、东南亚史专家。曾担任马来亚大学历史系主任及文学院院长、澳洲国立大学文学院院长、香港大学校长等职务。现为新加坡国立大学东亚研究所所长,目前他在致力于在全球化时代的中国政治、外交、文化等方面的研究。(资料来源:维基百科)

术价值及现实意义。因此，我们在批判费正清中国学的同时，是否也可以从他者的角度借鉴吸收一些我们可资用来建构中国文化的资源呢？

第 2 节　文献回顾

费正清曲折丰富的经历以及复杂多变的思想，使他本人也已成为学术研究的对象。他是一位充满矛盾和争议的人物：没有皈依宗教，却继承了清教徒祖父上帝“使命”的以学术服务于政治的宗教般的热忱；他与中国自由主义知识分子的交往不乏真挚的个人情感，同时又夹杂着冷酷的西方自由主义诉求；赞扬中国共产党人，却不同意共产主义的意识形态；赞成同新中国发展外交关系，又主张不放弃台湾。在学术上，既要忠诚于学术客观性的要求，又主张学术服务于国家利益和现实政治的经世致用的实用主义功能；不愿意构筑理论框架，却创造了影响至今的“冲击-反应”分析模式；既从文化相对主义来看待中国文化，又主张西方自由主义的普适价值；交织着理想主义和现实主义矛盾的中美关系观。因而，费正清的中国学思想是一个复杂的“多棱镜”，既反映了他特有的西方自由主义的历史观念、文化观念，又反映了他特殊的历史经历，还反映了他在特定条件下的政治态度。所以，自二十世纪七十年代开始，国内外对费正清本人的研究也成为一门显学，诚如保罗·埃文斯所说：“发现‘真正的费正清’就像发现‘真正的中国’一样困难。”①

一、国外研究状况及不足

早在 1948 年，费正清的第一本学术专著《美国与中国》（*The United States and China*, HUP, 1948）甫一出版，即引来众多热议，包括费正清的入门导师韦伯斯特教授（Prof. Charles Kingsley Webster, 1886—1961）在内，

---

① Paul M. Evans. *John Fairbank and the American Understanding of Modern China*. NY: Basil Blackwell, 1988. p. 6.

多是书评性质的简评，还构不成对费正清及其思想的整体把握，自然也因为费正清本人及其知识体系尚在变化及建构之中。

1973年，来自美国乔治敦大学的研究生乔治·斯蒂文斯（George Stevens）即以《费正清与美国的远东研究：最初的四十年》（*John King Fairbank and Far Eastern Studies in America*: *the First Forty Years*, University of Georgetown, 1973）为题撰写了第一篇专门研究费正清的硕士论文，斯蒂文斯论文的价值在于他首次对有关费正清的一些学术材料进行了较为细致的梳理，在文后附有一个长达68页的“费正清著作及公开言论纪年目录”。费正清1991年去世后不久，保罗·柯文（Paul Cohen, 1934— ）与默尔·戈德曼（Merle Goldman, 1931— ）一起编辑出版了费正清亲属、朋友、学生、同事的回忆文集《费正清的中国世界：同时代人的回忆》（*Fairbank Remembered*, HUP, 1992），记述了他在不同时期呈现在与他有着亲密接触的人们心目中的多元形象，这部回忆录虽不是一部学术性著作，但极具史料价值。

真正展开对费正清深入而全面研究的是保罗·埃文斯，他为此专访了费正清本人及其朋友、同事、学生、家人，走访了费正清工作过的学校及政府部门，通过查阅费正清的大量日记、通信、私人文件，参阅费正清的学术著作及论文，1982年完成了极具史料价值和学术意义的博士论文《费正清：美国中国研究的才智与事业，1936—1961》（*Fairbank*: *Intellect and Enterprise in American China Scholarship*, *1936-1961*, Dalhousie University, 1982），并在此基础上，于1988年正式出版了有关费正清的学术传记《费正清看中国》（*John Fairbank and the American Understanding of Modern China*, Basil Blackwell, 1988）。这是第一本有关费正清全面评价的传记性著作，埃文斯时而把费正清置于大历史背景之中，时而进入其内心世界，全面分析、刻画了费正清相互叠加的三种形象：历史学家、学术倡导者、中美和关系促进者。[①] 但是埃文斯的主要问题是对中文原始资料的利用和对中国学术界

---

① [加]保罗·埃文斯:《费正清看中国》,陈同、罗苏文、袁燮铭、张培德译,上海:上海人民出版社,1995年,“关于原始材料的按语”,第1—4页;“导言:费正清研究入门”,第1—2页。

的了解十分有限，包括上文提及的《历史学家与中国的世界秩序：费正清、王庚武及“模糊相关性”问题》（*Historians and Chinese World Order*：*Fairbank*，*Wang*，*and the matter of*“*indeterminate relevance*”）也无一处中文文献，[①] 因而具有浓重的西方知识色彩。

以下，我们从作为费正清中国学思想核心的“冲击-反应”模式角度，来回顾一下外国中国学界对其思想接受与批判的演化。

自二十世纪五十年代以来，人们对费正清中国学的关注焦点主要集中在他的“冲击-反应”模式上面，在五十至六十年代的美国中国学领域这种模式一度占有统治地位，并成为一种学术规范。例如在二战后最受欢迎的两本教科书，保罗·克莱德（Paul H. Clayde）与伯顿·比尔斯（Burton F Beers）合著的《远东：西方冲击与东方反应之历史》（*The Far East*：*A History of the Western Impact and the Eastern Response*），以及弗兰茨·麦克尔（Franz Michael）与戴德华（George Taylor）合著的《近代世界中的远东》（*The Far East in the Modern World*）中，“西方冲击”与“东方反应”都是书中的核心概念。列文森（Joseph R. Levenson，1920—1969）关于中国历史划分的“传统-近代”模式（tradition-modernity model）和“冲击-反应”模式如出一辙，即认为中国历史在西方入侵前是停滞不前的，而西方近代社会则是世界各国发展的楷模，中国也一样会照此模式从“传统”社会进化为西方式的“近代社会”。芮玛丽（Mary C. Wright，1917—1970）则把中国革命看成是“从外部引发的革命”，而不是中国历史自身的产物。[②]

二战以后，随着第三世界国家民族解放运动的兴起，亚非拉各殖民地国家要求民族独立、摆脱政治殖民和文化殖民的呼声日益高涨，特别是二十世纪六十年代中期至七十年代中期，越南战场的失败以及水门事件丑闻

---

① Paul M. Evans. “Historians and Chinese World Order：Fairbank，Wang，and the matter of ‘indeterminate relevance’”，Zheng Yongnian，*China and International Relations*：*The Chinese view and the contributions of Wang Gungwu*，Londong and New York：Routledge，Taylor & Francis Group，2010，pp. 42-57.

② Paul Cohen. *Discovering History in China*：*American Historical Writing on the Recent Chinese Past.* NY：Columbia University Press，1984，p. 88.

使许多美国人对西方文明的精神价值产生怀疑，美国史学界开始对“冲击-反应”模式提出挑战。费正清的学生佩克（James Peck）率先向老师开了第一炮，他在1969年10月号《关心亚洲学者通讯》撰文《花言巧语的根源：中国动态观测者之职业性意识形态》指出，所谓“冲击-反应”模式不过是中国问题专家用来为美国战后在亚洲的政治、军事、经济干涉进行辩解的意识形态构架，是对美帝国主义罪行的一种粉饰。他认为正是帝国主义的罪行导致了近代中国的各种变化，① 柯文称之为“帝国主义模式”（imperialism model）。

在柯文看来，无论是费正清本人的“冲击-反应”模式，还是附和费正清的“传统-近代”模式，甚至是对费正清进行猛烈抨击的“帝国主义模式”都认为，中国在西方到来之前的历史是停滞不前的，只有西方的冲击才促进了中国的现代化进程，因而都属于西方中心范式，只不过前两种模式是从赞扬的角度，第三种模式是从批判的角度来谈“西方冲击”而已，本质上没有差异。结合对上述三种模式的批判，柯文提出了中国学的“中国中心观”（China-Centered Approach）。所以他认为，史家必须采取“移情”（empathy）的方法，把自己放到当事人的位置设身处地地去体会当事人的思想、感情和处境，研究中国历史，就应该进入中国内部，了解中国人对这段历史的理解和感受。② 自柯文之后，西方基本上抛弃了费正清对中国的外部观察视角，开始进入内部取向的“中国中心观”时代，随之对费正清的专门研究也渐渐淡出人们的视野，仅在一些作品里作为注脚偶被提及。日本经济史家滨下武志（1943— ）在他的《中国近代经济史研究》一书中反对亚洲的近代化是欧洲冲击的结果，认为亚洲的近代化有自身的规律性。沟口雄三（1932—2010）《作为方法的中国》主张深入到内部，从中国思想史领域寻找中国近代化的动因，即他所谓的不同于世界史普遍性的

---

① James Peck. “The Roots of Rhetoric: The Professional Ideology of America's China Watchers”, *Bulletin of Concerned Asian Scholars*, (Oct. 1969), 2(1), pp. 59-69.

② [美]柯文:《在中国发现历史》,林同奇译,北京:中华书局,2002年,第17—21页。

“异”。安德鲁·贡德·弗兰克（Andre Gunder Frank，1929—2005）的《白银资本：重视全球化中的东方》把费正清奉为神明的亚当·斯（Adam Smith，1723—1790）、马克斯·韦伯（Max Weber，1864—1920）等西方近代化论者一一挞伐，成为一位最具批判锋芒的反“西方中心”的斗士。

从“西方中心观”到“中国中心观”，只是中心的位移而已，依然属于西方二元紧张与对峙的惯性逻辑。九十年代以来，美国加州学派一些学者如王国斌（R. Bin Wong）的《转变的中国：历史变迁与欧洲经验的局限》开始把对传统中国的考察纳入沃勒斯坦（Immanuel Wallerstein，1930—2019）的世界体系，以一种相互关照、相互联系的方法来诠释中国的近代化问题。安乐哲（Roger T. Ames）从一种中西比较哲学的角度，将怀特海的过程哲学及杜威的实用主义哲学对过程、事件的关注与儒家内在联系的思想结合在一起，以重新发现中国传统思想的内在生命力，达到中西平等对话，建构一种新的世界智识资源的目的。这些研究努力在“西方中心”和“中国中心”之间寻找一种平衡，力图纠正中心过分偏移的现象。

二、国内研究状况及不足

（1）费正清作品在中国的发表与出版

费正清的第一篇学术论文《1858 年条约前鸦片贸易的合法化》（*The Legalization of the Opium Trade before the Treaties of 1858*，此文是其博士论文的第 13 章）在蒋廷黻帮助下于 1933 年发表在《中国社会及政治评论》（*Chinese Social and Political Science Review*, Vol. 17）上，博士论文的第 6、7 和 8 章分别于 1934 年 10 月、1935 年 1 月、1936 年 1 月、1936 年 4 月发表在该刊上，第 10 章发表在 1936 年 4 月的《南开社会经济学报》（*Nankai Social and Economic Quarterly*）上。这些文章应该是中国学界对费正清最早的承认，因为都是以英文在中国发表的，所以影响极小。四十年代由于时局的关系，费正清的一些文章开始在中国译介，如 1946 年 9 月 29 日《新民晚报》刊译了《我们在中国的机会》（*Our Chances in China*，中文名时为“范朋克”）、1947 年《自由文丛》第 3 期发表了《中国前途与美国政策》（*China's Prospects and*

U. S. *Policy*)。1966 年商务印书馆最早出版了孙瑞琴、陈泽宪翻译的 1958 年版的《美国与中国》(1971 年再版)。1984 年蔡葆真翻译了《评关于中国的两本书》(《国外社会科学动态》1984 年第 11 期),是费正清对麦克法夸尔《大跃进 1958—1960》和马修斯夫妇《十亿人:中国纪事》两篇文章的简介。1988 年《编译参考》第 8 期和 1989 年第 3 期刊载了费正清的《生不逢时的〈末代皇帝〉》和《革命的根源》两篇文章,分别是他有关电影《末代皇帝》和张贤亮小说《男人的一半是女人》的评论。九十年代以后,费正清的主要著作在中国大陆都有了译介出版(详见本文"参考文献"),但是他的大量期刊论文、书评等除了陶文钊编译的《费正清集》(天津人民出版社,1991 年)有部分收录外,大部分还没有译介。

(2)费正清及其作品在中国的介绍

中国大陆基本上是在二十世纪六十至八十年代才开始逐渐认识费正清的。如 1962 年《学术资料》第 8 期介绍了赖肖尔、费正清合著的《东亚:伟大的传统》,1965 年《外国哲学社会科学(文摘)》对费正清在第九届国际东方学家会议上所作的关于东亚现代变化报告进行了报道,1979 年《中国史研究动态》第 11 期介绍了费正清的《中国论文集》,1980 年《文摘杂志》第 9 期简介了费正清的《美国与中国》,1982 年《国外社会科学》第 6 期发表了蔡葆真译文《评费正清〈中国之行:五十年的回顾〉》,1983 年《编译参考》第 1 期发表书评《中国旅程:五十年回忆录》。1979 年《中国史研究动态》第 1 期和 1987 年《史学情报》第 2 期刊登了费正清人物介绍。这些基本上都是对费正清的粗浅认识,直到九十年代以后中国大陆才开始展开对他的深入、大规模的研究。

(3)中国对费正清的研究

1944 年 5 月 1 日郭沫若就国民党对其《甲申三百年祭》一文的攻击进行了反驳,公开发表了《答费正清博士》的信,对国民党"言论自由""民主"之类的谎言进行了诘问。在余英时看来,郭沫若作为重庆的左派,是在通过费正清离间美国与国民党的关系,是对美国外交人员所做的"统战"工作。1946 年 7 月 15 日闻一多先生被暗杀两个多月后,9 月 29 日《新民晚报》刊译了费正清的文章《我们在中国的机会》，1946年马叙伦和李嘉译就这篇译文分别发表了《读美国人费正清论中国时局》（《民主周刊》，1946年第51—52期）和《费正清论中国时局真相》（《文萃》，1946年第50期），文章借费正清的观点对国民党破坏联合政府、实行残酷的法西斯统治进行了猛烈抨击，国民党的暴行已为千夫所指，恐怕不单单是统战的问题。六十年代，麦卡锡时代结束后，费正清再次将目光投向中美关系研究，六十至八十年代中国新华社主编的《参考资料》[①] 跟踪翻译报道、评析了费正清中美关系观的变化，从最初对他的“两个中国”观的批判到对他“一个中国”观的赞扬，反映了中美关系发展变化的历程。这些文章都是把费正清作为一名外交官对他的政治观点所作的一些时政性评论，还谈不上真正的研究。

据笔者掌握的材料，中国大陆学者蔡葆真属于研究费正清较早的学者，他于1980年发表的《读费正清的〈美国与中国〉》（《国外社会科学》，1980年第4期）论文算得上中国大陆最早的关于费正清的学术性研究，文章着重分析了费正清在第四版的《美国与中国》中对中美关系和台湾看法的转变。1982年他又发表了J. 斯潘斯评价费正清自传体回忆录的译文《评费正清的〈中国之行：五十年的回顾〉》（《国外社会科学》，1982年第6期），属于较早的有关费正清著作的评论性译文。到八十年代后期，对费正清的研究逐渐兴起，从九十年代至今一直方兴未艾。我们可以粗略地分为以下几类：

1）有关费正清总体研究的文章和著作。有陈祖怀的《费正清与中国》（《史林》，1991年第1期）、美籍华裔学者余英时的《费正清与中国》（《编译参考》，1992年第3、4期）、哈佛大学华裔学者徐国琦的《略论费正清》（《美国研究》，1994年第2期）、旅美学者邓鹏的专著《费正清评传》（成都：天地出版社，1997年）、张凌的《费正清新汉学的文化解读》（北京：

① 作者注：《参考资料》，俗称“大参考”，是新华社主管和发行的一种内参性质刊物，以刊载国外媒体的国际热点问题报道、涉华言论等为主。公开发行的《参考消息》俗称“小参考”。

中国人民大学出版社，2017 年），以及黄涛 2016 年国家社会科学基金一般项目“美国中国学巨擘费正清研究”等。

2）有关费正清与中国学研究的文章。像侯且岸的《费正清与美国现代中国学》（《史学理论研究》，1995 年第 2 期）、李帆的《韦伯学说与美国的中国研究》（《近代史研究》，1998 年第 4 期）、陶文钊的《费正清与美国的中国学》（《历史研究》，1999 年第 1 期）、项锷的《费正清创建美国中国学的启示》（《学术月刊》，2000 年第 1 期）、韦磊的《费正清抗战时期来华对其中国研究的影响》（《新视野》，2007 年第 1 期）、夏明亮的《中国学之父费正清》（《文史月刊》，2007 年第 7 期）、张杨的《冷战与亚洲中国学的初创——以费正清和亚洲基金会为个案的研究》（《美国研究》，2018 年第 4 期）等。

3）有关费正清与中美关系的研究文章。有巫云仙的《费正清的学术生涯与中美关系》（《文史哲》，1994 年第 4 期）和《费正清中美关系史研究的主要特征》（《文史哲》，1995 年第 6 期）、潘成鑫的《试论费正清关于近代中西关系的文化观》（《美国研究》，1996 年第 3 期）、王新谦的《费正清在 20 世纪 40 年代美国对华政策调整中的作用和影响》（《河南大学学报》社科版，2005 年第 2 期）、黄涛的《论费正清及其中国学研究对中美邦交的文化贡献》（《井冈山大学学报》社科版，2019 年第 4 期）等。

4）有关费正清史学观研究的文章。其中有美籍华裔学者钱金保的《中国史大师费正清》（《世界汉学》，1998 年第 1 期创刊号）、王新谦的《对费正清中国史观的理性考察》（《史学月刊》，2003 年第 3 期）、亢飞的《费正清与柯文中国史观比较》（《北京党史》，2013 年第 6 期）、陈建华的《费正清的中国史观及其中国学研究探析》（《东方论坛》，2016 年第 2 期）、袁世强的《试论费正清的中国史观演变》（《文化学刊》，2019 年第 6 期）等。

5）有关费正清著作研究的文章几乎涉猎了译介为中文的他的所有著作。像仲子的《费正清的〈眺望中国〉》（《读书》，1988 年第 6 期）、刘尊棋的《费正清著中国近代史》（《读书》，1988 年第 12 期）、张之毅的《严中平同志用马克思主义世界观方法论治史的巨大成就——兼评费正清：〈伟大的中国革命〉》（《中国经济史研究》，1992 年第 2 期）、杨静林的《从〈中国新史〉看费正清的中国观》（《西南交通大学学报》社科版，2007 年第 1 期）、陶文钊的《费正清与他的〈中国的世界秩序〉》（《前沿》，2010 年第 14 期）、顾钧对费正清第一篇学术论文《1858 年条约前鸦片贸易合法化》的研究《费正清的第一篇论文》（《历史档案》，2011 年第 1 期）、王志强的《西方朝贡制度研究的开拓与奠基之作——费正清〈论清代的朝贡制度〉评介》（《海南师范大学学报》社科版，2012 年第 5 期）等。

6）其他有关费正清研究的文章。有的文章专门探讨了费正清的“冲击-反应”模式，如仇华飞的《从“冲击-回应”到“中国中心观”看美国汉学研究模式的嬗变》（《上海师范大学学报》哲社版，2000 年第 1 期）、路克利的《论费正清研究马克思主义中国化的“刺激-反应”范式》（《毛泽东思想研究》，2011 年第 5 期）等；有的是研究费正清儒家思想观的，如陈宇的《费正清的基督教思想和儒教思想》（《福建师范大学学报》哲社版，1997 年第 2 期）、赵惠芬的《儒学视角下费正清对中国近代化延缓的阐释》（《法制与社会》，2009 年第 13 期）、黄涛的《论费正清对儒家文化主义和中国人的体认观》（《宁夏社会科学》，2019 年第 4 期）；还有从中共党史的角度来研究费正清对中国共产党看法的，如吴原元的《试论费正清对中共革命及社会建设的认识》（《东方论坛》，2013 年第 6 期），张晓芳、王丽茁的《费正清对延安时期中共群众路线的解读》（《党史文苑》，2016 年第 12 期），路克利的《马克思主义中国化与中国共产党的理论主体性——以费正清、史华慈的研究为例》（《国外理论动态》，2018 年第 2 期）等；有关费正清朝贡关系研究的，如，张峰的《解构朝贡体系》（《国际政治科学》，2010 年第 2 期）、魏志江的《十—十四世纪的中朝关系形态与东亚世界——兼评费正清所谓“华夷秩序”论》（《朝鲜·韩国历史研究》第十五辑，延吉：延边大学出版社，2014 年）、陈国兴的《从朝贡制度到条约制度——费正清的中国世界秩序观》（《国际汉学》，2016 年第 1 期）等；也有关于费正清交往的，如刘超的《清华学人与中国近代史研究——从罗家伦、蒋廷黻到郭廷以、邵循正、费正清》（《江苏社会科学》，2013 年第 4 期）、邱云雪与郑海燕的《从历史角度分析周恩来与费正清交往》(《兰台世界》，2013年第19期）等。还有有关费正清促进学科建设的，有关与档案关系、与海关关系的，有关费正清著作译介策略的，等等，不一而足，都是从不同侧面、不同角度对他的研究。

7）优秀博硕论文（依据万方数据网及中国知网）。

博士论文：

《费正清及其中国史研究》(杨婉蓉，南开大学，2002）

《费正清中国学思想研究》(陈国兴，北京外国语大学，2011）

硕士论文：

《费正清，美国文化理想主义与中国》(王勇，北京大学，1990）

《跋涉在东西方文化的边缘——费正清及其对中国的理解》(李岩，北京大学，1990）

《费正清中美关系史研究述论》(巫云仙，北京大学，1993）

《试论费正清的近代中西关系文化观》(潘成鑫，北京大学，1995）

《论美国汉学到中国学的变迁》(赵晨诗，北京语言大学，2007）

《费正清中国史观论析》(王颖慧，北华大学，2008）

《费正清的中西关系史研究及其“冲击-反应”模式》(宋自立，山东大学，2008）

《费正清与美国的中国研究——以毛泽东思想、邓小平理论研究为主线》(蒋婵，华东师范大学，2008）

《草原文明与农耕文明的对垒与交融：试论费正清中国古代文明交流史观》(朱韵熙，上海财经大学，2010）

《浅析费正清的中国史观》(李真，河南大学，2010）

《哈佛学派明清史研究的范式及其转变：从费正清到柯文》(刘芳含，东北师范大学，2010）

《费正清的“中国观”研究（1929—1991)》(郑良旭，吉林大学，2011）

《保罗·柯文等美国学者关于费正清“冲击-回应”模式的争论》(闵韬，华东师范大学，2011）

《费正清与中国传统外交体制研究》（郭燕飞，山东师范大学，2012）

《费正清的中国现代化观研究》（刘婷婷，哈尔滨工业大学，2013）

《从传承到转变：费正清与孔飞力的中国近代史研究》（米姝利，吉林大学，2013）

《20 世纪 40 年代费正清的中国共产党观研究》（张晓芳，燕山大学，2016）

以上是对中国大陆（含部分海外华裔学者在中国大陆发表的文章）从二十世纪四十年代到今天从对费正清的初步认识到深入研究的一个粗线条的勾勒，涉及费正清的方方面面，几乎构成了对费正清全方位的研究。从以上文章的参考资料来看，引用翻译材料、二手材料的居多，对费正清原著及海外研究材料的挖掘不够；从观点来看，站在自我立场批评解构居多，站在他者角度理解、借鉴、吸收的较少；对费正清的朝贡制度、条约制度，教育、教学方面的专门研究不够。所以，费正清对我国研究者来说依然还有很多值得深入开掘的领域。

另外，论文居多，相关的专著非常少，根据笔者目前掌握的材料，邓鹏的《费正清评传》应为最早的一部。作者是一位长期旅居美国的华裔学者，在采访费正清遗孀费慰梅的基础上，利用大量当时国内尚未出版的费正清的著作和文章，对费正清的生命历程及学术生涯，从他踏上中国研究之路到对中美关系的贡献、到桑榆灿烂的学术晚年，做了筚路蓝缕的梳理，既有入微的细节描述，也有深刻的学术洞见，其中重点分析了他的《美国与中国》与《剑桥晚清史》两部著作。邓鹏因客居异乡，避免了先入为主的国内学术观念的干扰，所以能够比较客观地分析费正清及其学术思想，比如对费正清学术服务于国家利益的观念，未加讨伐，而是采取了相对主义的态度给予了宽容和理解；对六十年代台湾学者的研究态度，在批评他们意识形态化的同时，也指出了他们的研究价值。但是，作者没有区分欧洲汉学与美国汉学，甚至还将二者混为一谈，在第一章“一个汉学家的诞生”中，作者把费正清看作一个汉学家，显得不妥。此外，众所周知，保罗·柯文的《在中国发现历史》是中国学由“外部取向”向“内部取向”转折的里程碑著作，作者仅一笔带过，没有引起他足够的注意，其他批判“西方中心”的后现代主义理论几乎没有利用，因而整部著作显得宽容有余，批判不足；一般分析较多，理论深度不够。

（4）中国台湾地区对费正清的研究

台湾在六十至七十年代，出于美国政策对大陆的倾斜以及费正清本人鲜明的支持中共的立场，国民党有意组织了一些学者对费正清展开了批判，像梁和钧的文章《费正清与中共》（载《征信新闻》，1966 年 6 月 28 日及 8 月 2 日）以及侯立朝的《现代中国史的真相》（台北现代杂志出版社，1968 年）、吴锡泽的《费正清论》（台湾“国防”研究院，1969 年）、周之鸣的《费正清集团在台湾大阴谋》（《太平洋学会与费正清集团》第 3 编，国际共党问题研究社，1969 年）、吴良肱的《费正清这个人》（德昌出版社，1977 年）等著作，[①] 尽管这些文章和著作对费正清的中国史学观以及他的自由主义思想有所分析，但由于掺杂了诸多政治因素，书中充斥着对费正清的攻击与谩骂，严格说来有的算不上严肃、客观的学术研究。1979 年中美正式建交后，对费正清的研究几乎销声匿迹，直到 1997 年张朋园出版了一本《郭廷以 费正清、韦慕庭——台湾与美国学术交流个案初探》（“中央”研究院近代史研究所专刊 80 辑，“中央”研究院近代史研究所，1997 年），书中对费正清的著作及史观进行了客观、中肯的介绍、分析，特别是对费正清在 1962 年至 1971 年促成福特基金会对台湾“中国”近代史研究资金的投入予以了高度赞扬，摆脱了以往台湾学者受意识形态因素影响的阴影；近年来也有台湾学者从一些侧面对费正清进行了分析、探讨，如张志云、范毅军的《中国近代史观的分歧——“赫德工程”衍生的讨论与争议》（《新史学》，2013 年第 1 期）探讨了费正清与中国海关的结缘，吴翎君的《从徐国琦 *Chinese and Americans: A Shared History* 谈美国学界对中美关系史研究的新取径》（《台大历史学报》，2015 年第 55 期）则从“共有的历史”

---

① 邓鹏：《费正清评传》，成都：天地出版社，1997 年，“附录”。

角度讨论美国外交史学界有关中美关系史的研究转向，其中对费正清的“美国中心论”思想进行了中肯的批判。但总的来看，相比大陆而言，台湾对费正清的研究较少。

第3节　本书的研究方法及理论应用

从上文可以看出，国内外对费正清的研究是广泛而深入的，本书力图在前人研究的基础上有所创新。我们称费正清为中国学家，实际上在很大程度上他是一位与现实政治相结合的历史学家，本文遵循史学研究的一般方法，对一手材料的掌握十分看重。首先，积极挖掘前人没有或较少用过的有价值的材料，想办法取得与费正清有关人士的联系，通过 Email 对保罗·埃文斯和费正清女儿霍莉进行了采访和询问，获得一手材料；其次，除了常见的理论以外，尽量采用新的或者前人较少使用的理论视角进行分析，努力做到理论和实践的结合。

一、研究方法

（1）重视材料的挖掘

费正清在牛津大学完成的博士论文于我的研究具有重要意义，为了寻找这份重要文献，几乎花费了 2009 年近一年的时间。先是通过我的朋友，国家对外经贸部驻美商务代表钟传水先生联系了哈佛大学费正清中国研究中心图书馆的 Nancy Hearst 女士，得知那里没有收藏该论文；后张西平老师帮我联系了国家图书馆的吴京桉女士，了解到该论文藏于牛津大学的 Bodleian Library，并联系了馆员 Rob Wilkes 先生，Wilkes 先生来信说，费正清 1936 年的这篇论文属于馆藏文物，要复印必须经过作者本人，或其所在单位，或其家属同意方可。在我犯难之际，碰巧在网上看到了中央电视台的一部纪录片《梁思成与林徽因》，导演胡劲草女士还介绍了自己采访费正清女儿霍莉的一些情节，我的同学闫雅萍女士曾说她爱人曾在中央电视台工作过，他帮我联系到了胡女士，胡女士把霍莉的 Email 给了我，我写信向霍莉陈述了我的请求，她在病中给我回了一封热情洋溢的信，并致函 Rob Wilkes 先生，最终 Wilkes 先生把电子扫描版的费正清博士论文《中国海关的起源 1850—58》（*The Origin of the Chinese Maritime Customs Service, 1850-58*）传给了我。

该材料仅在保罗·埃文斯的《费正清看中国》中有过简要论述，笔者通过 Email 与他交流中得知，他也没有得到这份宝贵的材料，他对这篇文章的了解主要来源于对费正清的采访，而在国内外其他人的论述中，目前尚未发现对这篇文章的利用，因而本文应该是首次利用。费正清的这篇博士论文对于了解他的中国学的开端具有重要意义，文章的核心议题是围绕 1854 年上海海关外籍税务司的建立中英双方出现的各种外交纠葛，他对这种所谓中西共管的体制予以了高度赞扬，从中可以看到他的“冲击-反应”模式最初的影子。此后，他的历史视野才开始向这个事件的前后纵深延伸，逐步将这一个单纯的历史事件置于中国文化的大背景之中，最终形成了中国学。

其他首次利用的材料是：1946 年马叙伦和李嘉译就费正清《我们在中国的机会》分别发表的文章《读美国人费正清论中国时局》和《费正清论中国时局真相》。这两篇文章对于了解四十年代的中国时局变化以及中国进步人士对费正清思想的看法，是个有力的佐证。再一个就是从香港中文大学找到的保罗·埃文斯 1982 年的有关费正清的博士论文《费正清：美国中国研究的才智与事业，1936—1961》，相比 6 年后他那本《费正清看中国》内容更精炼、脉络更清楚，因而更具参考价值。

其次，笔者通过各种渠道，从美国和加拿大获得了费正清一些在中国没有译出的文章，在国内利用的人也较少。一些译出的著作和文章，笔者在利用时，通常采取中英文对照的方式来进行阅读、分析。

另外，还对费正清相关人士进行了采访，了解了有关费正清的一些信息，并提供了部分材料。埃文斯教授给我提供了有关费正清与王庚武比较的材料，哈佛大学费正清中国研究中心的图书馆馆员 Nancy Hearst 女士帮我纠正了关于“费正清中国研究中心”更名的时间问题，胡劲草女士给我提供了一些林徽因、梁再冰与费正清夫妇通信的影印件。

（2）动态分析的视角

鉴于费正清中国学思想的复杂多变性，本文采取纵横两种动态的视角进行分析：在时间历程中把握其思想的流变，并将其置于跨文化的背景中加以分析，以避免本质化和单维度的偏颇。

文化学家斯图尔特·霍尔（Stuart Hall，1931— ）在他的《文化身份与族裔散居》一文中指出，考察文化身份问题有两种思维方式：第一种基于一种本质化的理解，把文化身份界定为一种共同历史经验和共有文化符码的反映，亦即来源于一个民族的集体无意识，是一种强加的集体“自我”，像历史、文化、宗教、习俗等的无意识受承；第二种观点认为，文化身份绝非是一种超验的、本质化的存在，而是一个随着社会、文化、权力的发展不断建构的过程，一个屈从于社会、文化、权力的“嬉戏”[①]，因而是一种有意识的自我建构过程。霍尔赞同第二种更加开放、发展的观点。费正清作为一个美国人不自觉地对清教思想等美国历史文化传统的继承是不言而喻的，形成了一种传播美国价值、服务于国家利益的朦胧的意识形态。但更重要的是，其文化身份及中国学思想本身就是一个不断建构、发展的过程，文化身份是决定知识生产的重要因素，文化身份的变更导致了其中国学思想的流变。从闭塞的美国中西部、到暮年的大英帝国、到腐败的中华民国、到新英格兰地区的上流社会，从一个懵懂的学生到哈佛的教授、到华盛顿政府中的官僚、再到驻中华民国的外交官，使他最终从开始入门的汉学转向了中国学。他的中国学思想在时局变换以及别人的批评下，其西方冲击的外部视角到晚年得到部分修正，其中美关系观最终从理想主义转向了现实主义。但身份的不断变更没有改变他为国家利益服务的根深蒂固的意识形态，并且构成了其中国学思想的一大特色。要求一个美国学者摆脱其本国国家利益的色彩显得过于苛刻，但是作为一种学术分析，费正

① ［英］斯图尔特·霍尔：《文化身份与族群散居》，罗钢、刘象愚主编：《文化研究读本》，北京：中国社会科学出版社，2000 年，第 209—211 页。

清学术思想中的这个显见的意识形态因素是绕不过的。

以他的一再修订的《美国与中国》（1948、1958、1971、1972、1979、1983）来看，从1948年的第一版到1983年的第6版，跨越了长达25年的光阴，其间中国经历了新中国成立、与苏联断交、“文化大革命”、改革开放等重要历史事件，美国则经历了冷战开始、麦卡锡主义、朝鲜战争、越南战争等事件，中美分关系也从对立走向了建交。费正清的思想在麦卡锡时期一度转向纯历史学的研究，五十年代末期以后才重新回归中国学，六十年代起在佩克、柯文等人的批评下，他开始反思自己的一些观点，在这本几乎每隔十年再版的著作中，可以窥到他思想变化的一些轨迹。

费正清的个人经历以及由他开创的中国学本身就是跨文化的产物，除了上述纵向流动的视角外，笔者力图以一种辩证的方法来看待费正清的中国学思想，因而采用了中西比较哲学的理论。

二、理论应用

本文是一种从建构到解构再到重构的文本结构，遵循史学研究的一般理论方法，先在历史语景下分析费正清中国学思想的形成，并以后现代主义的理论视角来探析其思想的形成及其本身所带有的西方中心主义印记，最后力图突破“西方中心”和“中国中心”两极模式，探索一种中国文化分析和发展的古今中外通约对话的途径。

（1）基于后现代主义的中西比较哲学

在西方，哲学被认为是人类世界观和方法论的总和，是社会意识的具体存在和表现形式，以追求世界的本源、共性为目标。长期以来，西方职业哲学家在其实践中逐步强化了所谓西方哲学和非西方哲学的区分，甚至不承认中国哲学的存在，因此他们有意无意地表现出某种西方自我文化中心主义。二战以后，随着第三世界国家民族解放运动广泛兴起以及对本民族文化独立的强烈诉求，西方哲学开始了自我反思、批判运动，这场来自西方文化传统内部的哲学革命，奠定了中西哲学传统之间相互影响、彼此丰富的基础。[1]

首先，这场革命的矛头直接对准了西方哲学的二希（古希腊和希伯来）源头。柏拉图把“理念世界”看作是一种永恒不变、超绝的真实存在，而被感知的世界则是变动不居的、不真实的，他的这种“理念-逻各斯”说构成了中世纪基督教神学本体论宇宙观的基础，认为上帝是一种超绝的存在（transcendental being），而世俗世界中的人、肉体、现象等是不真实的，因而形成了神学意义上的上帝/人、灵魂/肉体、本质/现象间的二元对立。反映在西方人的思维上，就是把世界看作一种沿先验目的的直线轨道进行的单一秩序的运动，把对存在、本质、本源、真理、绝对的追求作为终极目标。德里达把自柏拉图和亚里士多德一直到黑格尔等注重所谓“定义化”“概念化”的整个西方形而上学传统称作“逻各斯中心主义（logocentrism）”。“逻各斯中心主义”使得西方传统的形而上学思维方法建立在一正一反的激烈的二元对立的等级秩序之上，如：灵魂/肉体、男性/女性、言语/文字、真理/谬误等。这些对立的二元项并非平等并置的，第一项是首位的、本质的、中心的、本源的，而第二项则是次要的、非本质的、边缘的、衍生的，第一项总是处于一种支配地位。这样一来，事物间的对立冲突、分散割裂成为他们思考问题的先入为主的观念。

“上帝死了”之后的文艺复兴和启蒙主义时期被认为是现代性的开端，上帝被颠覆之后，人成了上帝，原来隐藏的肉体得到展示，原来被认为是不可认知的上帝创造的大自然得到发现。这样便走向了另一个极端，人不再依靠上帝而靠自身的理性成为一切的主宰。在培根“知识就是力量”的口号下，人的理性以及由此认知而来的真理成为一种暴政，人成为宰制自然的暴君。人与人之间的关系在各种理性的制度及精明的算计中，构成了一个霍布斯式的“一切人反对一切人的战争（war of all against all）”、一个洛克式的冷酷的契约社会、一个韦伯式的无法摆脱的“牢笼”。

与此同时，十五世纪地理大发现之后，西方人的地理观和文化观也出

---

① ［美］安乐哲：《通过孔子而思》，“中译本序”，第Ⅳ页。

现了西方/东方，文明世界/野蛮世界的对立。基督教的信徒们带着上帝的使命意识在所谓的“野蛮世界”播撒福音，实行教化。与此一脉相承的是，西方殖民主义者、帝国主义者、霸权主义者也企图把所谓源于基督教伦理的资本主义精神作为一种普适价值推广到全世界，二战以后在第三世界国家民族解放运动中遭到强烈抵制，并最终导致了主宰世界四百多年的西方殖民体系的瓦解，其所谓的普适价值遭到普遍质疑。西方各种后现代主义思潮的兴起就是在这种反思基础上的自我解构运动，诸如后殖民主义、解构主义、女权主义、诠释学、现象学、知识话语、接受美学等。

其次，在面临内外双重危机的情况下，西方哲学开始了重构努力。弗朗索瓦·于连认为只有迂回到中国才能更深入地进入希腊，中国长期以来作为与西方并行不轨的独立发展起来的文化成为他们选择的一种智源。安乐哲和郝大维发现了怀特海的过程哲学和杜威的实用主义与中国的儒家思想的共同之处。

怀特海认为，自然界是一个不断变化的过程，时空是不可分割的，两者是一个东西，叫作“扩续”，即时间空间的整块，因此不能把自然界看成是各种原子的总和或堆积，而应看作许多事件的综合或有机联系。他认为，对感官知觉而言，最后的事实是事件。这样，怀特海对感觉，时空合一和事件构成的自然界三者的考察中形成了过程哲学。怀特海对有机联系的事件的世界的肯定颠覆了西方哲学传统的超验世界观和二元对立的格局。他认为，把握世界合理的方式应是“美学秩序”，即用无数特殊事物之间的相互配合而形成的统一性来把握事物，重视具体细节在差异和对比中所产生的和谐。[①] 杜威的实用主义，在安乐哲看来，并非一般意义上理解的“实用即真理”的工具理性哲学，杜威重视个人与社群之间的互系性，不存在绝对化的个人自由，个人自由的前提是一个已经成形的社群，个人在不断加强自治所需要的个性和品质的培养中，增强了社群的归属感，因此自由是通过个人对社群的完全参与表现出来的，而民主的意义也在于个人参与的

① 陈国兴：《论安乐哲〈论语〉翻译的哲学思想》，《中国比较文学》2010年第1期。

社群的繁荣。[①] 因此，杜威对个人修养、人们之间的交流、个人参与社群的关注成为他的实用主义哲学的一大特色。

以孔子为代表的儒家思想是一种内在宇宙论，认为创造行为原初就存在于自然世界之中，而不是对超验性创造行为的模仿，构成宇宙之初的各种要素存在着一种相互的内在性。首先，儒家思想与西方实体本体论不同，它是一种现象本体论，不去进行所谓的抽象道德的本质化诠释，而是注重对特定语境中个体行为的解释，即依据现象来描述个体，因而是一种基于揭示和打开的审美秩序，不是西方涉及终结行为的逻辑秩序。其次，儒家思想这种不依赖严格的超越性原则的内在性宇宙在其认识论上的意义体现为一种反向性概念，反向性概念表示概念之间的关联和依存性，像阴阳、祸福等现象间的平等和演化关系，不存在西方那种神与世界、存在与非存在、主体与客体、心与物、本质与现象此类的二元对立。另外，儒家思想常被看作是拒斥变革的消极因素，实际上它主张一种维护传统下的不打断历史连续性的渐变，这与笛卡尔、休谟、康德、黑格尔、马克思、尼采等人的革命性观念是不同的，也是儒家思想备受责备的主要原因。[②]

儒家思想与过程哲学和实用主义之间存在着的这些种默契，构成了以安乐哲为代表的中西比较哲学的基本理论框架。中西比较哲学是一种去“他者”化的方法，实现了儒家思想与西方哲学间的对话与融通，一方面重新解释儒家思想、中国传统文化，另一方面以儒家思想作为手段解剖西方哲学长期以来存在的西方中心主义思想，并企图重建西方哲学传统。

（2）中西比较哲学理论的诠释力

从根本上说，费正清的中国学思想就是他的以“冲击-反应”模式为代表的西方文化中心主义，根源上来自于他的清教的家庭背景以及西方知识传统。这样在他的知识体系中形成了一系列诸如：西方/中国、条约制度/

① ［美］郝大维、安乐哲：《先贤的民主：杜威、孔子与中国民主之希望》，何刚强译，刘东校，南京：江苏人民出版社，2004 年，“附录一：儒学与杜威的实用主义：一种对话”，第 165—170 页。

② ［美］安乐哲：《通过孔子而思》，“几个悖常假定”，第 14—27 页。

朝贡制度、民主/专制、平等自由/等级秩序、工业/农业之类的先进/落后、发展/停滞的对立概念。自柯文起，对费正清的西方文化中心主义的批判自然带来一股新风，但也出现了“中国中心”的过度内倾，几乎形成了对西方价值的全面否定。中国学者尽管对费正清进行了几近全方位的研究，基本上是执此一端，头痛医头、脚疼医脚的分析方法，且多数走的是柯文的道路。中西比较哲学作为一种理论框架，可以对整个西方的思想体系进行刨根溯源式的剖析与批判，从整体上把费正清的中国学思想纳入其中，从哲学角度肃清费正清思想的根源，从跨文化角度纠正其对中国文化的本质化和简约化的西方中心主义倾向。其次，中西比较哲学对中国文化的诠释，也不是一味的中国内部视角，安乐哲等人在寻求中西共通方面的努力并不避讳西方可以建构的力量。

费正清对儒家思想的理解主要基于中国学者“五四”前后以现代性对中国传统文化颠覆式批判的西化观点，因而带有严重的否定倾向。而安乐哲等人的中西比较哲学试图挖掘儒家思想在几千年的流变过程中未经污染的孔子的原初思想，往往带有积极的肯定倾向，但对其流变过程中产生的消极因素批判不足，因而完全利用这一理论框架来批判费正清会造成像柯文一样的“中国中心”过分偏移的弊端。

（3）其他理论的应用

为了避免单一理论的束缚和偏颇，本文除了中西比较哲学的理论以外，还采用了其他理论方法，以福柯的权力话语理论分析了费正清作为一个清教后代和学术官僚的知识生产过程以及知识利用中的意识形态色彩；运用国际关系理论中的理想主义和现实主义分析了费正清的中国世界秩序观。此外，费正清的中国学主要是一种文化的解释，涉及经济因素的分析较少，因此本文还利用了在布罗代尔和沃勒斯坦世界体系影响下的美国“加州学派”和日本学者滨下武志的部分观点，对作为世界体系一部分的自十八世纪以来的中国经济因素做了一些梳理。最后以一种辩证的思考，试图把中国学作为一种方法论，以“他者”的视角，来反观中国文化——无论是正面的、肯定的，还是负面的、扭曲的，我们可以进行批判地吸收。每一种文化的当代下定位都是在纵向继承和横向开拓的坐标轴上的，因而文化的研究视角应该是古今结合、不避中西的。

第4节　几个核心概念的界定

“中国学”（Chinese Studies）：关于“中国学”的学科称谓在中国存在很多分歧，有的把以法国为中心的中国研究称为“汉学”或“古典汉学”，相应地把费正清开创的以美国为中心的中国研究称为“现代汉学”；有的则不伦不类地称为“汉学研究”和“中国学研究”。实际上，“汉学”和“中国学”是外国学者对中国问题的研究，而“汉学研究”和“中国学研究”是对外国学者中国问题研究的再研究。本书无意于考察这些争论不休的称谓问题，为论述方便，把费正清开创的中国问题研究统一叫作“中国学”，侧重中国近代以来政治、经济、文化的研究，以法国为中心的中国问题研究则称为“汉学”或“传统汉学”，侧重中国古典文献、语言和文学的研究。

“冲击-反应”（impact-response）：“冲击-反应”模式为费正清中国学的核心理论框架（尽管费正清本人反对理论的构建），有的称为“冲击-回应”，有的称为“刺激-反应”，本书一律采用“冲击-反应”的称谓。

“近代化”（modernization）：modernization 可以译为“近代化”或“现代化”，费正清的中国学主要关注的是中国近代转型的问题，因此本书采用了“近代化”一词，中华人民共和国成立以后的相关问题的讨论则使用了“现代化”。

第1章　费正清的教育背景

二十世纪二十年代，全世界对中国的研究还处于传统汉学独霸天下的格局。费正清能够单枪匹马地从外交史角度投身中国研究，非是一般汉学家所能做到的。一个从南达科他州偏僻小镇成长起来的懵懂少年，最终把自己的一生与万里之外的中国连在一起，这其中该需要怎样非凡的勇气和胆略啊。清教主义的家庭传承孕育了他不畏艰险、艰苦奋斗、恪尽职守、严谨务实的思想，注重现实的律师父亲培养了他对生活的热情、理性探究的严谨作风，身残志坚的母亲使他养成了坚强、达观的性格。费正清早年在家庭的熏陶下养成的这些性格特质，贯穿了他的一生，最终使他成为一位特立独行的中国学专家。

第 1 节　家庭熏陶

1907 年 5 月 24 日费正清出生于美国南达科他州休伦市（Huron）一个充满清教主义的传统盎格鲁-撒克逊（White Anglo-Saxon Protestant，即笃信新教，具有英格兰血统的白人，简称 WASP）家族，其历史可以追溯到久远的约翰·巴纳德世系（John Barnard Genealogy）。他们多是公理会（Congregational Church）的牧师，1633 年他们像大多数清教徒一样从英格兰的约克郡来到马萨诸塞州，并于 1636 年建造了一座房子，这座房子至今还屹立在马州的德海姆。十九世纪来华传教士中不乏一些公理会的成员，像裨治文（Elijah Coleman Bridgman，1801—1861）、卫三畏（Samuel Wells Williams，1812—1884）、明恩溥（Arthur H. Smith，1845—1942）等。

清教主义发端于十六世纪下半叶宗教改革时期的英国。笃信加尔文新教学说的英国国教中的激进派，因不满国教改革的不彻底性，要求“纯洁”（purify）教会，彻底摒弃天主教旧制和烦琐仪式，清除国教中的腐败现象，提倡生活简朴、作风严谨，因此被国教中的保守主义分子讥讽为“清教徒”（Puritans），其观点、看法、理念和主张被称为清教主义（Puritanism）。清教徒因其改革思想遭到英国君主和国教保守主义分子的迫害，为避厄运，大批清教徒在十六世纪末十七世纪初开始逃离自己的家乡，其中相当一部分人来到了仍是蛮荒之地的北美大陆。他们把“因信称义（justification by grace through faith）”、“天职思想（the idea of calling）”、“山颠之城（a city upon a hill）”等核心清教理念带到了北美，在这片荒芜和陌生的土地上开拓着自己的信念和理想。

按照“因信称义”的新教理念，《圣经》是信仰的唯一准绳，教徒可以绕过教会或神职人员，通过阅读、理解《圣经》教义，达到直接与超验上帝的交流。“因信称义”观念冲破了原来欧洲宗教教阶体系的桎梏，消解了其对人的思想和行为的长期禁锢，树立了人文主义思想，肯定了现实生活，促进了社会世俗化的进程。作为美国 WASP 核心价值观的个人主义即来自清教主义的“因信称义”观念，它张扬自我、突出个性，强调个人权利和自由，崇尚自我奋斗、自力更生的主观能动性；蔑视权威，勇于探索和标新立异；看重平等，尊重他人隐私，包容多样性，同时直率表达不同意见和看法。

天主教认为克服世俗的私欲、通过修道院的苦思冥想的灵修是教徒接近上帝、实现自我救赎的有效路径。尽管与天主教一样，清教的终极关怀也是彼世，但其在路径方面存在根本差异，重视救赎过程中此世的现实实践功能，教徒不必回避对事业的追求与财富的积累，这就是清教主义的“天职思想”。清教徒的这种“天职思想”在早期拓荒时期逐步形成了不畏艰险、艰苦奋斗、恪尽职守、严谨务实的实用主义价值理念。

这些受到迫害的清教徒怀着一种“使命”意识来到北美，决心把这块大陆建设成为一个人们仰望的、自由的“山巅之城”，并坚信自己负有在世界各地传播和建立基督教文明，消除贫困、愚昧、疾病和落后的责任。他们认为，比起老欧洲大陆，美国是一个新世界，清教主义更加纯正，美国没有经过欧洲中世纪的蒙昧和专制而直接进入到一个民主自由的社会，因而美国是一个比欧洲及其他地方优秀的例外国家，他们负有使整个世界获得自由的神圣使命。这种以宗教理想勾勒出的国家目标和个人“使命”意识成为美国的主流价值观，铸就了美国的民族性。“使命”意识在十九世纪“门罗主义”的口号下，逐渐发展成为美国国家利益至上和美国自由民主普适化的价值观念,[①] 成为美国海外扩张、实行霸权的代名词。

费正清的祖父老费尔班克（John Barnard Fairbank）是一位职业牧师和虔诚的清教徒，宗教的信仰赋予了他拯救人类的使命感，他到处巡游布道，宣扬教义。这种使命感赋予他以坚韧的人格力量，事业执着，不怕困难，为宣传教义义无反顾。费正清秉承了祖父的性格，从小养成了简朴、严谨的生活作风，甚至比祖父更敢于冒险，更世俗；对待事业兢兢业业、尽职尽责，有着宗教般的热诚；对待国家，始终坚持美国利益至上的原则。费正清在晚年的回忆录中描述了这种影响，他觉得一个世纪后自己做的一系列有关中国的讲座，都是紧步祖父后尘。他“从未有过任何宗教信仰，却在颇像‘倒转的传教士’的生涯中度过了自己的一生，擅长向自己的同胞说教”,[②] 祖父企图通过传播福音来拯救人类的灵魂，而费正清则通过研究中国来拯救美国。[③] 他后来开创中国学、在哈佛大学建立中国学中心、培养中国研究人才、服务于美国战略情报所、促进中美关系，都可以窥见清教主义的家庭传承在他身上的印痕。

费正清的父亲阿瑟·博伊斯·费尔班克（Arthur Boyce Fairbank）曾仔细研读过《圣经》，自信领悟了基督的启示，在生活中得到灵魂的指引，因而没有子承父业，而成为一位训练有素的辩护律师和演说家。他崇尚理性、热爱生活。父亲的影响让费正清树立起了孕育自由思想的科学研究的目标,[④] 并培养了他对现实生活的热爱和探究。从此公理会中少了一位叫约翰·金·费尔班克的牧师，中国学领域却多了一位叫费正清的教授。

而对他一生产生影响的则是他的母亲——劳伦娜·金·费尔班克（Lorena King Fairbank）。劳伦娜 1874 年 4 月出生于艾奥瓦州的汉普顿，父母都是公谊会的教徒。5 岁时因一场小儿麻痹症造成了一条腿残疾，这位跛

① 赵文学:《论清教主义对美国主流文化价值观的影响》,《东北大学学报(社会科学版)》2008 年第 3 期。

② 费正清:《序——为〈费正清集〉而作》,陶文钊编选,林海、符致兴等译:《费正清集》,天津:天津人民出版社,1992 年,第 2 页。

③ 费正清:《费正清自传》,黎鸣、贾玉文等译,天津:天津人民出版社,1993 年,第 5 页。

④ 费正清:《费正清自传》,第 6 页。

脚的姑娘非但没有沉沦，反而继承了父亲乐观豁达的性格，她经受住了逆境的磨炼，历练了坚强的意志，培养了自立和自信。费正清在后来的自传中坦陈，自己“致力于中国问题的研究完全得力于她给予我的两种精神品质：面临挑战时的自信和敢于超越某种境界的踏实感”①。

1899年劳伦娜进入刚成立的芝加哥大学，攻读文学和语言学专业。大学期间的严格自律为她打下了扎实的文学和演说功底。费正清书写中国历史的漂亮文风，以及他在哈佛大学的教学风格和麦卡锡时期为自己辩护时的精彩演讲，无不得益于母亲的培养。此外，劳伦娜对当时未开化的美国中部正贪婪地汲取欧洲文化的那种强烈兴趣，直接引导了费正清对未知的东方世界的向往。

第2节 早年教育

1911年全家迁居南达科他州的苏费尔斯城，费正清在那里完成了小学和中学一、二年级的教育，中小学的教育锻炼了他强健的体魄，却没能满足他对知识的渴求。后来在邻居的建议下，1923年他离开了苏费尔斯，来到了位于新罕布什尔州的埃克赛特预科学校，插入该校三年级就读。埃克赛特学校学术氛围浓厚，费正清在这里学会了学习，对西塞罗作品的刻苦钻研培养了他日后严谨而又洒脱的文风。

二十世纪二十年代的威斯康星州是美国进步主义的大本营，云集了像参议员鲍勃·拉·福莱特及其弟弟——32岁成为威斯康星州州长的菲尔·拉·福莱特，以及其早期法律伙伴——费正清姨夫吉尔伯特·E. 罗这样一些进步人士，他们不满社会现状，积极寻求社会改革。姨夫的影响在费正清脑海中形成了关于政治的初步概念——政治是老百姓反对少数人特权的事业，培养了他反对权势、亲近社会苦难阶层的自由主义思想。1925年的秋天，带着满脑子的政治理想以及男女同校的玫瑰色幻想，费正清来到了

① 费正清:《费正清自传》,第7页。

位于麦迪逊的威斯康星大学。很快他就成为该校辩论队的队长，因热心学生会工作被任命为大学生联谊会干事，次年当选该联谊会主席。一颗校园政治明星正在冉冉升起，然而繁忙的社交使他无暇顾及学业，费正清自己对这种空虚的校园生活越来越感到不满，而具有远见卓识的劳伦娜最了解儿子需要什么。两年后，他放弃了在威斯康星大学的学习，来到学术氛围浓厚的哈佛大学。对于这个务实的南达科他州人来说，去哈佛大学的确是一个明智的抉择，也许在日后少了一位平凡的政客，但造就了一位著名的中国学专家。

其时的费正清没有显示出任何要研究中国的迹象，而哈佛大学也没有任何让人萌发对东亚，更不用说对中国兴趣的条件，确切地说这里只能提供人文学科的一般教育。然而，哈佛的学习和生活氛围是令人愉快的，费正清很快找到了自己的位置，像清教徒的苦修一样，他经常把自己长时间地关在自己的宿舍里或待在图书馆里刻苦钻研。在第一学年，他就取得了政治学、历史学和经济学三门主课最优的成绩，这为他以后从社会学角度开展中国研究打下了良好的基础。从小在母亲的熏陶下练就的卓越的辩论能力也逐渐显露出来，他在各种辩论会上轻松地击败了对手，同时也掌握了语言学习的方法，这为他以后学习中文打下了良好的基础。

第 3 节　四位大师引导入门

1929 年对费正清来说真是一个好年头。这一年，他不仅收获了与坎农·威尔玛（Wilma Denio Cannon，1909—2002）的爱情，还因出色的学习成绩为自己赢得了一份罗兹奖学金（Rhodes Scholarship），可谓双喜临门。罗兹奖学金是十九世纪英国企业家、探险家、政治家和殖民主义者罗兹所设，用以资助西方各国青年学者到英国牛津大学学习，费正清是当时美国第 32 位该奖学金获得者。然而，一个现实问题接踵而来，到牛津学什么？选什么专业？

一、韦伯斯特教授

韦伯斯特（Charles Kingsley Webster，1886—1961）1914 年毕业于英国剑桥大学国王学院外交史专业，毕业后到 1922 年在利物浦大学教授《现代史》课程，同期于一战期间在英国皇家军队担任中尉，后又在作战部担任参谋工作；一战结束后随英国代表团参加了巴黎和会。1922 年由于其在研究英国政治家卡斯尔雷[①]的外交政策方面的卓越成绩，被威尔士大学阿伯瑞思特维斯学院（Aberystwyth College）聘为威尔逊国际政治学教授（Wilson Professor of International Politics），在这里他一直工作了十年，其间曾去奥地利维也纳大学、挪威奥斯陆大学、印度加尔各答大学担任客座教授；其中 1928—1932 年在美国哈佛大学担任历史学教授。来哈佛大学不久，他访问了日本、朝鲜、印度、中国等国，在中国，他见到了包括蒋介石在内的许多政要以及蒋廷黻等一批学者。1932—1953 年，在伦敦政治经济学院担任史蒂文森国际历史学教授（Stevenson Professor of International History），其间在英国外交部、联合国筹备委员会工作过，担任过英国社科院（British Academy）主席及外事秘书。1953 年退休，1961 年去世。

韦伯斯特著有《卡斯尔雷的外交政策 1812—1815：英国与欧洲的重建》（*The Foreign Policy of Castlereagh, 1812-1815: Britain and the Reconstruction of Europe*）、《卡斯尔雷的外交政策 1815—1822：英国与欧洲同盟》（*The Foreign Policy of Castlereagh, 1815-1822: Britain and the European Alliance*）、《卡斯尔雷的外交政策》（*The Foreign Policy of Castlereagh*）、《外交艺术与实践》（*The Art and Practice of Diplomacy*）、《1812—1830 年国王乔治四世书信集》（*The Letters of King George IV, 1812-1830*）等著作。在这些著作中，他认为为了控制国际暴力和制止个别大国称霸，欧洲应加强国家间的合作以

---

① 作者注：卡斯尔雷是第二代伦敦德里侯爵（Robert Stewart, 2nd Marquis of Londonderry, 1769—1822），盎格鲁-爱尔兰政治家，通称卡斯尔雷子爵（Viscount Castlereagh），曾任外务大臣，于 1814 年至 1815 年代表英方出席维也纳会议，后来因工作过劳而精神失控，自杀身亡。

实现重建。由于受兰克学派的影响，在方法上，他注重大事件的研究和对原始材料、档案的发掘、整理。

在哈佛大学讲学期间，韦伯斯特经常在“印章社”用午餐，“印章社”成员来自教职工和本科生，因此成为师生聚会、交流的好去处。韦伯斯特在那里常与师生聊天、交流学术。他对人、对工作、对维护世界秩序、对提携后辈的热情感染了许多像费正清一样的青年学子。由于是外交史研究出身，他在中国访问期间与刚从南开大学转到清华大学的历史学教授蒋廷黻相谈甚欢，并从蒋廷黻那里得知130多册的中华帝国官方文件《筹办夷务始末1836—1874年》正在北京付印，感觉非常兴奋，同时敏锐地意识到，由于近代中国研究长期以来为西方所忽略，这批文件的公布，将会改写中西关系史，势必会成为外交研究的热点。他把这个消息告诉了正在为自己未来研究方向发愁的费正清，建议费正清用西方人了解甚少的中国原始材料来研究中国近代史。

《筹办夷务始末》是由清代官方修订的对外关系档案资料汇编，又称《三朝筹办夷务始末》，道光朝80卷，文庆等编；咸丰朝80卷，贾祯等编；同治朝100卷，宝鋆等编。编成后藏于宫中，均为手写本，当时并没有刊印。清朝灭亡后，《筹办夷务始末》以及宫中其他档案都为故宫博物院所有。1929—1930年，故宫开始陆续将其全部影印出版。[①]

对于初出茅庐的费正清而言，中国完全是一个遥远、未知的国度，文言文更如天书，从《筹办夷务始末》开始研究中国，无疑是一项巨大的挑战，但是他认为“这很有吸引力，这种工作似乎还从未有人做过，我可能成为先驱，并充分保持其独特性和学术性，无疑这是个令人激动的高水平的挑战”[②]。韦伯斯特的这项建议让22岁的费正清陷入深深的思考，他觉得哈佛和美国需要中国、了解中国，而面对挑战应该像祖父传教那样具有坚定的信仰，终于在母亲的鼓励下走向了中国。“不过中国研究需要才智、想

---

① 顾钧:《中国外交史的学术革命——〈筹办夷务始末〉》,《中华读书报》,2014年1月29日14版。

② 费正清:《费正清自传》,第22页。

象力，需要探求、创新，更需要进取精神。一旦进入这一领域，我马上为之着迷。我不知道它会让我产生什么认识，也不知道它会把我引向何地。但这到底是一桩事业，一桩令人心醉神迷的事业。”① 在韦伯斯特教授的帮助下，费正清终于把中国近代外交史的研究计划确定下来。清季档案不仅是他研究晚清外交和制度史的资料来源，更成为引领他通向中国、了解中国的一扇窗户，而利用中国档案研究中国也成为他一生的一种学术范式。

1929 年的秋天，他来到了牛津大学的巴利奥尔学院（Balliol College）。然而 1929 年的牛津大学在中国研究方面并不比哈佛大学强到哪里去，甚至连起码的中国历史和中国语言课程都没有开设，有关中国的书籍寥寥无几，真正合格的中国史教授也没几个。然而不利的学术环境并没有使他却步，他如饥似渴地学习中文，并学会了用英国人的方式来看待中国。这种敢于打破常规，以他者的眼光看待世界的方法是他走向中国的初步经验。

费正清在牛津的汉语老师是大名鼎鼎的汉学家苏慧廉（William E. Soothill, 1861—1935）博士，他在中国传教三十多年，创办了温州第一所西式医院——白累德医院，1907 年在李提摩太（Timothy Richard, 1845—1919）邀请下出任山西大学校长。1925 年，英国国会正式通过中国“庚款”赔偿案，将“庚款”余款退还中国，他与胡适、丁文江及王景春等 11 名成员共同组成了一个咨询委员会，调研退款的用途，最终促成这笔巨款用于中国的教育事业。

他还翻译了《论语》、《妙法莲花经》（*The Lotus of the Wonderful Law*），他撰写的《中国佛教术语词典》（*A Dictionary of Chinese Buddhist Terms*）至今仍是研究中国佛教的经典英文工具书之一。由于对中国及汉语的精通，他被聘为牛津大学三一学院第九任汉学教授。苏慧廉属于传统的汉学家，对费正清从事的晚清外交史研究知之甚少，因而在专业学习上无从指导，实际上他对费正清的汉语学习也没有多少指导。费正清的专业学习和汉语学习主要依靠自学，无论是在牛津寒冷昏暗的宿舍里，还是在叮叮当当的

① 费正清:《费正清自传》,第 23 页。

公交车、地铁上都留下了他刻苦学习的身影。但是苏慧廉的引荐，却使费正清认识了他学术史上的第二位导师——马士博士（Dr. Hosea Ballou Morse，1855—1934）。

二、马士博士

马士出生于加拿大，10 岁时举家迁往美国，1874 年哈佛大学毕业后，考入中国海关，1877 年出任天津海关帮办，他的卓越才干和务实精神得到时任中国海关总税务司的爱尔兰人赫德（Robert Hart，1835—1911）的赏识，旋即于次年调往北京总税务司，成为赫德的得力助手，并兼京师同文馆英文教习。后又得到时任直隶总督兼北洋大臣李鸿章的青睐，于 1885 年出任李的幕府，投入轮船招商局的改革、扩建、发展工作中，因不满盛宣怀等人的贪污腐化、结党营私，1887 年提出请辞。之后他又陆续在上海、北海、淡水、龙州、广州等地海关税务司任职。马士在中国长达 35 年的工作时间里，对中国的早期海关、十九世纪外交关系以及官僚体制有着第一手的了解。1909 年因病退休后，定居在英国，开始了第二次人生，晚年以惊人的毅力和速度撰写了大量有关中国及与中国近代史相关的论文和著作。在此后 26 年的时间里，除发表了大量论文外，还出版了一系列著作，主要包括：《中华帝国之商业与行政管理》（*The Trade and Administration of the Chinese Empire*），1908；《中国行会》（*The Gilds of China*），1909；《中华帝国对外关系史》（三卷）（*The International Relations of the Chinese Empire*），1910—18；《东印度公司对华贸易编年史（1635—1834）》（五卷）（*Chronicles of the East India Company in China，1635-1834*），1926—29；《太平天国》（*In the Days of the Taipings*），1927；《远东国际关系史》（*Far Eastern International Relations*，Co-authored with Harley Farnsworth MacNair），1928。

关注现实问题是马士中国近代史研究的最大特点，这一特点使他晚年的研究和著述沿着两个方向展开：一是介绍中国现状的非史学类著作，另外一个是以史为鉴解读中国现状和未来趋势的史学类著作。像《中华帝国之商业与行政管理》，即属于第一类，他在该著作的序言中明确提出了自己的抱负：

本书旨在描绘中华帝国之现实状况，其中使用了若干历史记录，以便反映此种现状演化之过程。本书从未试图预卜未来，甚至亦未暗示在改革的名义下所开始的革命…… 未来之中国，无论是最近之未来的中国还是遥远之未来的中国，都将不同于现在之中国。这场革命将循着英国革命的先例，抑或重蹈法国革命的旧辙，是按照逻辑的发展循序渐进，抑或超出常轨，一蹴而就？这些问题都将取决于当政者之智慧与自制，并最终取决于中国人民之间即将产生的舆论的性质……（今人）欲了解未来之研究者所了解之中国，就必须能够研究其过去。尽管小有不同，但今日之中国实是过去之中国（之延续），我们希望，在所涉及的有限的问题上，将来的研究者会从本书中找到未来中国所赖以建立的基础。①

第二类则以他最具影响的那部三卷本的《中华帝国对外关系史》为代表。在他看来，一部近代中国史就像中西双方共同演出的一台戏，中国在西方节节紧逼下签订了一系列不平等条约，他认为清朝灭亡的根本原因在于内部官僚体制的腐败无能，而对西方的入侵则视而不见，甚至一再为这种侵略性进行辩解，为赫德等主导的中国税务工作表功。由于该书采用的几乎全部是西方史料，因而充斥着显而易见的西方殖民者的论调，但作者对赫德等人收藏的一手中国海关资料的采用，使得该书一度成为西方研究中国近代史特别是中国近代海关史的标准读本。而就史学研究方法而言，该书也体现了马士治史的“新史学”理念：以移情的方法看待古人，古为今用，借鉴社会科学的研究方法等。

该书对蒋廷黻和费正清的历史研究都产生了重要的引领作用，蒋廷黻在自己的回忆录中十分推崇这部著作：“在美研究时，我对中国外交极感兴趣。那时有关外交的标准书籍是莫斯（H. B. Morse）的三卷《中国国际关

① 转引自王宪明：《蒋廷黻著〈中国近代史〉学术影响源探析——以所受“新史学”及马士的影响为中心》，《河北学刊》2004年第4期。

系》(*The International Relations of the Chinese Empire*)。该书是依据英国蓝皮书和美国对外关系丛书写成的。就英、美两方资料说莫斯的书是无懈可击的"[①];而费正清正是在韦伯斯特的推荐下,从该书起步逐渐走向中国的,后来为了感谢这位引路人,牛津大学毕业时他在自己的博士论文扉页上郑重写下了"In grateful memory of HOSEA BALLOU MORSE"("感念马士")。

费正清按照韦伯斯特的嘱咐,在去往英国的邮轮上,就仔细研读了马士的《中华帝国对外关系史》。到达英国后,费正清去伦敦郊外的马士居所拜访了他心仪已久的这位大师,两人一见如故,相谈甚欢。这位74岁高龄的睿智老人带着年轻的费正清漫步在雾霾重重的伦敦郊外,向他讲述了一大堆有关海关以及中国的情况,这些对于一个22岁的学生而言一时还应接不暇。老人对于费正清这个热心于事业的美国青年产生了一种交织着情感和理性的溺爱,他把有关的文献、书籍一股脑介绍给了费正清,并通过写信或私人渠道使英国、美国、中国的学术圈开始关注这位年轻人的学术进展。费正清深感自己找到了一位精神上的父亲,把自己结合《筹办夷务始末1836—1874年》新材料的研究计划告诉了他,在马士的影响下,费正清决定从中国海关入手集中研究早期条约口岸外交制度,并为自己的学士论文选定了题目:《1850—1854年英国对中华帝国海关起源的政策》(*British Policy in Relation to the Origin of the Chinese Imperial Customs Service, 1850–54*)。像韦伯斯特和马士一样,年轻的费正清一开始就认识到了原始材料的重要性,为此在1930年的下半年他几乎天天来到伦敦钱塞里的公共档案馆查阅资料。由于大量采用欧美资料以及受马士的影响,费正清这篇早期有关中国的论文有着明显的西方帝国主义的论调。

1931年春,费正清完成了这篇有关中英关系的学士论文,并获得通过。随即开始了博士学位攻读,继续该课题的研究,他频繁地出入于伦敦档案馆,去了马萨诸塞州的坎布里奇和芝加哥,访问了在巴黎道赛的法国档案馆。费正清很快认识到,这些都是西方人的资料,要进一步完成中英近代

---

① 蒋廷黻:《蒋廷黻回忆录》,长沙:岳麓书社,2003年,第100页。

关系史的研究，还必须掌握中国人的原始资料，了解中国人的观点。这要求他熟练掌握中文，直接阅读中国人的材料，而牛津大学的中国语言教育满足不了他的需求。苏慧廉博士建议他去中国考察，并实地学习汉语。于是，他向罗兹奖学金基金会提出申请，希望在奖学金期限剩余的时间里到中国进行实地研究，他的这一要求得到批准。而对他的研究计划爱莫能助的巴利奥尔学院倒也显得十分大度，没有干涉他的这一计划。若干年后，当费正清在回顾牛津大学两年的教育时，对自己博士学位的牛津价值表示出不屑一顾，然而正是巴利奥尔学院的这种宽厚的忽视（laissez-faire）使他因祸得福，得以找到自己喜欢的研究方向。1931 年圣诞节后，费正清乘坐德国劳埃德商船协会的“阿勒尔”号货轮从热那亚出发前往上海，从此与中国结下了不解之缘。

三、欧文·拉铁摩尔

二十世纪三十年代，北平活跃着一批精力充沛的西方青年，在他们眼里，北平是一个充满生机、令人激动的城市，在这里他们学习汉语、同中国人交流、了解他们的生活，致力于各自课题的研究。后来，他们都成为各自领域的权威。费正清很快融入这个圈子，并积极参加了他们每月一次举办的交谈、演讲、宣读论文的活动，通过他们费正清为自己打开了一个个了解中国的窗口。

在这个万花筒式的外国侨民社会中，费正清觉得欧文·拉铁摩尔（Owen Lattimore，1900—1989）是一位最有趣的人。他是一个友善但看上去心事重重的人，带着单片眼镜和一个硕大的拇指戒，还在后花园里养了一只公羊。在学术道路上，正是这位老学究式的拉铁摩尔成为继韦伯斯特和马士之后第三位对他产生重大影响的学者。

拉铁摩尔的父亲是天津北洋大学的英文教员，童年的拉铁摩尔常游玩于天津的洋楼和深街里巷，习得了一口流利的汉语。老拉铁摩尔不喜欢孩子们“讲着中国话长大”，因此拉铁摩尔 12 岁那年，他被送到英国的一所私人寄宿学校留学。他没有继续高等教育，而是回到天津做了一家羊毛商行的代理，这使他从1925年起开始深入蒙古、新疆等中亚腹地进行探险、考察。由于职业的缘故，最初他主要考察的是山西-蒙古-俄国的商路和贸易。1928—1929年他以一名研究生的身份在哈佛大学人类学系的人类地理学培训班进修了八个月，学习了社会科学的研究方法，掌握了民族志田野调查方法，学会了对不同文化的描述方法等。后又在美国地理学会主席鲍曼（Isaiah Bowman）引荐下，获得该学会的资助，使他有机会真正从学术角度对中国东北地区进行了9个月的考察研究。基于对族群与文化问题的重视，拉铁摩尔通过本次考察认为，到20世纪30年代中国北部边疆地区的地缘环境与古代史中的描述相比发生了很大变化，由上述地区构成的中国北部边疆在古代曾是“北方夷狄”频繁进出的重要地带，近代由于俄苏-日本-西方势力的介入，该地区成为汉-满-外三种文明角逐的舞台。此外，在考察过程中他还时刻关注当地的军事和政治形势，像匪患、兵患问题，中苏铁路的冲突问题等。[①] 1937年，在考察中他到陕甘宁拜访了中共领导人，陕甘宁边区的民族政策给他留下了深刻的印象，同年拉铁摩尔回到美国，在约翰斯·霍普金斯大学佩奇国际关系学院任教。1941年起开始担任蒋介石的私人政治秘书，由于与蒋介石意见相左，1942年他辞去这一职务，回到美国，就职于美国战时情报局。二战结束前夕，拉铁摩尔根据他对中国共产党的了解，建议美国政府向国民党施加压力，促使蒋介石改善与中国共产党的关系。也因此在1950年代，成为麦卡锡主义迫害的对象，不得不流亡英国，在利兹大学继续他的中国边疆文化研究。

在日本制造满洲国事件造成的中日矛盾白热化时期，这位有胆识的学者还出版了《满洲——冲突的发源地》（*Manchuria*：*Cradle of Conflict*），揭示了中华民族发祥地与北部、西北边疆非汉族部落的关系。特别是1940年出版的巨著《中国在亚洲腹地的边疆》（*Inner Asia Frontier of China*）为拉铁摩尔奠定了地缘政治学家的基础。这恰与费正清的关于东南沿海的贸易与

① 袁剑:《田野中的全球史与地方性——拉铁摩尔1929—1930年的中国东北之旅》,《社会科学》2014年第10期。

外交的研究计划不谋而合。在拉氏中国边疆史研究中蕴含的胡汉并治的倾向给费正清以很大启发，后来在他的《条约下的共治》和《中国的思想与制度》著作中进一步将这种倾向扩大为汉、胡与西方共治的概念。费正清在后来的回忆录中说："在一个由于充溢着条约特权和权益而弥漫着腐败气息的领域里，这本书（《满洲——冲突的发源地》）仿佛吹来一股新风。当前关于外国在华的特权和权益的权威著作，就满洲而论，已出版了三卷，书内充满法律细节，跟当地民众和他们的早期斗争毫不相干。在我看来，欧文的主要见识，一经阐发，是不证自明的。他在1941年发表的巨著《中国在亚洲腹地的边疆》后来赋予我如今仍在探索的概念。……欧文的想象力把他的现场观察和已知的事实融合在一起，建立历史理论的城堡。汉学家们尽管对此几乎一无所知，可能还会冷嘲热讽，可是欧文早已是一个蒙古问题专家了，超出了他们的研究范围，而且还利用俄文史料。"[①] 从这里可以看得出早年费正清对汉学家的鄙视，拉铁摩尔是导引他后来进入中国学领域的启蒙者，成为他的第三位导师。

四、蒋廷黻

1932年当罗兹奖学金即将完结时，费正清向哈佛-燕京学社（Harvard-Yenching Institute）提出资助申请。当时学社在中方洪煨莲教授和美方叶理绥（Seri Elisseeff，1889—1975）社长共同主持下，延续着欧洲的传统汉学模式。由于费正清正在从事中英外交关系研究，在申请书中他没有提出要在汉学家指导下或到巴黎、荷兰莱顿这样的世界著名汉学中心学习中国古代经典原著，也没有要成为一名汉学家的计划，因而他的两次申请均遭到拒绝。在他看来，哈佛-燕京学社的这一做法无疑贬低了在中国沿海进行实地研究的所有传教士和领事的作用。

后来在韦伯斯特的引荐下，费正清结识了中国近代史研究的先驱、时任清华大学历史系主任的蒋廷黻，他对费正清的到来表示出热情的欢迎，

① 费正清：《费正清对华回忆录》，刘尊棋译，上海：知识出版社，1991年，第45页。

并在他和威尔玛面临经济拮据之时，给他提供了在清华执教的讲师资格，教授经济史、文艺复兴史。同时，北京税务学校也聘他讲授海关史。在这两所学校里，费正清不是去做助教，而是自行设计开讲课程，这让还是一名研究生的费正清感到十分兴奋。蒋廷黻的帮助不仅让他摆脱了经济上的窘境，更重要的是成为他后来学术和教学生涯的引路人。

蒋廷黻 1919 年留学美国哥伦比亚大学，获政治学博士学位，1923 年学成归国，被聘为南开大学历史系教授，深受张伯苓校长的器重。在南开期间，他完成了《近代中国外交史资料辑要》的上卷，这是第一部不依靠英国蓝皮书等外国文件编辑的外交史资料，目的是使中国外交史研究学术化，由此奠定了他对中国近代外交史乃至近代史研究的基础。1928 年，“五四”运动学生领袖罗家伦出任清华大学校长，他把罗致优秀教师作为大学校长的第一要务。次年 5 月，罗家伦亲自到南开大学邀请蒋廷黻到清华大学历史系任教，并担任系主任一职。面对张伯苓校长的依依不舍，罗家伦便坐着不走，赖了一夜，最终把对方说动了。实际上，蒋廷黻的离开也与其本人对张伯苓校长及南开的保守办学思想不满，以及对清华办学的开放之风和经费充足倾慕有很大关系。

蒋廷黻在哥大就读期间，正是“新史学”理论盛行之时，该理论的主要奠基人是鲁宾逊（James Harvey Robinson，1863—1936），而他的博士论文导师海斯（Carlton J. Hayes，1882—1964）是鲁宾逊的高徒，蒋因而成为最早接受该理论的中国学者之一。“该学派以实证主义为思想基础，重视史学的社会功能与实用价值，主张史学革命。蒋廷黻在哥大的四年研究中，不仅受到了‘新史学’的熏染，接受了作为‘新史学’基石的进化史观，注意用实证的方法探求史事之间的因果联系，强调史学的训诫功能和历史教育的普及，而且受到了导师研究的直接影响，把海斯对欧洲近代政治史研究中的‘族国主义’理论，作为自己观察中国社会和历史的重要观念”①，反对一些西方学者把中国文明看作博物馆或陈列馆文明，把中国看成过去

① 李勇、侯洪颖：《蒋廷黻与鲁宾逊的新史学》，《学术月刊》2002 年第 12 期。

的传统汉学观念，反对国内一些学者为版本而研究版本、为古籍而研究古籍的传统历史研究方法；希望有一批新人，能用社会科学的方法，讲清楚“中国从什么地方发源，又向何处发展，最后定居在什么地方”①。

清华大学历史系在蒋廷黻的领导下，改变了“治史书而非史学”的传统研究方法，隐约形成了与王国维、陈寅恪迥然不同的新的清华学派：重综合、重分析、重整体的研究方法。他本人就是这一学派的身体力行者，薄薄的一本《中国近代史》吃透了史料，融合了他对历史独到的研究方法和观点。费正清 1932 年初次见到蒋廷黻时，蒋才 36 岁，却“已经执中国近代史研究之牛耳”。在清华六年的时间里，他继续研究中国近代外交史，1934 年完成了《近代中国外交史资料辑要》（中卷），这是一部编辑精当、卷帙浩繁的外交史资料集，上、中两卷共收入 1822 年到 1895 年间的清代重要外交文献 799 篇。他还收购散藏于民间的档案，编辑道光、咸丰、同治三朝《筹办夷务始末补遗》（同治五年以下未编成），逐渐形成了一套关于中外关系变化如何影响中国近代历史进程的看法。他是个惜墨如金、不轻易下笔的人，清华时期恐怕是他一生中写作最多的时期，他的那些出色的专题论文大都是在这一时期完成的，如《评清史稿·邦交志》《琦善与鸦片战争》《最近三百年东北外患史》《中国与近代世界的大变局》等，对中国近代史的许多重要问题都有许多独特的见解，有的几乎是大翻案。

蒋廷黻最早指出了中国传统“朝贡制度”与鸦片战争后“条约制度”的差异性。由于受西方社会达尔文主义的影响，他把近代化和中古状态分别作为先进与落后的文化发展阶段，以西方列强对中国的侵略作为中国近代化的“因”，把学习西方实现近代化作为中国脱离中古状态“必致富强”的“果”。他认为，近代史就是欧化史，任何民族、国家只有接受欧洲文化，才有出路。因而帝国主义对中国的冲击在波澜壮阔的民族运动时期更多的是心理上的，中国不只是一个被动的受害者，而是西方近代化的受益者。1919 年“五四”

① 蒋廷黻：《蒋廷黻回忆录》，长沙：岳麓书社，2003 年，第 130 页。

运动时期，蒋廷黻周游美国各地，到处演讲，主张中国应脱离儒家君主制，积极向西方学习。他尤其关心中国的农村问题，他认为中国农村亟待进行一场土地改革，一场在强大的政府领导下才能成功的改革。

此外，蒋廷黻还十分重视人才队伍建设，据何炳棣先生回忆，蒋廷黻由武汉聘请雷海宗先生回母校主持中国通史课程，进行通史教育；利用清华研究院为国家培植历史教研人才，资助课程和论文皆能达到相当水准的学生出国深造；给予有研究能力的助教以三年左右的时间去准备开新课，提拔了吴晗、杨凤岐等一批优秀的青年学者；利用清华的留美公费考试的机会，为国家、清华造就史学人才，如以中国考古研究闻名世界的夏鼐便是通过这样的方式被选拔出来的。“经过蒋先生几年的整顿，我（指何炳棣）入学以后历史系专任的七位教授、两位讲师（相当于后来的副教授）和一位教员所开的课程已具相当规模。”[①] 此外，还邀请了一些优秀的校外学者来校兼任讲师并开课，如钱穆、陶希圣、谭其镶，费正清也是在这种情形下进入清华的。经过蒋廷黻的这番努力，原来默默无闻的清华历史系，一下子跃居全国前列，成为全国史学研究的重镇，并形成了自己的特色，如重视通史教育和综合研究，人文才能与考据并重，中外历史并重。这种兼容并包的通才教育使得清华历史系在二十世纪三十年代迅速上升为甚至可以与美国哈佛、哥伦比亚大学比肩的一流研究基地。1935 年蒋廷黻弃文从政，历任行政院政务处长、驻苏联大使、行政院善后救济总署署长、驻联合国常任代表、台湾“驻美大使”等。然而弃学从政之初他也曾有过耿耿于怀，在他后来写给费正清的信中聊发了内心的感慨：“就生活而论，我更加喜欢当教授。当我回想起与充当教师有关的悠闲的生活、书籍和著作之际，有时我不禁潸然泪下。”[②] 好在他认为做官只是尽一个公民的责任为国家服务罢了，他弃学从政丝毫也没有装腔作势、作威作福，一如他初进清华那样，对臃肿的政府机构进行了大刀阔斧的精简改革。

---

① 何炳棣:《读史阅世六十年》,南宁:广西师范大学出版社,2005 年,第 71 页。

② 费正清:《费正清对华回忆录》,第 103 页。

在蒋廷黻的指导下，费正清开始认真阅读韦伯斯特推荐的《筹办夷务始末》，并将之与美国档案对照、勘对，认识到中国原始史料的重要性。蒋廷黻对费正清的研究计划颇感兴趣，为了帮助费正清，答应每周一次与他共进午餐，还向费正清介绍重要的中国学者，帮助费正清在他做编辑的《中国社会及政治学报》（*Chinese Social and Political Science Review*, 1933-34, Vol. 17）上发表了他的第一篇学术论文《天津条约前鸦片贸易的合法化》（*The Legalization of the Opium Trade before the Treaties of* 1858），文章认为：1858 年早已开辟鸦片输入渠道，并实行征税，因而是为条约所许可的，是不可制止的。应该说，蒋廷黻的影响对费正清的学术研究起了定型作用，像他的研究中国近代史的“冲击-反应”模式即脱胎于蒋氏的思想。

第 4 节 与中国自由主义知识分子的交往

1932 年在中国历史上是灾难深重的一年。“九一八”事变后日本铁蹄南下，1932 年 1 月相继登陆青岛、进攻上海，而国民党政府却提出了“攘外必先安内”的主张，与日本人签订了屈辱的《淞沪停战协定》，消极抗战，置中国人民于日本侵略的水深火热之中而不顾。在上海的一些先进知识分子，如茅盾、鲁迅、叶圣陶、郁达夫、丁玲、胡愈之、陈望道、冯雪峰、周扬、田汉、夏衍、阳翰笙等，联名发表了《上海文化界告世界书》，愤怒斥责日本帝国主义的侵略，反对国民党的消极抵抗主义，呼吁全世界无产阶级和革命文化团体支援中国抗日斗争。而以胡适为首的自由主义知识分子深受西方宪政思想影响，虽怀有满腔的爱国热情，却极力反对社会斗争和政治激情，强调保持法律秩序和理性约束的必要性，主张通过教育、立法、立宪等非暴力手段达到改良的目的；他们不满国民党政府的话语管制，呼吁国民党当局保障言论和出版等方面的自由权。[①]

① 高兴:《政治信念和法制理想——论中国左翼文人和自由主义知识分子的价值诉求》,《思想与文化》2014 年第 1 期。

费正清在未来岳父坎农[①]的引荐下，结识了更多的具有现代思想的中国知识精英。1932 年 5 月 10 日坎农教授的朋友在北平东兴楼宴请费正清，在饭桌上向他介绍了一些中国名流，其中包括北京大学文学院院长兼中文系主任胡适、北平社会调查所所长陶孟和和中国地质调查所的丁文江。他们都有着深厚的中国古典教育的学养，又都在欧美受过西方现代教育，胡适曾就学于美国康奈尔和哥伦比亚大学，陶孟和与丁文江分别在伦敦大学和格拉斯哥大学深造。他们都在四十多岁，正是弹冠而歌、踌躇满志的年纪。在这多灾多难年代，作为学贯中西的学者和有责任心的官员，他们积极探讨当代政策问题，主张用自己的学术研究为国家服务。为此，蒋廷黻、胡适、傅斯年、丁文江等一起创办了中国自由主义知识分子的两个著名刊物《努力周报》和《独立评论》，刊物秉承自由主义思想，积极宣传西方思想文化，从科学理性的角度批判分析中国社会现实，积极干预现实政治，推行改良思想。[②][③]

在费正清看来，“美国的自由主义信仰有两个原则，那就是普通人（老百姓）应有经济保障的机会，应有自我表达政治意见的自由”[④]，在中国的这些知识分子不顾个人安危，抨击时政，建言献策，他们强烈的忧患意识和敢于直陈己见的勇气深深感染了这位来自美国的青年，费正清心中原来从祖父那里继承来的为国家利益服务的朦胧的宗教意识开始变得真切起来。在觥筹交错之间，这些中国学术界的领袖用流利的英语与他交谈，热情地为他夹菜，这让费正清既感到受宠若惊，又感到兴奋异常，在家信中，他这样描述了当时的情景：

我感到惊讶的是一位现代的伏尔泰胡适坐在我身旁，敬我笋片和

---

① 作者注：沃尔特·布拉德福德·坎农（Walter Bradford Cannon，1871—1945），哈佛大学医学院教授，世界著名生理学家，1935 年曾在北平协和医学院工作。

② 岳山：《自由主义群体议政的努力——〈努力周报〉创刊和停刊》，《安徽文学》2010 年第10 期。

③ 洪晓斌：《丁文江学术文化随笔》，北京：中国青年出版社，2000 年，第 310 页。

④ 费正清：《一九四六：我们在中国的机会》，陶文钊编选，林海、符致兴等译：《费正清集》，第 310 页。

鸭肫肝，别的人也对我异常亲密。我全然不明白之所以如此的道理，但是我一点也没有不快之感，并且借助于通常的中国酒，我感到胸怀开朗，什么事都对他们说了……这要花多大的功夫才能当之无愧地享有这份荣耀呢？[①]

费正清将这种一见如故归因于他们间共有的西方自由学术背景，以及学术报国的责任感。约翰·杜威来华演讲的两年时间里（1919—1921），胡适既担任他的翻译又是其思想的传播者，这段时间成为美国自由主义在中国传播的巅峰时代。然而在国民党一党专政的独裁时代，中国自由主义者的进步思想已成为挂在政治枯藤上的孤叶。

在北平的社交圈子中，费正清夫妇与梁思成、林徽因夫妇结交为最亲密的朋友。费正清夫妇的中文名字就是梁思成给取的，姓氏“费”取 Fairbank 的谐音，名字“正清”则取 John King 的谐音，寓含“正直清白”“正本清源”之意，非常符合费正清的个人品格以及作为一名历史学家的特点。四十年代，费正清第二次来华时一度将他的名字改为“范朋克”，后来在梁氏夫妇纠正下，他又改回原名。威尔玛（Wilma Canon Fairbank）则得到一个极具中国古典美的名字“费慰梅”。

梁、林在 1920 年代留学美国宾夕法尼亚大学建筑系，毕生致力于中国古代建筑的研究，奠定了中国建筑史在世界建筑史中的地位。梁思成的父亲梁启超是中国近代史上著名的维新主义者、政治领袖、学者、作家，费正清认为他在中国二十世纪初享有的地位相当于埃利胡·鲁特、沃尔特·李普曼、[②] 海明威和约翰·杜威的总和。三十年代梁氏夫妇住在北平北总布胡同，是费正清的邻居，俩人周围经常聚集了一批中国知识界文化精英，如诗人徐志摩、哲学家金岳霖、政治学家张奚若、物理学家周培源、考古

① 费正清：《费正清对华回忆录》，第 47 页。

② 作者注：埃利胡·鲁特（Elihu Root，1845—1937），美国著名的律师和杰出的政治家，1912 年诺贝尔和平奖金获得者。沃尔特·李普曼（Walter Lippmann，1889—1974），美国著名专栏作家，参加创办了美国自由派刊物《新共和》。

学家李济、文化领袖胡适、作家沈从文和萧乾等。这些学者与文化精英常常在星期六下午陆续来到梁家，品茗谈天，坐论天下。风华绝代、才情横溢而又颇具亲和力的女主人自然成为每次聚会的核心。梁家客厅一时成为二十世纪三十年代北平最有名的文化沙龙，被人称为“太太客厅”。费正清说：“中国对我们产生了巨大的影响，而梁氏夫妇在我们旅居中国的经历中起着重要作用。”① 费慰梅也曾回忆说：“思成和徽都是出身名门，他们的父亲都是名人。通过他们和他们的朋友们，许多领域都向我们敞开了大门。我们已不仅仅是消极的看客。”② 费正清从这些中国知识分子朋友那里，逐步意识到中国文化面临的整合问题，即如何辨别出传统文化中的糟粕并加以抛弃，如何从外来文化中发现精华并加以吸收。实际上，费正清不只是将这些中国的自由主义知识分子看作了解中国的透镜，更让他感到震撼并油然而生景仰的是在他们身上所体现出的强烈的爱国主义抱负、坚忍不拔的追求真理的精神以及他们那种超越时空的智慧。“在那些年代里，他们对中国文化的共同热爱和对中国命运的共同关心，在他们和我父母之间结成了一种亲切的联系，超出了国家和意识形态的障碍。”③ 这种与中国友人的密切关系形成了他一生扭不断的中国情结，1972 年访华时，费正清对梁、林二位的过世极为伤怀，他感觉好像失去了半个中国。

如果说与梁思成、林徽因等的友谊构成了他与现实中国的密切关系，那么与史沫特莱、埃德加·斯诺和伊罗生等美国左翼知识分子的谨慎接触则反映了他当时作为一位自由主义知识分子的超然品质。1933 年春天，费正清夫妇与梁思成夫妇一起参加了中国民权保障同盟北京分会，该组织是宋庆龄、鲁迅、蔡元培等人为反对独裁、促进民主进步而创立的。史沫特莱是该组织上海分会的成员，1933 年初她与费正清一家在西总布胡同 21 号

---

① 费正清:《费正清对华回忆录》,第 121 页。

② ［美］费慰梅:《梁思成与林徽因:一对探索中国建筑史的伴侣》,曲莹璞、关超等译,北京:中国文联出版社,1997 年,“作者序言”,第 II 页。

③ ［美］保罗·柯文、默尔·戈德曼主编:《费正清的世界:同时代人的回忆》,第 29 页。英文 Cong-Jie Liang 应为“梁从诫”(梁思成、林徽因儿子),该书误译为“梁孔洁”。

小住过。费正清把她描述为一个喜欢冒险、积极献身社会主义事业的人。胡适曾经考察了一所地方监狱，并报告了所见到的较好的情况，而史沫特莱则通过那所监狱的一个犯人的信揭露了当局虐待犯人的事实，此举让胡适颇为尴尬，也惹恼了当局，并终止了北京分会视察监狱的计划。费正清谴责她为一个极端主义分子，为了某种政治目的而牺牲了同盟的利益，两人产生了显然的政治分歧。后来杨铨（即杨杏佛）被暗害，丁玲等人遭遇“煤油和粪便的款待”让费正清感到了国民党的残酷，并对国民党的统治产生了失望。但那时费正清对处于革命低潮时期的共产党还看不到希望，仍将社会进步的希望寄托于自由主义知识分子主张的资产阶级改良上面。在他看来，埃德加·斯诺和伊罗生同样也被深深卷入了现实政治阴谋之中。虽然他的思想中充斥着一种模糊的反帝情绪——反对通商口岸的帝国特权、反对日本的扩张、反对国民党的独裁，但他对中国的政治现实持一种敬而远之的态度，属于一个理性的旁观者而不是一个狂热的参与者。这种年轻时形成的理性的旁然态度奠定了他未来学术之路的基础。

第5节 在中国实地考察

由于他的博士论文的中心内容涉及最早开辟的通商口岸的英国领事馆档案，因此查看、收集这些早期原始档案材料是他来华的最重要的任务。在通商口岸的西方人，他们炮舰政策的目的在于撬开中国门户——通商口岸，把这些通商口岸作为他们进行贸易扩张、殖民侵略的桥头堡。按照马士的介绍，这里保留了大量中外官员、商人的通信、电函，是了解十九世纪英国贸易扩张史的重要参考依据。

1932年2月他一登陆上海，就迫不及待地去了在上海的中国海关总税务司署，拜访了马士原来的统计秘书、现在是他的接班人的赖特（Stanley Fouler Wright）先生，此时他刚刚完成了有关海关档案方面的著作《赫德与中国海关》。费正清研究中国海关的想法让精明的赖特敏锐地感到了来自一位潜在对手的威胁，每当费正清谈到海关的话题时，他总是设法把话题引开。最后得知费正清要去北平学汉语时，他才消除了疑虑。因为两个人都深知，一个人一旦进入汉语研究领域，很快就会销声匿迹的。由此也可看出费正清进一步抛弃古典汉学的思想痕迹。后来，在韦伯斯特的敦促下，英国外交部图书管理员写信给驻北平使馆，费正清重新被允许到各个通商口岸查阅早期档案。

6月，费正清前往天津访问了海关副税务司格罗夫斯（Everitt Groff-Smith），其岳父是曾担任朝鲜海关总税务司，后担任上海江海关税务司的墨贤理（Henry Ferdinand Merrill），当时他在李鸿章的进步政策影响下努力促进朝鲜的发展。其时新成立的中华民国政府提出了关税自主的要求，拒绝继续偿还外国债款，时任中国海关总税务司的梅乐和（Sir Frederick Maze）不得不屈从国民政府的这种要求，格罗夫斯对梅乐和的这种屈从和宽容感到苦恼，认为是一种道德沦丧。在费正清看来，格罗夫斯尽管尽职尽责，但实际上是一种西方在华利益的诉求，反映了西方帝国主义旧秩序的衰退。

在对上海、福州、广州、厦门、香港等通商口岸的考察中，他逐步形成了一种印象：通商口岸的“开放”发展了当地的现代化经济，促进了当地的繁华。同时，他也感受到了西方帝国主义与中国民族主义之间存在的矛盾。居住在通商口岸里的他的西方同胞们住在豪华别墅里，打网球、喝咖啡、办舞会，与贫穷的中国人相比俨然过着一种与世隔绝的上等人的生活。在上海，他看见纺纱厂的一些16岁左右的女孩子，目光黯淡，衣衫褴褛，在震耳欲聋的织机旁不停地来回走动结纱换锭，她们中没有谁能值一个锭子钱，却一天要干12小时，挣4角钱，还要被工头、领班等扣掉2角；在南洋兄弟卷烟厂，3000多名女工只能使用39间盥洗室；缫丝厂9—12岁的儿童每天工作14小时，只有半小时的午饭时间，一天下来只能挣到1角钱。在福州，他感到这里弥漫着一种西方特权者显而易见的对待中国人的居高临下的蔑视。在香港，费正清一行曾遭到一位警察的刁难，当他亮出自己牛津大学学生的身份并说去怡和洋行大班旧居居住时，那位警察立刻变得低眉顺目起来。一些买办更是如此，在洋人面前点头哈腰，在国人面前则耀武扬威、吆三喝四、不可一世。费正清在这里似乎看到一种风雨欲来的革命爆发前的景象。

在上海，在威尔玛和妻妹玛丽安的陪同下，费正清来到英国领事馆档案室，在潮湿阴暗的地下室，他查阅了大量领事馆的电讯公文、各种往来信函，随身携带的两台打印机嗒嗒响个不停，威尔玛、玛丽安帮助抄写、摘取大意。在这些单调乏味的工作中，他发现了75卷关于1843—1858年宁波早期的档案记录，里面充满了英国人为赢得沿海贸易所干的种种龌龊勾当。在福州、广州、宁波、厦门通商口岸的领事馆，他们在那些爬满蛀虫、充斥着霉味的卷宗中艰难耙梳，获得了这些口岸对外贸易史的几千页打印件。从这些日积月累的卷宗中、在与英国行政官员和领事的交谈中，他获得了一种英国声望在逐步衰减的印象。

1935年1月，在香港费正清获得了这次通商口岸考察中最重要的发现。在他到达香港的3个月前，一位名叫杰拉尔德·约克的年轻研究生发现了查顿和马地臣家族创办的怡和洋行的案卷，这些档案存放在一个破旧的仓库里，大约有700个箱子，里面存有大量信件、分类账、账簿、船用载货单及其他公文。另外这里还存放着1845—1875年的美国奥古斯丁琼记公司的档案。这些材料是西方与远东联系的逐日记录，叙述了英国贸易的扩张历史，实施贸易、处理问题的方式，费正清认为这些对自己的专题研究有着直接的价值。但他担忧地发现这些档案正在遭受蛀虫和气候的损害，于是他四处写信为这些材料寻找一个安全永久的存放之处。后来哥伦比亚大学收藏了怡和洋行的材料，奥古斯丁琼记公司的材料被耶鲁大学收藏，但他希望自己的母校哈佛大学能吸收过来，最终几经辗转周折，琼记公司材料终被哈佛大学商学院收归。

由于威尔玛、梁思成和林徽因夫妇对中国艺术的兴趣，费正清陪同他们参观、调查了在郑州、开封、洛阳、大同等地的墓葬和佛寺，由此进一步培养了费正清对中国文化的兴趣。在旅途中，他再一次感受到了西方人在中国的特权，蓝皮美国护照以及与当地传教士的关系让他们在中国各地通行无阻，当地的政府、军阀派士兵护行，甚至连横行跋扈的日本人也奈何不得。而梁思成、林徽因夫妇的上流社会身份，也使得当地士绅、官员对他们不敢怠慢，费正清觉得这是中国儒家等级社会给他们带来的便利。

在考察中，他有机会接触到了中国最底层的百姓。无论是北平顶风冒雨的车夫，还是滦河上衣不蔽体的纤夫，还是华北农村艰难挣扎的农民，他们的朴实、勤劳、善良都给他留下了深刻印象，他同时也感受到中国底层百姓所遭受的压榨和困苦。最使他感到惊诧和困惑的是妇女裹脚，“三寸金莲”在费正清眼里是对妇女身心的摧残，代表了中国男女的不平等和婚姻的不公。他在1933年4月30日给苏费尔斯《百眼巨人导报》写的两篇报道《郑州旅馆没有被褥，而且没有臭虫——和衣过夜》和《疾病、盗匪——“傅满楚”旅馆特色旅行》中，描述了中国社会的落后、愚昧。在这些考察中梁思成夫妇和威尔玛是把中国作为一种单纯的文化来认识的，费正清则不同，他在文化背后看到了一个残缺现代化的不稳定性样本。[①] 然而，1935年12月他们对河北定县的考察让他看到了改变中国农村落后局面的希望，晏阳初先生在洛克菲勒基金资助下，正在发起“重建农村平民教育运动”。实际上，晏阳初先生早在第一次世界大战期间就开始在法国华工中间开展了平民识字运动，主张中国现代化的蒋廷黻曾经在那里助他一臂之力。在定县，他通过农民识字班和卫生所把农民组织起来跟贫穷和愚昧作斗争，利用美国的现代农业技术改造中国农村。

1934年初，费正清就开始寻找在美国教书的永久职位。这年4月他写信给韦伯斯特的好友、哈佛大学历史系前任教授詹姆士·菲内·巴克斯特，表达了希望回母校执教的愿望，巴克斯特在回信中希望他尽可能完成论文，并欢迎加入历史系。岳父坎农博士在来信中表达了一种悲观的情绪，告诉他国内经济的萧条和谋职大学的困难。然而这位出身清教徒家庭的年轻人没有气馁，他持续地给70多位中外学者写信并寄去他已经发表的论文，让他们帮助做工作，终于他的论文以及他在怡和洋行和琼记公司材料上表现出来的敏锐的远见让他如愿以偿。1935年的秋天，巴克斯特写信正式通知他，哈佛大学接受了他的申请，给他一个远东史指导教师的职位。此时，

① ［加］保罗·埃文斯:《费正清看中国》,第43页。

中国的形势也在迅速恶化。这年的圣诞节他和威尔玛与朋友们依依惜别，离开了中国，次年1月回到了阔别四年之久的故乡。

这次历时四年的中国首行，在他的人生历程中具有里程碑般的意义，在古都北平他与威尔玛走上了婚姻的红地毯，更为重要的是在这里他确立了自己终生学术研究的方向，后来他曾愉快地、一语双关地把这四年称为在中国度过的“蜜月”。

对中国的实地考察和对大量一手中文材料的掌握，让他对中国研究产生了终生的兴趣，但他与强调语言和古代史研究的汉学传统保持了一定距离，主张应加强对近代中国的研究，这使得他在传统汉学研究的队伍里大有一种现代主义独行侠的味道。在这几年里，他始终牢记马士的告诫“不要让学习语言成为目的本身”，1933年4月他在回复马士的信中说：“我决心在做其他事情以前保持做一个历史学家。汉学本身是好的，但是在它与其他学术研究的关系中就有些破坏作用。”1934年10月他写信给时任美国学术团体理事会（American Council of Learned Societies）执行干事格雷夫斯（Mortimer Graves），信中表达了对格雷夫斯开拓以美国为中心研究中国做法的赞同，“怎样鼓动起美国新的中国系科去说服学生关注中国的现在和未来，而不是它的过去”。数周后，他又写信强调说“对于一个关注中国的现在和未来的学生来说，语言是一种工具而不是目的”①。十几年以后，费正清在中国研究方面开创的“区域研究（Area Studies）”得以制度化，实现了格雷夫斯以美国为中心研究中国的梦想。

在中国的四年，特别是他在清华大学一年执教的经历和几篇学术论文的发表奠定了他未来职业知识分子的道路。他没有像祖父那样去布道，或者像父亲那样研究法律，是中国的经历最终改变了他未来职业的方向，并培养了他作为职业知识分子的诸多方面的优秀品质。虽然清规戒律的公理会和贵格会的祖先们没有让费正清皈依宗教，但是中国的基督传教士在艰苦条件下表现出的“自我约束因素”时常让他感到一种“还没有学会怎样

① ［加］保罗·埃文斯：《费正清看中国》，第38页。

工作”的忧虑感，他因此学会了把一天时间按 5 分钟一组排定的才能。清教徒的使命意识让他从具有欧美留学背景的中国自由知识分子的身上看到了他们满腔的爱国热情，他自觉地将人生的目的与社会义务完美融合起来，“学术服务社会”的观念贯穿了他的一生。从父亲那里继承来的理性主义思想使他能够理性、客观地看待一些社会现象，中产阶级的家庭出身使他不能像无产者那样为了这些进步事业而流血牺牲，他避免直接参与拉·福莱特进步主义和牛津大学的费边主义活动以及中国的共产主义运动，对于这些他只是一个冷静的旁观者，一个理性的分析家，而不是一个积极的参与的革命者。但在学术界他却是一个积极的活动家，这与他在中国的大量交往不无关系，我们在他的回忆录中经常读到他对与上流社会交往的细致而生动的描述，虽然带有中产阶级炫耀的成分，但无疑有助于他日后的学术交流和发展。

因此，当他离开中国结束“蜜月”时，他已由一个懵懂的学生逐步蜕变成一个冉冉升起的学术明星。但直到七年以后当他在重庆真正地进入现代中国内部时，他的治学才成熟起来。

第 6 节　获得牛津大学博士学位

回到美国后还要赶往英国进行博士论文答辩，费正清在东行伦敦的途中顺便对全美各地的中国或远东研究中心进行了考察。他发现美国中国问题研究出现了一种非常尴尬的局面：研究当前局势的人不懂汉语，而懂一些汉语的人多钻在故纸堆里，对社会科学概念普遍无知。1936 年 4 月，费正清终于完成了全部论文的撰写和校对，向他名义上的导师克拉克爵士（Sir George N. Clark）递交了一本长达 809 页（其中 668—809 页为附录和参考文献）的博士论文。

克拉克爵士是一位十七世纪英国历史研究专家，是官方指定的牛津大学历史讲座教授，费正清这篇以《中国海关的起源 1850—1858》（*The Origin of the Chinese Maritime Customs Service, 1850–58*）为题目的博士论文并不符合这位英国历史学家的口味，他只是赞扬了费正清的文采。负责论文答辩的一位是圣约翰学院的科斯汀（W. C. Costin）教授，他依据伦敦档案局的材料刚刚完成了一部有关中英关系的概览性著作《大不列颠与中国，1833—1860》，该书没有查阅中国和美国的原始资料，并认为北平出版的档案没有提供有关中国朝廷和地方官员动机的新例证，因而对一些事件的认识帮助不大。这种观点在日后遭到费正清的尖锐批判，他认为科斯汀没有考虑到中英关系的全过程，忽略了这一过程中中国和美国方面的因素，从而妨碍他理解两种文明的接触与摩擦。另一位是万灵学院的哈德森（Geoffrey Hudson）教授，他利用希腊文和拉丁文的材料来研究中国与欧洲的关系。由于费正清文中大量使用中文原始资料，科斯汀、哈德森两位答辩委员未敢深入涉及文章内容，甚至把文章相关内容看作不重要的东西。在论及英国通商口岸的商人情况时，科斯汀教授认为他们可以作为小国公民的代表，费正清在中国逐步培养起的反西方帝国主义情绪使他与科斯汀教授在观念上产生了隔阂，他认为这些英国商人是帝国主义的代表。为了打破论文答辩的尴尬气氛，最后科斯汀身子向后一仰，说道："现在，费尔班克先生，来一块汉堡怎么样？"如释重负地结束了这场答辩。正是文中较多的中文文献让他处于不可动摇的地位，他学会了如何成为历史学家中的汉学家，同时成为汉学家中的历史学家的本领，就像一个处于边缘地带不易被捉住的中国土匪，他顺利通过答辩。① 但这是一次让费正清颇感失望的答辩，他没有参加通常要进行的全面考试就离开了。他继续在伦敦档案馆待了6周，为在论文基础上撰写著作收集材料。1936 年 5 月下旬，他与威尔玛乘坐"欧罗巴"号离开英国，6 月授予博士学位时，他们已回到了苏费尔斯。

费正清坦陈 1931 年的学士论文《1850—1854 年英国对中华帝国海关起源的政策》利用的全是西文材料和英国官员、商人的陈述，这些材料和陈述受到了西方思想的过滤，文章由于缺乏中国人的观点而存在种种局限。

① 费正清:《费正清自传》,第 170 页。

因此，费正清在这篇博士论文中除了对学士论文的框架做了明确的修订之外，主要是大胆采用了中文原始材料。论文分1850—1854，1854—1858两大部分，共十四章，其中第六、七、八和十三章分别在1934年10月及1935年1月、1936年1月、1936年4月和1933年7月的《中国社会及政治评论》（*Chinese Social and Political Science Review*）上发表，第十章在1936年4月的《南开社会经济学报》（*Nankai Social and Economic Quarterly*）上发表。文章内容如下：

第一部分（1850—1854）

第一章"海关问题的起源"：1842年前广东对外贸易的管理，前条约体系的瓦解，1842—1843年英国条约所规定的管理体系以及条约体系最初的脆弱。

第二章"1850年的情形"：外方控制下的条约港口，帝国主义的扩张，1850年中方管理不足的原因及中国人对外关系的态度和政策。

第三章"走私问题（1850—1851）"：广东和上海存在的逃避关税等问题。

第四章"巴麦尊放弃领事干预（1850—1851）"：英国对华政策的总体趋势和英国海关改革的失败。

第五章"存留问题（1852—1853）"：领事与道台对立，英国人把截留关税作为一个外交武器，阿礼国共管体系的失败。

第六章"上海的租界体系"（1853年9月—1854年2月）：体系的诞生（1853年9月），外国人在上海的中立（1853年10月—12月），体系的结束及道台的复职。

第七章"上海海关外籍税务司署"的创立（I）：吴健彰海关的瓦解（2—3月），中国政策和上海危机（4月），包令爵士被任命为英国驻华公使（2—3月），英国外交部取消补缴税款（4—7月）。

第八章"上海海关外籍税务司署"的创立（II：1854年5—7月）：在上海开始谈判（5月），谈判圆满成功（6月），后续结果（7—11

月），进一步的解释。

第二部分（1854—1858）

第九章“第一年：威妥玛及实验的开始”：内部管理，对外关系。

第十章“外籍税务司地位的界定（1854—1855）”：最初设定的外籍税务司的地位和权力，英国政府的态度，李泰国的崛起，外籍税务司与领事的对立，英国政府与外籍税务司署的割离。

第十一章“第二年：李泰国在上海的管理（1855年7月—1856年12月）”：管理的进步，李泰国与商人群体及中国当局的关系，美国税务司的任命。

第十二章“包令扩大税务司的失败”：英国政府对华和对英格兰的政策，福州海关问题，包令扩大税务司制度的努力，英国外交部决定放弃上海海关税务司署，税务司署的残存。

第十三章“鸦片贸易的合法化”：中国对鸦片的禁止，对鸦片贸易征收帝国关税，解释。

第十四章“1858年李泰国的成功”：对延长税务司制度的质疑，李泰国在上海和天津的谈判，最后观察。

附录A：租界制度下的上海地图

B：1854年6月29日会议摘要

参考文献

文章认为，英国方面在华贸易的扩大及其利用条约对贸易利益的保护，与中国方面对外国贸易利益的限制、对领土完整和朝贡关系的维护形成了冲突。而任用外国人为工作人员，在中国人控制之下的海关外籍税务司制度的建立正是调和这一冲突的最佳工具，英国人为了自己的贸易利益必须在表面上维护清朝政府主权的面子，使其参与这种中英共治的格局；同时，中国人也可以借用英国人来遏制其他列强，并可增加因太平天国起义造成的财政亏空。文章特别注意从中英两个方面论述的视角，着力描述了中英两国外交人员不同的文化心理以及由此产生的行为冲突，体现了费正清对异质文化的一定认识与理解，但他把冲突的原因归咎于中方的傲慢、愚昧、腐败，以及英帝国主义对中国经济与贸易的野心，认为海关外籍税务司制度是一种暂时而有效的共管制度，它的建立标志着条约制度对朝贡制度的瓦解，从而促进了中国的现代化进程。[①]

清代文献材料不像英文材料那样业已形成了一个良好的学术解释和使用传统，这些材料分类和日期的确定、进而它们的学术价值都是有待商榷的事情。我们说这篇博士论文大量采用了中文原始材料，也只是同他人相比而言，中文原始材料在他自己引用的全部文献中仅占1/5，反映出中文材料甄别和翻译工作的艰辛以及费正清有限的中文功底。此外，对主题的论述没有展开，比如中国外交人员的行为表现，及其对徒有虚名的朝贡关系的维护有哪些制度、感性、时局的因素，这些都是有待进一步挖掘的课题。[②]

---

① John King Fairbank. *The Origin of the Chinese Maritime Customs Service,1850-58*, D. Phil. diss., Balliol College, Oxford University, 1936, "Preface", p. vi-viii.

② Paul Evans. *Fairbank: Intellectual and Enterprise in American China Scholarship, 1936-1961*, PhD dissertation, Dalhousie University, 1982, pp. 58-59.

第2章　费正清学术研究与现实政治的结合

1968年费正清担任第83届美国历史学会会长，在就职演说中，他对分别成立于1842年的美国东方学会（American Oriental Society）和1884年的美国历史协会（American Historical Association）进行了批评，认为前者承袭了欧洲汉学传统中对文学及文字的兴趣，更是与福音传教连在一起，而后者不过是受中国考据学影响下的微观中国研究。他认为学术研究有两种功能，实用主义的和学术性的，费正清更偏向于后者。他直言避讳地说，“历史是经世治国的侍女”，国家利益的实用主义动机已经得到广泛认可，为此东亚研究被引入哈佛。就研究方法而言，他认为，单纯的历史研究和普泛的历史教育是不能够解决现实问题的，而就事论事的社会科学的研究是片面的、零散的，只有将历史与社会科学结合在一起的区域研究才能真正地为政治家提供理性的指导。所以在他看来，学者的责任不仅在于增加知识、教育公众，更重要的是在于影响政策。他要求历史学家在研究中国时，必须牢记中国的一句战略格言“知己知彼，百战百胜”。与传统汉学求真宗旨不同，他开创的中国学更在于务实，服务于美国国家利益和现实政治，努力让自己的研究适应政府智库的主要政策研究目标。①

第1节　执教哈佛

1935年，哈佛大学同意了他的求职申请，聘任他为该校历史系政治经济学教师。1932年费正清的中国之行帮助他确立了人生目标和学术方向，四年之后离开时他已有了总体构思，准备致力于东亚问题研究，拟以十九世纪中叶的清代外交关系作为现代中国研究的始发点。在他看来，美国人要了解现代中国，必须先了解中国历史，特别是近代以来的中国历史。②

1936年哈佛大学秋季开学前夕，费正清和威尔玛来到马萨诸塞州的坎

① John King Fairbank. “Assignment for the’70’s”, *The American Historical Review*, 74:3 (Feb., 1969), pp. 861-879.

② 王建平、史国强:《费正清在哈佛:东亚学在美国的机构化进程》,《社会科学辑刊》2001年第4期。

布里奇（Cambridge，Massachusetts）的母校，在离哈佛大学中心不远的温斯洛普街41号的一套黄色单幢住宅安了家，开始了他的教学生涯。“一开始在哈佛大学执教，我就发觉有大量的事要做，一些是日常生活，更多的是我构想要做的工作。开拓我的研究领域必须首先开发我自己。自然，这也是大学的宗旨。我加入的学术团体是历史系。很快，这里便成了我的专业之家、友谊之源，成了我行动和企望的指南。”①

哈佛大学有关中国问题研究的第一门课程是1904年由阿奇博尔德·卡里·库利奇（Archibald Cary Coolidge）开设的“1842年以来的远东史”，二十年代斯坦利·K. 霍恩贝克（Stanley K Hornbeck）在哈佛执教期间将该课程从1793马嘎尔尼使华扩展到1842年《南京条约》的签订。可以说二十世纪三十年代以前哈佛的远东史研究（主要是中国问题研究）的课程很少，而且主要讲述的是与西方人遭遇的历史，即作为西方文明史的一个分支。哈佛甚至规定任何学生如要修中文，或选择与中国有关的题目，必须先通过包括法语在内的至少两种欧洲语言的考试，理由是东方学是西方特别是法国文明的一部分。要么则在传统汉学模式下只注重古代汉语，完全忽略对中国近代或现代的研究。哈佛-燕京学社社长叶理绥甚至公开声称，对1799年以后的中国历史研究已越出历史学范畴，只能归于新闻。② 申请在哈佛攻读汉学的研究生必须通过两门欧洲语言的考试就是他的主意。叶理绥的这种做法遭到很多人的厌烦，费正清的学生白修德（Theodore White，1915—1986）的研究焦点是远东当代事件，他对哈佛汉学的态度尤为激进，把费正清来哈佛前的中国研究描绘得一片苍白，将其比喻为一出“学术滑稽剧”。格雷夫斯在1937年3月写给费正清的信中也表达了他对哈佛学院派中国研究的不满：

我们必须阻止的正是那种你称之为令人窒息的英国式东方研究的

① 费正清：《费正清自传》，第174页。

② 龚忠武：《试论费正清及其哈佛学派的得失成败》，《北京大学研究生学志》2008年第3期。

学院派风气在美国得到更大的立足之地。……依我所见，我们要在研究中国、日本、印度、苏联以及阿拉伯世界的过程中创造一种新的（美国）观念，或许是一种新方法。……我们研究它们不能用几本书把自己束缚在巴黎、伦敦或者华盛顿，我们必须参与，这就意味着要知道东方人正在干什么，并试着与他们一起做。①

费正清是在不懂汉语的情况下着手研究中西关系的，但他非常聪明，在选择留学时，有意选择汉学研究比较薄弱的牛津大学，而避开了巴黎、莱顿等欧洲汉学中心。1932 年费正清曾经两次向哈佛-燕京学社申请研究基金遭拒，就是因为费正清的古典汉学功底没有达到学社顾问伯希和（Paul Pelliot, 1878—1945）满意的程度，而在社长叶理绥的眼中费正清也只是“半路出家”；当然他更不敢拜二人为师，因为入学考试这一关他就过不了。当年费正清在清华选择蒋廷黻而不是伯希和盛赞的陈寅恪也是出于同样的原因。我们不敢妄说，费正清的这种经历是否直接影响了他对欧洲传统汉学的看法，但他终究没有像在北平留学时的美国同行们那样因袭了欧洲汉学的路子，这位具有现代主义倾向的初来者注重社会学的研究方法和对中文原始材料的利用，他决心在哈佛历史系开创出一片新天地。1940 年 5 月 16 日他在给克兰·布林顿的信中表达了自己的志向：“要去充实把哈佛-燕京学社与美国大陆隔离开来的真空地带。”② 史华兹在回忆录中这样描述了费正清的拓荒者形象：

他自己关于“中国近代史”的概念是牢固地建立在这样的信念上——倘若我们没能使自己完全沉浸于晚期传统中国的领域中，我们就永远无法理解现当代中国。他的著名的关于清代文献的研讨班，显然属于拓荒者的努力，旨在运用以深奥的古汉语撰写的文献，作为理

① 参见[加]保罗·埃文斯:《费正清看中国》,第 64 页。
② [加]保罗·埃文斯:《费正清看中国》,第 63 页。

解政治制度、政治思想和政治行为的资料来源，而不是用来进行语言学的分析。①

尽管费正清后来主导成立了东亚研究中心，似有与哈佛-燕京分庭抗礼之意，但是，我们也不能说，费正清完全否定了欧洲汉学的研究理路，来到哈佛后他也认识到语言学研究方法的有效性一面是他们的薄弱之处，因此他加强了与哈佛-燕京学社的合作，旁听了叶理绥的语言课程，他将中国近现代史纳入整个中国历史的框架中加以研究，应该说还是吸收了欧洲汉学注重中国古代史的成分。他还努力学习日语，希望了解日本历史学家对中国问题的研究。他甚至与叶理绥合作，共同创建了历史系与远东语言学系联合招收博士的计划。赖肖尔（Edwin Reischauer，1910—1990，又称“赖世和”）原是叶理绥的学生，专业是日本和古代中国，但对现代远东也表现出浓厚的兴趣，他的到来缓和了费、叶之间的矛盾，成为传统汉学和现代中国学两个阵营之间的桥梁，也是费正清的主要学术合作伙伴。尽管费正清对汉学研究传统多有批评，但他无意非要消除这种传统，只是想给这种传统补充新的内容和方法而已，至于后来现代中国学取代传统汉学并非费正清的初衷，只是他的研究内容和方法更适应时代潮流而已。

1937 年春，费正清接替霍恩贝克成为“1793 年以来的远东史”的教师，旋即对课程内容和教学方法进行了改革。他主张既然研究中国的外交政策，就应该将它置于具有三千年历史的中国大背景下加以考察，应该把它作为一个独立的领域进行研究，而不只是作为西方文明的陪衬。他把课程内容扩大到政治、历史、文学、艺术等诸多方面，并为此准备了适合课堂使用的地图和一系列幻灯片，再加上他诙谐、平和的讲课风格，大大激发了学生的兴趣、扩展了他们的视野。该课程与赖肖尔的语言课程配对，但他教导学生不要做语言的奴仆，而应成为语言的主人，鼓励他们两年语言学习之后就应该尝试着翻译，以拓展近代外交史的知识。在未来四年里，

---

① ［美］保罗·柯文、默尔·戈德曼主编：《费正清的世界：同时代人的回忆》，第 35 页。

这一课程的注册学生数均在25—53人之间，成为哈佛本科远东史课程的基础。此外，在课余时间的每周四下午他还在温斯洛普街41号的住宅举办茶会，组织东亚研究的学生和教师就某些问题展开讨论和交流，以这种方式他帮助不少学生进入了圈子，加强了师生之间的友谊。在这里，白修德学会了端稳茶杯，还发生了几件浪漫的故事：芮沃寿（Arthur Wright，1913—1976）遇见了Mary Clabaugh（即后来成为他夫人的芮玛丽），费正清的几位同事也在这里找到了他们的伴侣。温斯洛普街41号的这种茶会研讨会惯例一直持续到费正清去世，为远东研究在战后的发展准备了机构、教师和社会的基础。

二十世纪三十年代，在美国远东区域研究的专职学者还不到50人，彼此互不认识，处于单打独斗的状态。要开拓远东研究，迫切需要建立一个专门学会，创建一份学术期刊，以加强各地学者的交流与合作。美国政治学协会（American Political Science Association）和历史协会对远东研究没有热情，不能提供跨学科的论坛；创建于1842年的美国东方学会主要以《圣经》及其相关的埃及和美索不达米亚的古代文明研究为主，鼓励哲学和近代以前的研究；美国太平洋学会（The Institute of Pacific Relations）和对外政策联合会（Foreign Policy Association）旨在改善东方人的孤立状态，学术性针对性不强。面对远东研究长期被忽略的局面，美国学术团体理事会和洛克菲勒基金组织早在二十世纪二十年代就提出在国家基础上开展远东研究的长期问题，格雷夫斯在1934年就强调组建一个远东研究者公认的学术团体的必要性。费正清是一个身体力行者，回到美国后，除了对美国远东研究中心进行调查往外，他还积极向教育部门呼吁在中学开展亚洲教学的可能性，并通过校际的走访与美国东部中国研究界的专家们建立起了联系。自1934年起，美国学术团体理事会远东研究委员会组织了一系列学术会议，以期将远东研究专家们团结起来。1940年8月，在哈佛举行的最后一次会议上，费正清出任联合主席。这次会议非常成功，激发了先前孤立的学者共同行动的热情，大家一致同意发起远东研究活动。有与会者兴奋地写道："少数而坚定的人们决心冲击美国的漠不关心和惰性的顽固堡垒。"次年夏季，《远东季刊》（*Far Eastern Quarterly*）创刊，11月出版第1期，费正清成为该刊第一届编辑委员会成员。第二次世界大战后，围绕该杂志成立起远东协会（Far Eastern Association 后改名为“亚洲研究协会”Association for Asian Studies）。

在繁忙的教学和事务性工作以外，费正清对自己博士论文中涉及的清代文献日期问题进行了详细论证，以及对论文较为概括性的主题进行了发展。邓嗣禹（1905—1988）是费正清1935年在北平清华大学时结识的中国朋友，由于在文献目录学方面的杰出造诣，1939—1941年在哈佛大学攻读博士学位期间成为费正清的助手和合作人。两人就清代文献合作完成了三篇文章，发表在《哈佛亚洲研究杂志》（*Harvard Journal of Asia Studies*）上：《清朝文件的传递》（On the Transmission of Ch'ing Documents，*HJAS* 1939年5月第4期）、《清朝文件的种类及其使用》（On the Types and Uses of Ch'ing Documents，*HJAS* 1940年1月第5期）及《论清代的朝贡制度》（On the Ch'ing Tributary System，*HJAS* 1941年6月第2期）。第一篇文章就《筹办夷务始末》中涉及的各类文件进行了分类，并确定了一个各类公文写作时间公式，即公文上的日期减去各地送达北京所需时间。公文写作时间的确定可以帮助人们有效地了解各地官员对外国谈判对手和朝廷作出的回避和辩解；第二篇文章通过对清朝文件的种类及其使用的概述，促使人们思考这些公文后面的制度结构。这三篇文章后来合成一本书，名为《清代行政研究三种》（*Ch'ing Administration：Three Studies*），1960年由哈佛大学出版社出版。此外，这期间他还独立撰写了三篇文章：《1843年清政府的姑息政策》（The Manchu Appeasement Policy of 1843）、《1842年的中国外交与〈南京条约〉》（Chinese Diplomacy and the Treaty of Nanking，1842）和《朝贡贸易和中国与西方的关系》（Tributary Trade and China's Relations with the West）分别发表在《美国东方协会杂志》（1939年12月第3期）、《近代史杂志》（1940年3月第1期）和《远东季刊》（1942年2月第1期）上。面对衰败的晚清，许多中国问题专家倾向于贬低这一历史时期，而费正清在《1843年清政府的姑息政策》一文中指出，中国政治的病态正好提供了一个了解中国文明的机会，就像病理学能帮助治疗一样，该文树立了保护清代研究的论点，此外文章还从儒家思想的观点出发论证了耆英姑息政策的可以理解的合理性逻辑；《1842 年的中国外交与〈南京条约〉》一文论述了中英冲突的原因，清朝官员坚持认为英国具有侵占中国领土的野心，而没有认识到对手背后隐藏的商业目的；《朝贡贸易和中国与西方的关系》论述了朝贡关系的起源、作用和意义，进而指出作为十九世纪以前成功的外交手段在惯性地应用于处理西方关系时，是不成功的。费正清这一时期的研究仍然侧重在十九世纪中国与西方的关系及对其产生影响的制度和思想因素上面，只有后来当他深深地卷入现实政治中时，他的研究才真正地转向了中国学。

第 2 节　对美国对华政策的关注

1935 年底费正清夫妇离华时，荷枪实弹、骑着高头大马的日本兵已经出现在北平街头。七七事变之后，日本侵略者开始大举南下，企图占领全中国。北京大学、清华大学和南开大学被迫迁至昆明，组成了西南联合大学。费正清这些在北平的朋友也随着学校辗转南迁。中国朋友的来信勾画了一幅幅日本侵华带来的悲惨、令人沮丧的图景，对这些困在战争中的中国朋友的思念和担忧，以及出于对美国对华政策的不满，把耽于晚清外交研究和教学的费正清从书斋中拉入到现实中来。

> 这个国家面临着在亚洲摊牌的局面，处于全然无知之中的美国人必须系统地提出一个针对中国和日本的积极的外交政策。民主政治需要建立在人民理解基础上的外交政策，我们在亚洲政策方面的无知和惨败可能是我们民主政治的终结。总之，正当在紧迫地需要远东领域的教育时，这一教学内容却由于注册人数减少，学校预算冻结而被取消。这将构成在这一领域工作的人员必然会遭到的严重危机。①

① ［加］保罗·埃文斯:《费正清看中国》,第 71 页。

他在哈佛组织了“为中国捐书”的活动，参加了美国院外援华集团组织的“美国不参加日本侵略委员会”的抗日活动，还不时地给他的中国朋友寄钱过去。他还与威尔玛一起编辑了《远东活页》的小册子，分发给民众，并在一系列演讲和文章中，向公众阐明了美国自由主义在中国正在遭到日本侵略的威胁，指出远东地区对美国利益的重要性，批评了政府对远东教育和研究的忽视。

1895 年在甲午海战中的胜利，日本取代了英国在华的势力，各国列强趁机纷纷来华抢占势力范围。1899 年 9 月美国国务卿海约翰（John Milton Hey）照会英、德、俄、日、意、法各国，提出对中国实行“门户开放”政策，即承认各国在中国的“势力范围”、租借地和既得利益，各国所属口岸和铁路对一切船只货物通用现行中国约定关税率，并按同一标准收取路费。1900 年 7 月 3 日海约翰再次照会各国列强，主张保持中国领土和行政的完整，维护各国在中国各地平等公正贸易的原则。“门户开放”政策的提出，标志着美国一改追随英国侵略中国的作法，提出独立的对华政策。这是 1844 年《中美望厦条约》规定的“利益均沾”原则在帝国主义时代的新发展。美国企图通过它迅速增长的经济力量，绕过其他国家的军事优势，进行畅通无阻的渗透和扩张。“门户开放”政策以确认对中国的不平等条约为前提，表面上提倡“机会均等”，实际上是一项十足的帝国主义政策。所谓保持中国领土和行政的完整，实质上是保持一个完整的半封建半殖民地的中国。“九一八”事变后，日本在东北亚的入侵触及了美国一贯的“门户开放”政策和“利益均沾”原则，但鉴于对日贸易的巨大利益诱惑，美国政府和美国资产阶级（尤其是美国军火公司的资本家）纵容日本对中国东北的侵略，他们对日本发动的“九一八”事变非但没有谴责，反而与日本密商谅解。1932 年 1 月 3 日，日本侵占锦州，进逼中国关内。7 日，美国国务卿史汀生（Henry Lewis Stimson）照会中国和日本政府，对日本强占中国东北的局面和足以损害美在华权益、违反“门户开放”及中日间的任何协定、条约，美国均不予承认。但在次日，美国国务院又表示美无意干涉“日本在满洲的合法条约权利”，此即史汀生主义，其实质是企图以牺牲中国东北来维护美在华的权益。1937 年 12 月 12 日，日本飞机炸沉了在长江上为西方难民护航的帕内伊号（Panay）美国军舰和三艘油轮，美国政府也只是象征性地表示了一下抗议，最后日本道歉赔款了事。此外，美国还企图让中国东北变为日本进攻社会主义苏联的基地，最终使苏日两败俱伤而从中渔利，所以在二战初期美国不顾道义对日本在太平洋的扩张一味采取姑息绥靖政策。1938 年随着欧洲形势的进一步恶化，以及日本全面侵华战争的展开，美国逐渐把日本看作是威胁全球安全的纳粹德国和法西斯意大利的同类，倾向于建立一个“自由”“亲美”的中国以保障在远东的经济和军事安全。美国舆论对中国人民及其抗战普遍表示出同情，对日本的侵略行径表示谴责。但是美国政府和民众对直接干预反应冷淡，特别是特殊利益集团和孤立主义分子依然主张不予干涉的孤立主义政策。

费正清在 1937 年 9 月发表在《美亚》（*Amerasia*）杂志上的《帝国主义在中国的结构》（The Mechanics of Imperialism in China）一文延续了他博士论文中反帝论调，文章认为日本帝国主义像他们的先驱者英国一样，采取威逼、利诱、恐吓、凌辱、暴行、事变等卑鄙手段敲开了中国门户。1937 年 12 月 16 日，他在《哈佛深红》（*Harvard Crimson*）发表的《中日问题仍处在初级阶段》（Sino-Japanese Problem Still In Its Infancy）文章中进一步指出，由于中国民族主义的觉醒和日本沙文主义的膨胀使得日本的宗主国地位不被接受，而中国“同化异族”的传统不再适用，因此中日战争不会在短期内结束。然而，作为一个理性的学者，处于舆论和时局漩涡中的费正清身不由己地被裹挟着，“我不得不按照政策进行更多的思考——不仅是国家的利益、舆论、国际稳定等方面的词汇，而且还要具有试图从一切琐碎的亲身经验中所振奋起来的坚定信心”。[①] 他学会了通过顺应政策、强调国家利益来争取舆论，以减弱民众和政府的对日本侵华不加干预的孤立主义倾向。1938 年英国首相张伯伦对德国实行绥靖政策后，他在《我们在远东的选择》（Our Choice in the Far East, *Harvard Alumni Bulletin*, No. 10, Decem-

① 费正清:《费正清对华回忆录》,第 185 页。

ber, 1938）中发问道：如果张伯伦政府决心给侵华日本予以财政支持，美国政策会受到怎样影响？他认为美国必须防止张伯伦在远东对日的绥靖政策：减少对日军需品供应，向中国提供贷款，防止英国向日本贷款。他还改变了反帝国主义观点一锅烩的做法，认为日本帝国主义的领土野心与十九世纪英国贸易计划具有性质上的不同，美国与英国在十九世纪联合使中国向西方开放过程中只是一种商业利益的诉求，不仅加快了中国的近代化进程，而且美国的“门户开放”还有利于保持中国的领土完整。他在《新加坡》（*Harvard Guardian*, No. 3, March, 1940）一文中主张，应该联合英国等国家共同对日实行贸易禁运，废止在中国的治外法权，主张给在新加坡的英军予以援助。否则，日本占领新加坡，南太平洋和印度洋就会成为日本的内湖，中国和英国就会遭受致命打击，美国也会出于孤立无援的境地。

这一时期，费正清延续了他在一贯的反对传统的帝国主义的论调，但他似乎只是把像日本对中国领土的占领作为帝国主义，因而反对美国在亚洲的不干涉政策，他不承认美国“门户开放”政策体现出来的帝国主义本质，反而认为美国等西方国家在十九世纪对中国的入侵促进了中国的近代化，体现了他美化美国的西方自由主义思想倾向。但无论如何，这是他学术研究开始向现实政治的一个转折点，他开始找到了历史知识的价值。历史知识对于他，就像宗教信仰对祖父老费尔班克一样，既是谋食的手段，又是谋道的工具。

1941年，随着欧洲战场和太平洋战场形势的恶化，美国的海外利益安全日益遭到威胁，罗斯福总统把情报工作提到战略日程的高度，决定成立一个独立机构协调各部门之间的情报工作。1941年7月11日一个名为“情报协调局”（Office of Coordinator of Information）的机构宣布成立，[①] 主要职

---

① 作者注：1942年6月13日，情报协调局与军方情报力量结合，成立美国战略情报局（Office of Strategic Service，简称OSS），多诺万仍任局长。二战结束后，杜鲁门总统解散了战略情报局，但他很快发现自己无法应付来自政府各部门的情报报告。于是于1947年9月18日根据“国家安全法”又恢复成立了中央情报局（Central Intelligence Agency，简称CIA）。所以说，情报协调局被看作是今天美国中央情报局的前身。

责是收集、分析、评估战略情报。罗斯福任命他的哥伦比亚大学法学院同学多诺万（William J. Donovan）为局长。多诺万招募的情报人员来自美国各行各业，特别是那些具有海外经历、对某些地区有研究的大学教师和科研人员成为优选对象，目的在于收集各个领域有价值的战略情报，并展开多学科的综合分析，提供给华盛顿以便决策者参考。费正清迅速应募的行动体现了他早年在清教家庭背景下培养起来的为国家利益服务的“使命”意识，在这危机时刻，他承担的义务不再局限在校园内。他的在华经历、学术研究方向以及哈佛大学教师身份自然成为多诺万的最佳选择。1941 年 8 月，费正清告假离开哈佛和威尔玛一同前往华盛顿就职，尽管从哈佛到华盛顿他的年薪从 5600 降至 4600 美元。在情报协调局，费正清的工作其一是帮助在国会图书馆组建一个远东研究组，并着手资料的收集及研究、分析工作；其二是帮助新设立的多诺万班子向政府各常设机构证明学术专家的知识技能的价值；其三是跟所有在华盛顿的“中国通”相识。

在情报协调局他所做的最卓有成效的工作是对外联络事务。在这里他再次展示了在北平时培养起来的交际特长，像在哈佛大学时每周四下午在温斯洛普街 41 号举办茶会那样，他利用每周三的非正式午餐会，把华盛顿一带所有中国问题专家召集在了一起，有来自北平的一些老朋友，有来自国务院、五角大楼政府机关以及学术机构中的专家、朋友。大家一起交流启发，为政府备忘录提供有用材料。1942 年 12 月 8 日，即珍珠港事件的第二天，此时威尔玛所在的美国学术团体理事会的电话应接不暇，都是政府部门要求提供日本和中国问题专家姓名的，费正清又一次看到了自己工作的重要性。截止到 1942 年 6 月，远东研究组共提出报告和研究论文 75 篇，然而这些依据二手资料形成的报告和论文距离形成现实政策尚有很大差距。

1942 年 1 月新加坡沦陷后，日军加紧了向缅甸的推进，华盛顿各政府机构都感觉到在中国重庆派驻机构，获取一手材料的重要性。实际上，远东研究组成立后不久，费正清等人就意识到这一问题，要获取一手资料就必须在中国设置一名作战区域代表或一个前哨基地。1942 年 6 月 2 日，费正清被多诺万局长委任为情报协调局首席驻华代表，全权处理所有事务。

按照局里的安排，费正清在华的任务之一是对资料进行拍摄的缩微胶卷计划；之二是作为国会图书馆的代表负责在中国购买资料；之三是帮助在文化关系司工作的威尔玛促进战时中美之间文化和技术人员的交流，向中国各大学提供教材和仪器，帮助困境中的中国知识分子。他的美国驻华大使特别助理的身份让他有了一个官方的护身符，避免了中国人对他的猜疑，也得以有机会了解中国的上层社会。

第3节　对国民党的认识

1932至1935年底费正清作为学生在中国旅居时，就自己看到的一些民不聊生、官员效率低下、社会不公的现象做过一些温和的批评，但一些在政府部门工作的自由主义知识分子的爱国、敬业精神仍然让他对国民党政府寄予了很大希望。珍珠港事件前后，中国在美国人心目中确立起了一个可靠的盟国地位，新闻检查制度使美国舆论界普遍把蒋介石塑造成一个虔诚的基督徒、中华文化和孙中山思想的捍卫者、抗战英雄的形象，多数美国人只能戴着玫瑰色眼镜了解中国。这一时期的费正清也像大多数美国人一样，积极呼吁支持"自由中国"，1941年9月在致蒋廷黻的信中表达了一个自由主义者对国民党怀有希望的观点：

> 我们需要有材料来证明中央政府的社会计划是不错的。如你所知，有关共产党人的人道主义和社会改革的报道正像在这个国家传播开来那样，已引起了美国的理想主义者和美国各种改良主义者的幻想。而在那里还没有充分报道反共产党人的社会改革。因此，我们有时会发现这样的怪事：美国人把中国视为"民主政体"来支持，而谴责中国的执政党是"反革命"。[1]

---

① ［加］保罗·埃文斯:《费正清看中国》,第96页。

此外，文化相对主义观点也让费正清克制了对国民党的激烈批评，他认为中国人的生活方式与美国人的不同，中国文化有自己独特的一面，在某些方面可能是落后的，但在其他方面或许是优越的，不能单单用西方人的方式来评判其好坏。然而，这次历时 15 个月的重庆之行使他抛弃了文化相对主义的论调。借大使助理身份的便利加之工作的需要，他有机会广泛而深入地接触了中国社会的各个阶层，从最上层的蒋夫人、宋子文、政府部长，到地方官员，到知识分子，形形色色的人物为费正清深入了解中国政坛和中国社会打开了一个个窗口，他对蒋介石领导的国民党政府暴露出的种种弊端有了全新的认识，对蒋介石政府和美国对华政策的看法发生了根本性的改变。他在很多方面带有强烈感情色彩地卷入中国事务，超出了纯粹学术范畴的兴趣，对国民党政府的批判甚至到了一种偏执化的程度。

他认为 1943 年后期，贪污腐化的国民党政府已经丧失了建设现代化的能力，现代极权主义的专制已经达到了登峰造极的程度。以戴笠为首的秘密警察组织采取盯梢、迫害、暗杀等卑鄙、残酷的手段对待异己分子。为了控制舆论实行严格的书籍报刊审查制度，法西斯般的特务密探和书刊检查让每一个从事创作的人感到心惊胆战。在对外宣传中，严格审查报道内容，大量粉饰太平、歌颂国民党政府和军队英勇抗敌的报章模糊了美国人的眼睛。教授会成员的民主思想和进步言论常常遭到以教育部长陈立夫 CC 系为代表的国民党政府右翼的疯狂压制。他们以“提高民族自尊”的名义阻止联大教授与国外的联系以及国外对他们的援助；通过组建更多大学，消减联大经费和出国名额[①]逼迫联大教授分散开来；教育部还联合国民党以贿赂的方式拉拢青年教师入党，强制教授到党部中央培训所接受“思想教育”，甚至向学校（包括中小学）派遣三青党用以监督、压制学校内的舆论。

他从那些悲苦的知识分子的不满和失望情绪中窥见国民党正在失去中

① 作者注：西南联大是由清华、北大和南开三所大学合并而成，然而国民党教育部在经费和出国名额方面只按一个学校划拨。

国人民的信任和忠诚，预感到国民党气数将尽的命运。他认为这是中国古老政治现象的一部分，是天命所归的变动，是民心所向的变动。如果美国政府一味地偏袒国民党，把希望的旗帜死死钉在国民党这艘行将沉没的战舰的桅杆上，既是愚蠢又是徒劳的。① 于是，他将目光转向了中国自由主义知识分子，在他看来，这些知识分子，主要是具有英美留学经历的知识分子，不仅学贯中西，而且崇尚西方的民主和自由精神，他们不仅是中国的财富，而且也是美国在华的一项投资。他在 1942 年 9 月 23 日写给华盛顿政府的一份报告及附件中指出，"这些曾在美国接受训练的中国知识分子，其思想、言行、讲学都采取和我们一致的方式和内容，他们构成了一项可触知的美国在华利益"。"清华大学特别体现了美国在华权益，因为美国退还的'庚款'有数百万投入了清华。像任何主要大学一样，教授是学校投资比较重要的部分，由于清华大学所拥有的学术名望和财务资源，该校教授是从留美归国的优秀分子中精选聘任的"。② 但是持续的营养不良、疾病让他们情绪低落、离散甚至死亡，那么在与中国专制主义的斗争中这些西方民主思想的代表们就会处于劣势，美国的价值观就难于在中国进行推广。1943 年 2 月他在一封信中他再次表达了这种思想：

> 为了美国在中国的长远利益，我们必须鼓励培养我们所需要的中国人才，没有人提出，必须逐一了解归国留美生活动情况。但这些人在知识界是精英人物，是我们在中国的人力投资，他们是联系中美关系的桥梁。离开他们，我们的处境将会不利，……③

但是，此时华盛顿政府的对华政策完全集中在用于抗击日本侵略者的经济和军事援助方面，无视中国政府的堕落腐化和社会内部的动荡不安，因而没有把中美文化交流置于同等重要的地位。他在 9 月 23 日的报告中对华盛

---

① 费正清:《费正清对华回忆录》,第 285、301 页。
② 费正清:《费正清对华回忆录》,第 223、226 页。
③ 费正清:《费正清对华回忆录》,第 292 页。

顿政府的这一对华政策进行了尖锐的批评：

恐怕我们目前的亚洲政策，将会成为因错误地把握这里的主要局势而导致失败的史例。无论从哪种角度看，要看到这是一场斗争。是现代西方民主理想与陈腐的中国专制主义的直接交战。可以说，这是一场文化斗争，在这场斗争中，将会树立相应的价值观，未来亦将随之改观。我无须赘述这两种对抗的力量，你我对此都很明白。关键在于美国参与了这场斗争，而我们的外交政策实际上不承认这个事实。我们常谈论全球斗争，却避而不谈中国的症结所在。

在华盛顿还有另一种有害的理论，……这种糟糕的理论认为，当前中国，最重要的是与日本作战，所谓文化联系是无关紧要的问题。相反，我却认为，这里的首要问题是文化。……输送来的武器并没有全用于抗日战争之中。从广义上来说，其根源是文化问题。向中国提供军用物资仅仅是作战的一个方面。而且，除非使用这些物资的中国人有正确的观念，否则，其结果可能是邪恶的不良的。假如美国的理想在这里失败了，战争怎么能够真正获胜呢？自然，中国人与美国人不尽相同，但如果我们想要使全世界组织起来，就必须具有某些共同的理想，并使其占主导地位。令人惊奇的是，在这里思想极易输入，就像飞机飞进来那样容易。然而，在中国进行系统的思想工作的计划却一直搁置着，最终流产了，原因在于华盛顿的主管部门缺乏想象力。这种想象力的缺乏是因为与中国的现实缺少接触。远离实地，我们同样可以校勘报告，以证明原先的主见。但是一个人只靠文字去接触局势，就不可能总是有正确的反应。①

对费正清而言，中国是美国价值观与其他价值观冲突的战场，似乎价值观的胜利更能代表美国在远东的利益，因而从长远来看比中国抗战的胜

① 费正清：《费正清对华回忆录》，第239—240页。

利更具意义。这是一种无视日本侵略对中国领土与主权的威胁而一味宣扬传播美国思想的理想主义观点。任何稍有观察和分析能力的人士都应该看到，对中国人而言，四十年代最现实、最重要的问题是如何把日本侵略者赶出去，保持领土与主权的完整，对美国政府而言，是如何保障其在远东政治和经济利益的安全。

第4节　初识中国共产党

对残暴、腐败、无能的国民党政府的失望，自然使他把目光转向了开明、民主、自由的共产党人。在白修德引荐下，费正清结识了中共在重庆的新闻联络官龚澎[①]。龚澎才智出众、做事干练、观察敏锐，富有朝气和幽默感，对中国共产党事业有着坚定信念，给费正清留下了极好的印象。龚澎的丈夫乔木（乔冠华当时的化名）时任中共新闻通讯社国际新闻主编，是一位性格爽朗、不拘小节的人，但有着坚定的革命信仰——革命是他的哲学，是他的宗教。他在《群众》杂志上发表的热情奔放、纵横捭阖的文章常常吸引了注重写作能力的费正清的注意力。在重庆，费正清接触的另一位左翼女士是《大公报》文艺副刊编辑杨刚[②]，她出身于中国旧式官僚家庭，毕业于燕京大学英文系，对中国旧社会的邪恶本质有着清醒的认识，她的诗歌、小说、评论充满了对因循守旧、卑鄙自私、怯懦麻痹、屈服于

---

① 作者注：龚澎（1914—1970），安徽合肥人，生于日本横滨，在广州长大。1928 年毕业于上海教会学校圣玛丽女子中学，深受 1925 年五卅反帝爱国运动影响，1935 年在“一二·九”运动中，她曾是燕京大学学生运动领导人之一。1936 年加入中国共产党，次年毕业于燕京大学历史系，不久即赴延安。曾任八路军总司令部秘书、重庆《新华日报》记者、中共驻重庆代表团秘书、中共香港工委外事组副组长、北平军事调处执行部中共方面新闻组组长。1943 年同乔冠华结婚。新中国成立后，历任外交部新闻司司长、部长助理。

② 作者注：杨刚（1905—1957），原名季徽，又名杨缤，湖北沔阳人。1927 年南昌葆灵女中毕业，1928 年入燕京大学英语系，1933 年毕业。1928 年加入中国共产党，1932 年因与地下党小组长发生不快，脱离党组织，1938 年经审核重新入党。1944 年赴美留学，大胆揭露美国政府对国民党反动派的支持与纵容。中华人民共和国成立后，历任外交部政策委员会主任秘书、周恩来总理办公室主任秘书、中共中央宣传部国际宣传处处长、《人民日报》副总编辑等职。1957 年 10 月 7 日，这位把“不敢自杀”看作中国人弱点的女性自杀。

专制统治的中国人的批判，她认为要复兴中华，必须革除这些流弊。她对中国知识分子也有着深刻的分析：他们习惯于依附权势，只会发挥道德批评家的功能，他们应该培养自己独立的人格、树立为人类服务的崇高理想。抗日战争期间，《大公报》文艺副刊刊登了大量歌颂延安根据地和八路军的作品，成为共产党抗战宣传的舆论阵地。这位秘密共产党员的真知灼见让费正清仿佛找到了知己。而作为中共驻重庆办事处领导人的周恩来的超凡魅力更是深深打动了费正清，认为他具有罕见的天赋般的当机立断的能力，是一位代表民众、致力于集体主义的卓越政治家。①

费正清在 1943 年 9 月 9 日的日记中这样描述了他对共产党人的印象：

> 居住在周公馆的共产党人做着一件与美国人交往的出色的工作，他们以批判的眼光，现实主义的观点同美国人讨论各种问题。虽然他们现在随时有被捕并被投入集中营的危险，但他们仍然本着惊人的团体精神和坚定信仰照旧开展革命工作。目前他们的行动方针似乎是尽可能像美国当代自由主义者那样展开活动，在某种程度上他们也正是这样的人。他们力图减少革命运动的极权主义倾向，假如国民党愚蠢到要杀害他们，他们所有的人都准备成为殉道的英雄。我们对他们的印象一般都非常好，因为这群人中多半是燕京和清华的学生，他们能讲一口漂亮的英语，并熟悉西方人的思想概念；他们经常学习，开展讨论和自我批评，在生活上同甘共苦，就我所能想象的最好比拟，便是他们更像一个世纪前的宗教社团。在周恩来所住的阁楼里，臭虫也许会从顶棚上掉下来，雨水也许会漏到床上，但他们的宗教热忱和思想信念照旧如火如荼，绝不动摇，仿佛他们自信能够唤醒这个国家。我们所有的人都祝愿他们健康无恙，万事顺利，尽管我们对华北情势的了解比以往任何时候都更加模糊。②

---

① 费正清:《费正清对华回忆录》,第 315—327 页。

② 费正清:《费正清对华回忆录》,第 323 页。

对共产党人的好感并不代表费正清对马克思主义学说的认可与赞同，他只是出于一种对腐朽无能的国民党政府的极端失望而产生的对共产党人人格魅力的欣赏，更重要的是他在这些人身上看到了符合理想主义期待视野的自由主义者的形象。对比共产党，费正清更加深了对国民党的认识，“凡是国民党本来可以做到的那些事在中共统治区都一件件地做到了——识字运动、小手工业合作社、农村动员、妇女解放等等，当然，所有这些都是在革命的名义下进行的。相比之下，蒋介石信赖的只是他的组织——CC系和戴笠的军统这批人，指望用压制异己的手段来维护自己的一统，但结果并不如愿。政治手腕和恐吓手段极大地损害了政府在上层爱国者心目中的合法性，腐败的官僚体制并不能赢得腐化了的投机官僚分子的忠诚，……中国内部已经失去了控制”①。他看到许多以前强烈反共、亲美的自由主义知识分子如今正在提出跟共产党一致的主张，而许多美国人也和他们不谋而合，国民党的专制统治和排外政策正在把知识分子和美国人赶入共产党的怀抱。1943年12月在回国前夕，他预见了一场革命的即将爆发，中国共产党已不再是他三十年代初到中国时的“江西农村的草莽之辈”而已成为中国革命事业的最生动的体现者，他相信未来是属于他们的。为此，他积极主张美国机构应尽快建立与共产党的密切联系，呼吁美国政府不应把砝码全压在国民党身上。

1945年10月，费正清以美国国务院新闻处代表的名义再次来到重庆，与先期到达的威尔玛会合。来华不久，费正清即接替威廉·霍兰德成为陆军情报局驻华办事处主任，为了便于开展工作，陆军情报局的新闻报道工作移交给新成立的美国新闻处（U. S. Information Service）负责，总部设在上海。职务的变化使他的举止言行处处要考虑到自己的身份，在对待共产党的问题上显得更加谨慎，他时常彷徨于职业使命感和学术理性间的矛盾之中。1946年初，他在重庆的老朋友杨刚的哥哥杨潮，前《大公报》的记者，被国民党逮捕，在狱中被虐待致死。费正清虽然也通过官方渠道表达了抗议，但当被邀

① 费正清:《费正清对华回忆录》,第334页。

请在葬礼上致辞时，出于职业的敏感他拒绝了。为了贯彻马歇尔联合政府的方针，威尔玛促使所在的美国国务院文化关系司达成了一项包括中共学者在内的中美学者交流计划。为物色中共人选，1946 年 6 月费正清陪同威尔玛前往中共边区所在地张家口，由于美国对国民党的支持，这里弥漫着一种反美情绪，诗人艾青直言不讳地说："我们求助的是惠特曼（Walt Whiteman）的美国，反对的是赫尔利（Hurley）的美国。"① 很多人还提出这样的问题：为什么主张民主的美国要反对中国民众运动呢？面对这些热情洋溢的共产党人，一向善于言辞的他第一次感到了语塞，只好用一些老生常谈的和平、友谊之类的言不由衷的话搪塞过去。尽管张家口之行多少让他感到一些尴尬，但共产党人身上体现出的正直、热情、乐观的魅力再一次让他内心受到感染，再一次强化他对共产党最终取得革命事业胜利的信念。②

二战后期，随着日本的败落和苏联的壮大，罗斯福总统预见到中国将会取代日本成为亚洲的主导力量，他希望战后在美国援助和指导下建立一个亲美并能制衡苏联的强大中国。而中国共产党在美国政府眼里是苏联意识形态的统一体，加之此时中国共产党以及左翼人士日趋高涨的反对美援的浪潮，因此在华盛顿看来，只有蒋介石领导的统一的、非共产主义的中国才能成为美国盟友，成为一支在亚洲对抗苏联意识形态的重要力量。然而面对中国的现实，许多像范宣德（John Carter Vincent）、戴维斯（John Paton Davies Jr.）、谢伟思（John Stewart Service）一样的驻华外交官已经清醒地意识到了国民党的颓势，并一再要求改变无限制地支持、援助国民党政府的政策，要求国民党实行民主改革，支持中国自由主义力量，接触、援助中国共产党。罗斯福总统也意识到了问题的严重性，他派遣华莱士访华，直接调处国共矛盾；派遣军事观察团到延安；建议蒋介石交由史迪威统一指挥包括共产党军队在内的所有中国军队；委任赫尔利主持国共谈判。可是到抗日战争后期，随着中共力量的壮大，罗斯福从美国的全球战略考

---

① 费正清:《费正清自传》,第 384 页。

② 费正清:《费正清对华回忆录》,第 373—374 页。

虑，为了保证在中国建立一个非共产党国家，他一方面维护蒋介石政权的主导地位，另一方面，又从国际上寻求苏联和英国对蒋介石的支持，孤立中国共产党。他甚至错误地以为，一纸雅尔塔协定便可使中国共产党就范。1944 年后期，同情中国共产党抗战、要求国民党革新的史迪威将军被解除了中缅印战区司令的职务，表明美国政府在即将到来的国共内战中支持国民党的态度已经明朗化。

1946 年 7 月 7 日费正清从上海离开中国。此时，国民党的飞机、大炮、坦克已开赴中原前线，希望借助美式武器一举歼灭共产党。而中共中央制定的《关于土地问题的指示》正在得到实施，农民的积极性被极大地调动起来，成为共产党的坚实后盾。共产党军队经过延安的休整、扩编，已发展成为一支拥有 60 万野战军、60 万地方部队和 220 万民兵的强大力量，在组织上实现了从游击战到运动战的战略转变。战争的乌云笼罩在中国上空，内战一触即发。

善于大吹法螺的美国驻华大使赫尔利疯狂叫嚣对共产党一战，他装腔作势以美国名义进行的调停很快以失败告终。马歇尔提出的国共联合政府的方案虽然表面上平息了局势，但费正清仍坚持认为：

> 尽管美国和马歇尔将军能有所作为，但这场革命在继续自身的发展。如果马歇尔的意见不被采纳，这将只能说明历史超越人们的计划和希望而占据支配地位。这一斗争是在两种生活方式之间进行的，也是在各自政治集团之间展开的，而未来无疑是属于共产党运动的。我们还是不要试图去阻挠它的发展为好。通过帮助中国人发展生活，我们能为中国做很多事情，……不然就让反动派去自掘坟墓好了。这不是他们为了掌握权力在拼死的努力中践踏知识分子的自由，以及杀戮学生和作家所正在竭力做的事。这是一个严酷的过程，但思想终将获胜。①

---

① 参见[加]保罗·埃文斯:《费正清看中国》,1946 年 5 月 5 日费正清致母亲的信,第 113—114 页。

对于美国政府一意孤行的支持蒋介石政府的对华政策，费正清无计可施，他只有从惯常的自由主义和文化角度出发，主张美国应该加强经济和文化援助而非军事援助，期望避免军事援助成为于共产党人宣传美国干预内战的口实，以削弱美国的信用；其次，即使共产党掌权，美国的经济模式和价值观也能影响中国，促进中国向有利于美国方向的发展。费正清这种学者式的浪漫主义想法虽然不乏远见，但在已经发动起来的炙手可热的战争机器面前无异于杯水车薪。

回到美国的费正清在华盛顿做短暂停留后，即前往坎布里奇为哈佛大学秋季学期的开学做准备。他又回归了校园宁静的平民生活，战时的生活开始沉淀到他的记忆之中，但是中国动荡的局势和美国政府的反应很快又支配了他的生活，使他卷入更大的关于中国问题和对华政策争论的漩涡中。回到哈佛就像安泰回到该亚的怀抱中，他变得越发大胆而又老练，“我成了日渐壮大的少数派中能清楚地表达自己观点的一员。我惯有的自信由于对中国历史的不断研究和在这一领域获得的新经验而得到增强。1941 年以来，我在中国和华盛顿一直主要用文字与人们打交道。这一工作在 1946 年以后变得越来越重要，因为我是在一个遥远的地方面对着更多的听众在谈论中国问题。我必须解释中国和美国有哪些不同，为什么在美国可以通行的东西在中国却可能是另外一回事”①。面对被亨利·卢斯（Henry Luce）美化蒋政府的《生活》和《时代周刊》迷惑的美国人和开始冷战思维的美国政府，费正清在哈佛大学紧紧握住历史的教鞭，对中国问题和美国对华政策进行了有力的鞭辟。

1946 年 7 月 15 日闻一多先生在光天化日下被国民党特务暗杀，在他看来是一次明目张胆的政治谋杀，再次引起他对蒋政府的愤怒以及对美国现实政策的反思。1946 年 9 月他在《大西洋月刊》发表了《我们在中国的机会》的文章，文章愤怒地指出，面对不可遏制的反对浪潮，国民党的军统和 CC 派企图派用武力压制异己、消灭共产党和自由主义者的倒行逆施在不

① 费正清:《费正清对华回忆录》,第 381 页。

断升级。但是随着冷战“铁幕”在全世界的拉开，作为国民党盟友的美国不可能再转向他所谓的“非民主主义”的共产党一面，于是各种装备、给养源源不断地输往了国统区，甚至帮助国民党军队进行训练、运输以抵制共产党的进攻，派驻海军陆战队到华北以防范苏联人。美国在中国内战中支持这样一个政府是否明智？文章的答案是否定的。费正清认为，作为一个多元政治实体的美国同一党专政的外国政府打交道是非常困难的，单靠外力来影响这些国家内部事务的结局是不够的。谈到对共产党的看法，他似乎又回到了文化相对主义上来，由于中国和美国有着不同的文化传统和社会秩序，共产主义在美国是“邪恶”的，而在中国却是有益的。尽管美国政府对中国有一种自由主义的信念和目标，但是中国长期以来形成了专制的传统并且共产党在改善农民经济状况和解放农民方面做出了巨大努力，所以他呼吁道：“难道我们就不能或推迟或早同中国共产党人达成某种谅解吗?”他还断言道，中国共产党不是莫斯科的傀儡，“如果我们盲目地反对那里的革命，我们最终将发现我们会被一场群众运动逐出亚洲”[①]。1946 年 9 月 29 日《新民晚报》刊译了费正清（中文名时为“范朋克”）的这篇文章，马叙伦和李嘉译就这篇译文分别发表了《读美国人费正清论中国时局》（《民主周刊》，1946 年第 51—52 期）和《费正清论中国时局真相》（《文萃》，1946 年第 50 期）的文章，文章借费正清的观点对国民党破坏联合政府、实行残酷的法西斯统治进行了猛烈抨击，国民党的暴行已为千夫所指。1946 年 10 月 27 日在为《纽约时报书评》写的关于白修德的《中国雷鸣》（*Thunder Out of China*）的书评中，他认为，尽管毛泽东的共产主义不是他所希望的民主，但中国最终会选择共产党政府，因为在中国要解决的根本问题不是共产主义的问题而是一个好的政府的问题。美国政府却听任自己陷入对俄国和共产主义的恐怖之中，依然支持国民党，结果反而会驱使中国革命进一步倒向俄国和共产主义。在最后结论中，他指出，如果白修德的描述是正确的话，那么“现在可以说是真相大白了，美国公众可以看到

① 费正清:《一九四六:我们在中国的机会》,陶文钊编选:《费正清集》,第 307—321 页。

在民主的名义下他们在支持怎样一种专制政府”。

1946 年下半年，中国的内战日趋激烈，美国的调停以失败告终。1947 年 1 月初，马歇尔回到美国。此时，中国的反美运动浪潮席卷全国，中国共产党明确打出了“反对美帝国主义和打倒蒋介石卖国贼”的口号，在各地组织反美运动，由中国自由主义者组成的民主同盟也加强了对美国干涉的批判。时任中共中央宣传部部长的陆定一撰文《对于战后国际形势中的几个基本问题的解释》，重申了毛泽东与斯特朗谈话的要点，阐述了中共明确的反美路线。他指出“第二次世界大战后，美国的帝国主义者代替了德意日法西斯的地位，而成为世界反动势力的堡垒……各国的反动派和法西斯残余，现在由美帝国主义者直接间接地支持着和包庇着，成为出卖各国人民的卖国贼”，世界的主要矛盾并非存在于美苏之间，而是存在于美帝国主义和受美帝国主义侵略的各国人民之间。① 1946 年美国中期选举后，共和党占据了参众两院的大多数议席，以杜鲁门为首的民主党政府日益受到来自反对党的压力，美国在援华问题上由于来自国内外的压力而出现左右摇摆，又由于援助欧洲的马歇尔计划的出台使美国的中国问题退居其次，因此对国民党的 10 亿美元借款要求反应冷淡，但共和党内的“中国帮”（China bloc）和以范登堡为首的所谓“超党派外交”人士却积极主张援华。在这种情况下，美国政府的对华政策并不是从中国实际出发，而是把中国问题作为讨好共和党的工具。本来对援华消极的民主党政府在国会压力下无奈地被牵着鼻子跑，最终通过了以国民党改革为条件的援助计划，因此遭到了包括国民党在内的各中国党派的反对。针对国民党的节节败退和共产党即将迎来胜利的中国局势和美国政府徒劳的援华政策，1947 年 7 月 2 日费正清在《远东概览》（*Far Eastern Survey*）上又发表了《中国前景和美国政策》（China's Prospects and U. S. Policy）的文章，文章从经济、政治和文化三个方面以历史的视角深入分析了中国共产党在未来执政的合理性和美国对华

---

① 陆定一:《对于战后国际形势中的几个基本问题的解释》,《群众》(香港版)1947 年第 1 期。此文在 1947 年 1 月 4—5 日延安《解放日报》已经连载,是经毛泽东授意而写,并经毛泽东修改。

政策的危险性。

（1）在经济领域一个关键性的因素是人口的增长，随着医疗卫生条件的逐步改善，特别是粮食生产和运输的工业化和现代化，人口必然会出现增长。粮食的增加取决于政府对群众的激励和发动以及科学技术的进步，而在中国这两者恰恰是脱节的，共产党有效地组织了农村合作社，并采取惠民政策提高了农民的积极性，但是却得不到美国技术的支持；国民党有美国技术的支持，但是其政治经济体制服务于上层集团的利益或垄断，因而不能有效地发动群众。所以他认为，美国对反共政权的单方面支持只能恶化那里的人口问题。

（2）在政治领域，他从文化历史主义出发，认为即将出现的新的政体虽然有悖于构成资本主义意识形态基础的自由民主的理想，但是这种政体的发展却有其牢固的历史和制度基础。中国传统把帝国、上天和皇帝看作一体，国民党也提出了“一国，一党，一领袖”的口号。全中国必须只有一个最高权威，政府的权力只能赋予一个朝廷，朝廷通过个人忠诚的整个官僚体系实现其垄断统治。这种根深蒂固的观念妨碍了联合政府的出现，任何反对党只能采取地下秘密结社的组织形式。在社会结构上，费正清认为中国由两个阶级构成：没有受过教育、背负重税的下层农民阶级和占少数的上层有闲知识阶级。语言文字是造成这种社会分野的工具，在中国识文断字是局限于地主阶级的奢侈品，并由此产生了依附于地主阶级的士人阶层以及处于其卵翼之下的商人阶层。这种由地主、士人、官员以及商人构成的知识统治阶级成为中国文化的承载者以及专制官僚体制的极大支持者。在两个阶级的社会中，政府自然会成为官僚而非人民的庇护者，尽管孔孟之道认为一个政权如果想长治久安，应顺乎民意，善于接谏纳言，为人民谋福祉，但是人民被统治的地位是没有改变的，号称代表人民的国民党政府实际上是处处压制人民舆论的。谈到知识分子的作用，费正清没有做出积极的评价，他认为出自士人阶层的官员一旦去职就不再过问政事，即“在官为儒，出官为道”。虽然中国历史上的确有一些仗义执言的士绅官员名垂青史，但给士绅官员总体上的消极态度抵消了。当代中国显然延续了这一传统，有些知识分子既看不惯国民党的贪污腐化，也不喜欢共产党的“残酷”革命，成为不问政事、“两袖清风”的老朽。另外长期以来，知识分子得不到重用，造成了中国革命中知识分子与劳苦大众的脱离，1851—1864年太平天国农民运动的失败根本问题在于没有把儒士纳入领导层，1898年士人发起的改良运动和1911年孙中山领导的资产阶级革命的失败在于脱离群众，而在1925—1927年的北伐革命中国民党只有采纳了苏联的群众运动技巧才赢得了中国的领导权。可是，当下的国民党政府因为对知识和技术的垄断、对知识分子的迫害又造成了与群众和知识分子的背离，因而不能维持这种传统的两个阶级型的专制统治。中国共产党虽然善于从农民中吸收干部，但由于迅速占领城乡以后还来不及建立起训练有素的群众组织，只有中央政府组织警察力量才能控制局面，其次也只有中央政府才能调动人力物力实现重建，所以他认为，中国共产党在未来实行的统治，仍将延续中央集中领导的某种政体。

（3）在文化领域，中国独特的传统只能加强非美国式的经济和政治模式的发展。中国文化优于四夷的传统观念使其成为一个文化岛屿，早期的中国人发展了文化主义（culturalism）而不是民族主义，通过是否顺从儒家的生活方式来判断异族。在异族入侵和统治时期，中国儒士以其显而易见的优越的文学、艺术、哲学和生活方式得以存身。这种文化优越感逐渐发展成为中国人的一种民族自豪感，而随着世界交往的日益密切，这种民族自豪感会不断地滋生出排外、民族主义、沙文主义思想，进而在外交领域滋生出挑衅行为。中国共产党在广大群众中传播高度自我意识的中国历史和文化传统，有助于新型而富于生机的大众文化的产生，从而成为新的社会秩序的有力支持。值得注意的是，不像在西方，文化发展先于政治，中国共产党这种新型大众文化是与群众性政治组织同时发展起来的。

最后，费正清认为，由于贫困人口众多，在中国迫切需要的是解决粮食问题而不是美国式的自由民主，所需要的是一个有效也许是专制的政府，一种用以加强其统治的中国式的民族主义的大众文化。因而，美国政府必须清楚地分析中国的经济、政治和文化传统，了解未来的中国政府，盲目的反共不仅是无效的，甚至是灾难性的。一味感情用事地镇压群众运动以期捍卫超越中国传统的美国式的民主自由，不仅于事无补，而且还会增强共产主义者在群众运动中的领导地位，并将反帝、排外的矛头指向美国。此外，一味地反共还会造成美国国内反共独裁主义的倾向，以致形成美国式的法西斯主义，美国民主化进程的腐化可能会从海外开始，进而颠覆国内的民主。①

1948 年 5 月 19 日，费正清在《远东概览》又发表了《我们能在中国竞争吗?》(Can We Compete in China?) 的文章，进一步分析了共产党革命的实质。他认为，由于中国的贫穷落后和人口压力，不管有无马克思主义，二十世纪中叶的这场革命是迟早会发生的。共产党的领导权在于对中国社会长期以来特有的革命运动的掌控，其成功的秘诀在于农民起义、马克思主义和真正的爱国主义情感三方面的因素，以及由此基础上进行的反帝反封的有效宣传。历时 15 年、席卷大半个中国的太平天国运动曾一度利用改良的基督教教义获得了最初的成功，共产党领导的农民革命则利用了从苏联引进并加以本地化的马克思-列宁主义，这种意识形态形成了共产党的亲苏倾向，而资本主义的美国则是侵略性的、帝国主义色彩的。爱国主义情感源于抗战中的抗日爱国运动，而今美国的飞机大炮把中国人原来的抗日爱国情绪转移到美国身上，共产党甚至无须自己的宣传，便轻而易举地赢得了这场爱国民族运动的领导权。因此，他认为在中国土生土长的革命是外力所不能掌控的，就连缺乏得力领导的太平天国运动也不是被所谓的戈登之类的外国力量绞杀的，中国的事情还要靠中国人自己解决，太平天国运动主要还是被中国士绅官员给扑灭的。在当下的这场革命中，国共之争的根本在于对农民领导权的竞争，但是在卓越的中国共产党人的领导下，以三民主义和儒家思想为意识形态的国民党显然是注定要输给马克思主义的共产党的，更不是美国拼命竞争所能左右的。共产党的吸引力在于它对

① John King Fairbank. "China's Prospect and U. S. Policy", *Far Eastern Survey*, Vol. 16, No. 13 (Jul. 2, 1947), pp. 145-149.

农民的解放和向他们展示的美好生活前景，在于它利用美国的人权、自由的理念对代表地主阶级的国民党恶行记录的揭露。

面对日益高涨的冷战浪潮和美国国内对中共与苏联结盟的恐惧，费正清还特别分析了中共和苏联的关系。在许多美国人看来，全世界的共产主义都是这样或那样的苏联模式，费正清从1948年斯大林与铁托的矛盾中看到共产主义并非铁板一块。他认为，中国共产主义运动完全是中国人自己的事情，毛泽东在中国实行的是一条独立自主的马克思-列宁主义路线，20多年来中国共产党依靠自己的力量来解决国内问题从而成为除苏共以外的最有经验的共产党党派。苏联对中共在偏僻的中国腹地领导的革命是无能为力的，顶多是一个意识形态上同情心者，其对中共真正的影响仅仅局限于后者缺乏经验的外交关系上面。此外，苏联与国民党的官方关系以及对中国东北的侵占也是中共与苏共保持距离并可能导致分裂的潜在因素。而美国人因为中国与苏联的地缘关系以及意识形态的相似性，把中共当成了苏共的“盟友”，而持续的对国民党的援助则在事实上把中共推入苏联人的怀抱。所以，他积极主张对中国革命的不干涉政策，由中国人自己决定他们的未来，美国人的援助应该抛却党派之见，真正地去帮助中国人民的生活、福利、现代化建设，不仅局限于官方层面，而且还要通过非官方的渠道，只有以这种共产党人发动群众的方式方能与之竞争。尽管费正清对中国知识分子在政治上的作用持贬低态度，但从长远来看，他认为美国在中国的地位依然取决于那些在美国受过教育的自由主义知识分子，虽然有些人常以美国自由言论的传统批评美国，甚至占到了共产党一边，但对他们乃至具有自由企业思想的上海商人、教会学校学生的资助总比资助一个行将垮台的国民党要好。①

1948年9月开始的在东北、华北、华东的三大战役，中国共产党已成势如破竹之势，美国提供给国民党政府的4亿美元借款已经无法挽救像潮水

① John King Fairbank. “Can We Compete in China”, *Far Eastern Survey*, Vol. 17, No. 10 (May 19, 1948), pp. 113-117.

一样溃败的国民党。而此时，国民党指望靠发行金圆券来拯救濒临破产的经济，不但没有起到任何作用，反而将老百姓手中仅存的一点财富榨干了，国民党的威信滑落到极点。1948年杜鲁门在美国大选中获胜，由于国民党对共和党的支持，引起了杜鲁门的厌恶，最终被抛弃，国民党在大陆的统治开始敲响了丧钟，美国在中国大陆的影响力也即将消失。

四十年代费正清在中国的两次之行与三十年代作为学生在中国的调查有着很大不同。三十年代的调查让他取得了有关中国近代史的大量原始资料，并对中国有了基本的认识，但有点类似汉学家把中国作为知识客体的研究。如果说三十年代他只是具有一种朦胧的学术服务于国家利益的意识，那么四十年代，作为美国政府官员，他本身就是美国国家利益的代表，某种程度上是美国对华政策制定的参与者。他通过深入中国上层，了解了中国官员的贪污腐败、压榨掠夺，对美国一味地支持即将倒台的国民党政府的对华政策进行了激烈批评，但他的理想主义的建议并没有对决策者产生多少影响。可是，他将自己学术研究的兴趣和政策分析的兴趣联系在一起，将学术研究自觉地与国家利益联系在一起。“在哈佛大学，我们如同其他人将要做的那样，对当代的一个伟大变革的历史背景和前景问题做了研究。中国的悠久传统，她在近代所遭受的灾难，以及中国革命的根源，所有这一切均影响到中国的未来，影响到美国对华政策的未来。我感到，我已经就这些问题展开公开辩论做好了充分的准备。”① 费正清这种将学术研究与现实政治相结合并服务于国家利益的做法构成了美国中国学有别于传统汉学的一大特色。

① 费正清:《费正清自传》,第408页。

第3章 费正清对中国学的开创

第 1 节　从欧洲汉学到美国汉学

“汉学”在中国本土通常有以下几种含义：第一，指与“蕃学”相对，历史上我国少数民族地区对汉民族或中原地区文化的称谓，如西夏王国在中央设立“蕃学”“汉学”研究、学习机构，用西夏文翻译儒家经典，培养蕃、汉官吏；第二，指汉代的经学研究，如武帝时期，在董仲舒“独尊儒术，罢黜百家”思想的倡导下，设立了“五经”博士，对儒家经典重新训解，把经学研究与政治结合起来；第三，指清代乾嘉时期的一种治学流派，它反对空谈心性义理的“宋学”，崇尚汉代古文经学家好儒信古、注重字句和名物训诂考据的研究方法；第四，在台湾指在日本占领时期，为抗拒日本的文化侵略，中国民族主义者自觉研习中国文化的一种爱国行为。

在海外，中国问题研究的产生与发展是中外文化碰撞、交流、融合的结果，是海外学者对中国文化的一种选择。由于地缘文化的原因，日本、韩国、越南是最早开展有关中国问题研究的国家，内容上延续了中国本土“经学研究”的意义，“汉学”几乎就是儒学的代名词。若按日本史书《日本书纪》记载，《论语》等儒家典籍在应神天皇十五年（公元 270 年）已传入日本；隋唐时期日本有组织地派出大批人士来中国学习典章制度，对随后的日本文化和社会产生了深远的影响；在宋代（日本的镰仓时代）末期，朱子之学在日本盛极一时。二战战败以后，日本政府在其官方文件中一律将具有歧视性的字眼“支那”改为“中国”，与“支那”相应的“支那学”改为“中国学”，“汉学”“汉学家”等字眼成为历史名词，研究内容扩展到近现代中国历史、文化、思想、政治、经济、外交、语言、文学诸领域，涵盖了所有有关中国问题的研究。在韩国和越南，由于长时期的宗藩关系，越南甚至在秦代至五代时期曾经属于中国版图，他们的汉学实际上与本国历史文化研究有着密不可分的联系。因此，这三个国家的汉学与把中国文化作为一种客体研究的西方有着很大的不同，那就是他们都是把汉学作为一种主体文化的研究，而且有着比西方更加久远的传统，不过二战以后都开始受到费正清中国学的影响。

根据西方历史文献记载，西方对中国文化的认识最初只是一种不自觉的接触。根据瑞典地质学家安特生（John Gunnaar Andersson）对彩陶的研究，远在新石器时代，俄国南部特里波里地区[1]及多瑙河流域就与黄河流域以北地区有了文化来往。公元前五世纪，希腊人不仅认识了里海（Caspian）周围的陆地，还记述了天山南麓和北麓居民的情况，并以地中海、黑海为界，最早把世界分为欧罗巴（Europe）和亚细亚（Asia）。到了罗马时代，文献里开始出现中国地理、物产、居民的记载。纪元前后，“中国人”被称为“赛里斯”(Seris)、“秦尼”(Sinai，Thinai)，“中国”被叫作“赛里加”(Serica)、秦（Sin，Thin)。[2] 西方人的这种称呼，源于对中国秦代“秦”字的欧化拼音 Ch'in 或 Chin。

西方对中国的了解，从最初不自觉的接触，到有意识的考察与了解，到最终成为一门学问——“汉学”，其间大约经历了三个阶段：游记汉学、传教士汉学和专业汉学。[3]

在中西交流史上，中国人走在了西方的前面。公元前 139 年，张骞奉汉武帝之命出使西域，开创了中西交流的陆上“丝绸之路”。中唐时期，由于“安史之乱”，致使陆路受阻，因而以福建泉州为中心的海上“丝绸之路”迅速崛起。沿着陆海两条“丝绸之路”，西方商人、外交使节、旅行家、探险家、传教士等纷至沓来，在他们撰写的游记、日记、札记、通讯、报告里面对中国的山川、城池、气候，以及中国人的生活起居、饮食、服饰、音乐、舞蹈等进行了生动的描述，这一时期的西方对中国的考察被称为“游记汉学”。游记汉学主要涉及的是中国的物质文明，还没有真正深入中国的观念文化之中。其中意大利人马可·波罗的《马可·波罗游记》（即

---

① 作者注:俄罗斯铜石并用时期的一种文化,最早在今基辅附近的特里波里村(Tripoliie/Триполъе)发现的。

② 阎纯德:《从“传统”到“现代”:汉学形态的历史演进》,《文史哲》2004 年第 5 期。

③ 张西平:《欧洲早期汉学史:中西文化交流与西方汉学的兴起》,北京:中华书局,2009 年,第 707 页。

《东方见闻录》）是游记汉学的典型代表。[①]《马可·波罗游记》对中国想象般的建构，激起了中世纪欧洲人对这个东方神秘国度乌托邦般的想象：无尽的财宝、巍峨的楼宇、妖娆的女人、斑斓的服饰等。“传说中的契丹形象，是欧洲中世纪晚期集体记忆中欲望的天堂。漫长的一千年中，封闭的欧洲基督教意识形态压抑了人的现世欲望，使它变成人们意识不到的社会无意识。如果局限于该意识形态之内，人们永远也发现（不了）本来他们实际存在的强烈欲望和他们自欺虚构的合理教义之间的矛盾。契丹出现了，它立即就成了西方文化表现被压抑的社会无意识的一种象征符号。他们不厌其烦地描绘契丹的财富，无外乎是在这种表现中置换地实现自己文化中被压抑的潜意识欲望。表面上看他们在谈论一个异在的民族与土地，实质上他们是在讨论内心深处被压抑的欲望世界。中世纪晚期出现的契丹形象，是西方人想象中的一种解放力量……。”[②] 他们支起三桅帆，带着满脑子发财的梦想，开始向东方进发。《马可·波罗游记》催生了十五世纪的地理大发现，从此在西方人眼中世界有了西方/东方之分。西方/东方在他们看来不仅是一个地理意义上的分野，还是一种西方/东方文化上的划分，东方成为西方话语中最经常出现的他者形象。

而传教士们则沿着地理大发现的航路，来到东方传教、布道，完成上帝赋予他们的使命。第一个来到中国的耶稣会士是沙勿略（St. Francis Xavier, 1506—1552），他最初在日本传教，当得知中国人根本不知道基督教为何物时，他来到澳门，决心归化中国，但最终不得其门而入，孤独地死在广州附近一个叫作“上川”的小岛上。但他开启了大批耶稣会士赴华的先河，开启了传教士汉学的时代。相比游记汉学时代浮光掠影的对中国的描述，传教士由于长期生活在中国，能够深入了解中国社会文化，他们不仅描述了那个时代独特的中国见闻，还以自己的文化视角记录了中西文化最初的碰撞。意大利人利玛窦（Matteo Ricci, 1552—1610）不仅撰写了大量

① 张西平:《欧洲早期汉学史:中西文化交流与西方汉学的兴起》,第 1 页。

② 周宁:《契丹传奇》,北京:学苑出版社,2004 年,第 205 页。

有关中国的日记（后被金尼阁整理翻译出版，名为《基督教远征中国史》或《利玛窦中国札记》），还将《几何原本》（与徐光启联合）、《天学实录》译成中文，并把《四书》等中国文化经典译成西文，不仅开西学东渐之先河，也对推动了中学西传，对西方近代科学与哲学的产生发挥了重要影响。他的《中国札记》中的大量日记、信札和报告留下了明末中国社会的第一手史料。在十七世纪至十九世纪初西方来华的传教士中，法国的耶稣会士占有重要地位，他们不仅人数众多，而且对中国文化的研究硕果累累，宋君荣（Antoine Gaubil）对《诗经》和冯秉正（Joseph-Francois-Marie-Anne de Moyria de Mailla）对《通鉴纲目》、钱德明（Jean-Joseph-Marie Amiot）对中国兵法（孙子、吴子、司马法、六韬）的翻译研究，为日后法国专业汉学的产生培育了肥沃的土壤。

然而真正催生法国专业汉学的人，却是一位来自中国福建的天主教徒——黄嘉略。当时的法国社会充满了对中国的热情与想象，黄嘉略被引荐到法国帮助介绍中国文化，黄嘉略在法国写出了法国汉学史上最早的《汉语语法》和《汉语词典》，他的两名助手弗雷莱（Nicolas Freret，1685—1749）和傅尔蒙（Etienne Fourmont，1683—1745）在他的影响下，开始了对汉语语法、词汇的研究，他们思考的出发点不再是神学和《圣经》，而是对中国知识和文化的追求，从此与传教士汉学拉开了距离，弗雷莱成为法国第一位世俗汉学家，是法国专业汉学或者“经院汉学”的奠基人。1814年12月，法国东方学教授萨西（Silvestre de Sacy，1758—1838）提议在法兰西学院设立汉语教授位置，年仅27岁的汉学家雷慕沙（Jean-Pierre Abel-Rémusat，1788—1832）被任命担任“汉语和鞑靼-满语语言与文学”讲座教席，主要讲授汉语语法、文学、六书、口语、书写等，该课程的名称一直沿用到1918年才被伯希和改为“中国语言和文学”。从此，对汉语语言、文学、典籍、历史等的研究与学习——“汉学”作为一个学科成为东方学的一个重要分支，第一次在大学讲堂上占有一席之地，这不仅对法国汉学界，而且对整个西方汉学界有着深远的影响。十九世纪初的法国成为欧洲汉学的中心，他们对汉语语言、文学、文化典籍研究的注重成为法国汉学的主要形态，为法国汉学罩上一层浓重的古典主义色彩。

1814 年法兰西学院设立的第一个汉语教席被视为专业汉学开始的标志。同年，法语 Sinologie 一词首次出现在 *Mecure Etranger* 杂志第 3 期发表的 L. A. M. Bourgeat 的《汉学史》（*L'histoire de la sinologie*）一文中，但在 1878 年才进入法语词典。法语 Sinologie、英语 Sinology、德语 Sinologisches 的词根 sino-表示“中国（的）”“中国人（的）”“汉语（的）”，来自拉丁语Sinae，阿拉伯语 Sin，波斯语 Shini，印度梵语 Cina 和 Chinas，希腊语 Sinai/Serica，源于上文提到的“秦”字的欧化拼音 Ch'in 或 Chin，-logy 在希腊语中表示“研究”“探索”“学说”或“科学”的意思，因而 Sinology 一词在词源学上表示“有关中国的学问”的意思。但从以上分析来看，主要指西方对汉语语言、文学、文化、哲学、历史等古典意义的研究，而非“汉族文化之学”或“汉代经学”之意。权威的法语拉罗斯词典（Larousse）也将 Sinologie 定义为“关于中国历史、语言、文化的研究”（L'étude de l'histoire, de la langue et de la civilization Chinoises）。[①] 据日本学者高田时雄研究，中国学术界对“汉学”一词的翻译始自近代思想家王韬（1828—1897），他在《法国儒莲传》中提到了汉学家儒莲（Stanislas Julien，1797—1873）1869 年的著作 *Syntaxe Nouvelle de la Langue Chinoise*，将其译为《汉学指南》，实际上该书名字是“新编汉语句法”之意。[②] 王韬的翻译并不是错误，他是有意把儒莲的汉语语言研究作为汉学的一种形态来认识。

美国早期汉学是在杜维明先生所说的反欧洲传统汉学的境况下诞生的，[③] 尽管美国中国学形成较晚，但在兴起的时候就发生了方向性的变化。美国是在欧洲十五世纪大航海中发现的“新世界”（The New World），当欧洲人沿“丝绸之路”来到中国时，美洲通向太平洋彼岸中国的航路还没开辟。直到 1784 年（乾隆四十九年）“中国皇后”号驶华，美国才开始了与

---

① Larousse. *Librairie Larousse*, Paris, 1985, p. 9610.

② ［日］高田时雄：《國際漢學の出現と漢學の變容》（2001 年 6 月 24 日东京大学中国社会文化学会学术会议上的论文），http//www. zinbun. kyoto-u. ac. jp/ ~ takata/kokusaikangaku. pdf。

③ 周勤：《本土经验的全球意义——为〈世界汉学〉创刊访杜维明教授》，《世界汉学》创刊号，第 9 页。

中国的交往，因此美国汉学的开端要比欧洲晚四百多年。当“中国皇后”号满载中国货物回到美国时，它所传达的有关中国的信息与《马可·波罗游记》一样产生了狂热的效应。随后，美国商船开始陆续抵达中国沿岸，从这些商船上下来的不仅仅是那些急功近利的商人，还有很多带着《圣经》前来的传教士。美国的实用主义哲学让它的汉学——美国传教士汉学一开始就与欧洲传教士汉学有着极大的不同，那就是它的商业目的。因为很多美国传教士本身就是商人，即使不是商人的传教士也有服务于国家利益的使命意识。美国政府甚至专门成立了“美国海外传教工作理事会”（American Board of Commissioners for Foreign Missions），号召广大青年，特别是那些神学院的毕业生远赴海外，为其海外扩张打前站。“中国皇后”号开通中美贸易不久，美国政府随即于1786年在广州派驻领事，从1786至1854年，该职务都是由商人充任，担任他们翻译的就是这些在华传教士。1857至1858年担任驻华公使的列卫廉（William B. Reed）在致美国政府的信中讲道：“传教士们在中国的工作和研究直接关系到了我们的在华利益。如果没有他们担任翻译，我们的各项工作都无法进行；如果没有他们的帮助，我在这里既不能读，也不能写，无法与中国人信函往来，更无法与中国人谈判。”[①] 像早期来华的新教传教士裨治文（Elijah Coleman Bridgman，1801—1861）、卫三畏（Samuel Wells Williams，1812—1884），以及后来的明恩溥（Arthur Henderson Smith，1845—1932）、丁韪良（Williams A. P. Martin，1827—1916）等都曾在美国对华事务中做过翻译或助手。裨治文是一位基督教美国公理会教徒，安道华神学院（Andover Theological Seminary）毕业后，受“美国海外传教工作理事会”差遣，于1830年2月25日从波士顿来到广州。当时中国尚未能公开传教，所以他主要以学习汉语、了解中国国情作为他的生活内容，后又担任过林则徐和美国公使顾盛的译员。1832年在澳门创办并主编了《中国丛报》（*Chinese Repository* 亦称《澳门月报》），

① 参见顾钧：《中美文化交流的开端——美国人早期汉语学习的历史考察》，孙有中：《跨文化视角》，北京：高等教育出版社，2009年，第210页。

为美国人来华传教、进行贸易介绍中国的情况。卫三畏于1848年出版的《中国总论：中华帝国的地理、政府、教育、社会、生活、艺术、宗教及其居民观》，帮助裨治文编辑过《中国丛报》，回到美国后曾担任耶鲁大学第一位中国语言和文学教授，并主持创办了汉语考古室和东方学图书馆，卫三畏在耶鲁的汉语语言和文学研究和教学是一种完全世俗化的教育，汉学作为一个学科开始进入美国教育领域。其他如卢公明（Doolittle Justus，1824—1880）的《中国人的社会生活》、麦都思（Medhurst Walter Henry，1796—1857）的《中国：现状与前景》、明恩溥的《中国的特色》等也是美国传教士研究中国的早期作品。丁韪良及林乐知（Young J. Allen，1836—1907），他们除了传教、对中国进行研究外，还长期活跃于中国政坛。丁韪良曾长期在宁波传教，熟谙汉语与中国方言，作为翻译曾参与了1858年《中美天津条约》的签订，1863年着手翻译了美国人惠顿的《万国公法》，1902年又被任命为京师大学堂总教习。其间，丁韪良依据自己的在华经历撰写过《花甲忆记》《北京之围》《中国人对抗世界》《中国人之觉醒》之类的书介绍中国文化和社会，但学术性价值不大。林乐知在中国的四十七年间，大部分时间在上海身兼教习、编辑、译书与传教士，并于1868年创办、主编了《教会新报》（*Church News*，1879年更名为《万国公报》*A Review of the Times* 或 *The Globe Magazine*，第46期以后更名为《中外纪闻》），为十九世纪第一份介绍西学最集中的期刊。他的译著有十多种，最著名的是《中东战纪本末》（中日甲午战争的历史文集）。美国的传教士汉学尽管带有强烈的实用主义目的，但同欧洲传教士汉学一样也算不上真正的专业汉学，并且已经带有自觉的、鲜明的功利主义的中国学倾向。

美国中国学一开始就带有社会科学的特征，与欧洲汉学的人文科学精神相殊。因而当欧洲的汉学家移民到美国试图移植欧洲的研究方法时出现了水土不服的问题，美国人开创了自己独特的研究范式。

1842年建立的美国东方学会（American Oriental Society）旨在通过对亚洲、非洲等地语言的学习与研究以及《圣经》翻译达到向海外传播福音的目的，虽然依然带有宗教色彩，但这个专业机构的建立、1854年学会会刊

《美国东方学会杂志》（*Journal of American Oriental Society*）的出版以及东方文献图书馆的设立是美国专业汉学开端的鲜明标志，但在研究内容和方法上基本上是欧洲专业汉学的延续与移植。由于汉学人才的短缺，美国不得不聘请来自欧洲的汉学家，哥伦比亚大学第一位“丁龙汉学讲座”[①] 教授，也是美洲第一个基金会汉学讲座教授夏德（Frederich Hirth），以及加利福尼亚大学教授阜克（A. Forke）、劳费尔（K. B. Laufer）都来自德国。他们感到美国的学术风气与欧洲汉学格格不入，所撰论著也多送往欧洲发表出版。1928 年哈佛大学成立远东语学部后，想请时如神祇的法国汉学大家伯希和，但他婉言谢绝，实际上认为哈佛学术环境恶劣，他于是推荐了尚无正式职位的法籍俄裔世族叶理绥。叶在哈佛继续推行法式汉学教育，因难度过大，从学者多望而却步。[②]

美国在十九世纪末完成了在北美的领土扩张，并实现了最初的原始资本积累后，开始将目光转向海外，重点在远东，特别是中国。1899 年美国国务卿海约翰（John Hey）提出“门户开放”和“机会均等”的外交照会，这标志着美国作为一个大国开始有了它独立的对华政策，在中国土地上开始了与其他在华欧洲列强的角逐。了解、研究中国成为美国对华政策的重要内容，各种研究机构以及有关的基金会应运而生。1928 年美国铝业大王马丁·霍尔（Charles Martin Hall）捐资成立了哈佛-燕京学社，表面上是为了推动亚洲，特别是中国文化、艺术、教育等方面的研究，以期达到欧洲汉学研究的水准，实际上在于适应美国垄断资本向中国及远东地区扩张的需要。在哈佛-燕京学社第一任社长叶理绥的主持下，学社建设完全参照了法国的模式，重视发展人文学科，特别是中国古代史、文化、典籍的研究，重视考古与艺术品的搜集、保存与研究。直到这时，美国汉学才达到了与欧洲并驾齐驱的地步，但捐资者的实用主义目的是不言而喻的。

---

① 作者注：丁龙（Dean Lung），早期旅美华工，做过大亨卡本迪（Horace Carpentier）的佣人，其为人及工作深得敬重，所以 1901 年卡本迪在哥伦比亚大学捐资设立汉学讲座时，便以他的名字命名。

② 桑兵：《国学与汉学：近代中外学界交往录》，杭州：浙江人民出版社，1999 年，第 16 页。

第 2 节 “区域研究”——费正清对中国学的开创

1925 年美国夏威夷一些关心太平洋地区经济问题的人士发起成立了“太平洋学会”，旨在研究太平洋地区各民族的状况，促进各民族间的关系。学会重视中国现实问题的研究，联系基金会资助专家学者深入中国腹地实地考察，了解中国社会、政治、经济状况，为美国对华关系提供决策依据。学会也重视语言研究，但主要是为政府培养服务海外的翻译人才，对历史与文化的研究也是出于服务于现实政策的需要，同时开拓了对国际关系的研究；注重战略信息的搜集、分析、整理，像费正清在二战期间来华收集日本的战略情报；研究方法也不再局限于传统的历史、考据之类的方法，而是采取了社会科学的分析方法。因此，“太平洋学会”的成立代表了美国汉学，或者说整个世界汉学的中国学转向，中国问题的研究开始从欧洲转向美国，而最终实现这种转向的人是费正清。如果说汉学是以法国为中心，那么中国学则是以美国为中心。在美国逐渐形成了汉学与中国学两大阵营：一个是哈佛-燕京学社，资金充足，遵循欧洲模式；另一个是富有本土色彩的阵营，较为分散，缺乏资金。但随着中国学的发展壮大，汉学逐渐旁落。1948 年，当注重研究远东现实问题的远东协会成立时，要从 13 个候选人中推选出 12 位成立第一届理事会，唯一落选的就是那位来自欧洲的老学究叶理绥先生，因为他无法得到美国选民的认可。①

二战前，费正清与格雷夫斯等发起了有关近代中国问题的研究事业，显示出他卓越的才华和远大的抱负，但并没有产生很大的影响，美国有关中国的研究依然是传统汉学一统天下的局面。声名显赫的哈佛-燕京学社和远东语言系是哈佛大学远东研究的核心，校方对这两个机构源源不断的拨款反映了美国当时对传统汉学和对费正清近代中国问题研究的不同看法。然而随着二战的爆发，由于中国在战时和战后重要的战略地位，对华政策

① 费正清:《费正清对华回忆录》,第 114—115 页。

以及敌情研究被列为美国政府对外关系的重要议事日程，专门针对中国的地区性研究一时间变得火热起来。所谓“区域研究”（Area Studies）是针对世界某一地区进行的更专门的、跨学科的、对特定地理区域进行的研究，除中国外，还包括对当时日本、苏联、印度等国家和地区的研究。尤其有关中国的区域性研究成为哈佛大学对二战所做出的反应之一。他们对中国的研究不再局限于传统的语言、哲学、艺术等领域，而与中国的现实密切结合在一起，并突破了中国历史研究的西方叙事框架。

实用主义至上的美国需要一种与传统汉学迥然不同的知识，传统汉学的知识无法满足日益增长的对该地区了解的需要，1946 年由费正清发起的国家和区域研究专业委员会的成立部分地满足了这一需要。该委员会的研究基于像费正清这样的一些美国一流学者在海外服务的经历和感受，他们普遍的感受就是，美国已经成为一个强国，迫切需要对非西方的区域了解，战时在情报收集和分析中采用的社会科学的综合方法成为区域研究的主要手段。费正清在 1946—1949 年间，具体指导了中国及周边地区的区域研究，研究计划着重于通过对历史的研究来探讨这个国家及周边地区目前及未来可能面临的问题，用以指导美中之间长远的外交、贸易、思想交往，而不是为历史而历史的研究。同时该计划还设有一个历史系和东亚语言系联合举办的硕士点，要求学生用两年时间完成语言学习，完成一个研究项目，参加社会科学方面的研讨会。他认为，语言的学习不应该是孤立进行的，应该融入区域研究当中去，因为语言本身就是整个社会综合体的一个重要方面，与社会文化的诸多方面有着千丝万缕的联系。所以，学生学习语言的目的不单单是为了培养语言能力，关键是把它作为工具了解、掌握某一社会文化的能力；学生想要了解中国的现状，必须回到过去探索其根源；学生必须学会利用中文资料，为此费正清和他人编写了有关近代中国的中文文献阅读指导手册；学生应该加强经济学、社会学和政治学方面的学习。① 为此，费正清还邀请了政治学专

① Edwin O. Reischauer and John King Fairbank. “Understanding the Far East through Area Study”, *Far Eastern Survey*, Vol. 17, No. 10 (May 19, 1948), pp. 121-123.

家卡尔·弗里德里克（C. J. Friedrich）、社会关系学家塔尔科特·帕森斯（Talcott Parsons，1902—1979）以及经济学家爱德华·梅森（Edward Mason）举办讲座，引起了学生极大的兴趣。特别是受惠于 GI 法案[①]走进大学教室的一大批远东战场上的退役军人引发的对该地区的热情，抵得上一百个费正清这样的专家的努力，给这个领域带来了勃勃生机。为了便于交流区域性研究和清代文献研究方面的成果，他们还于 1947 年创办了年刊《中国研究论丛》（*Papers on China*）。这种综合性的研究方法旨在打破学科间的壁垒，扩大中国学的研究范畴，试图使中国问题研究的触角延伸到中国社会的诸多领域。研讨班取得了极大的成功，培养了一批中国问题研究专家，史华兹（Benjamin Schwartz，1916—1999）成为哈佛大学知名教授，詹森（Marius B. Jansen）和墨非（Rhoads Murphey）则是普林斯顿大学和密西根大学的著名学者。

1948 年以后，有关中国地区性研究当中的热议话题开始转到美国对华政策的失误方面，一些区域研究专家受爱国主义的渲染和藻饰，盲目屈从于美国政府对华政策的宣传，只懂得一点西方的名词术语或马克思主义只言片语，便妄自概括中国的形势，解释中国的社会现状及特征，结果反而把自己搞得一头雾水。许多美国普通民众的争论不过是听从了这些专家的聒噪，以一种想当然的半假设为依据来讨论对华政策。比如，有人从机械的马克思主义出发，把国共的斗争看成是无产阶级与资产阶级斗争的问题，国民党被看作是共同防卫西方自由联合企业的价值观盟友。实际上蒋介石南京政府一开始就凭借武力，像一个寄生虫不断地对上海工商业界进行敲诈勒索，不但没有保护资本主义，反而摧毁了资本主义。费正清从历史的

① 作者注：GI 法案，即《1944 年服役军人重新安置法案》（Servicemen's Readjustment Act of 1944）。美国人通常称其二战老兵为 General Issue，因此该法案又叫《GI 法案》（GI Bill），美国国会于 1944 年颁布。该法案规定：联邦政府对在二战期间服役超过 90 天的退伍士兵提供必要的经济资助，根据其服役时间长短和职位等提供一定数额的退役金、教育训练补助金、失业救济金和住房贷款等。《GI 法案》的颁布，奠定了美国战后安置退伍士兵政策的法律框架，为在短时间内妥善地安置大批退伍士兵发挥了重要作用，促进了美国高等教育的大发展，为美国战后经济的腾飞和社会进步提供了强有力的人才支持和智力保障。

角度出发，认为国民党充其量不过是一个垄断政权的组织而已，与旧日王朝没有实质区别。他认为，美国政府在中国的失败在于其主观主义的一厢情愿的做法，这种主观主义倾向于依据自己的经验来看待中国，把所谓的自由主义、资本主义、代议制政府和个人自由强加在中国身上。由此而形成的对共产主义的极端偏见造成了美国无法制定出合理、有效的对华政策。由于美中两国文化传统和社会制度的差异，共产主义不适于美国，但适于中国。怎样让美国民众乃至区域研究专家理解并接受这一点，他主张对中国现实问题的考察必须有历史性的和世界性的大视野，应该深入探讨中美两国间文化传统和社会制度差异的真正含义。他把自己的区域研究心得与以往的教学经验和在华工作实践结合在一起，形诸文字，这就是他的那部著名的开山著作《美国与中国》。

1946 年，唐·麦凯为了让美国民众更清楚地了解美国对外政策，开始为哈佛大学出版社编辑一套“美国外交政策文库”的丛书，费正清有幸成为这套丛书的编者之一，他抓住这次难得的出书机会于 1948 年出版了他的第一部著作《美国与中国》，甫一出版即得到人们潮水般的热评，有人直接称赞它为最好的单卷本中国史，获得美国政治学协会当年颁发的温德尔·威尔基奖（Wendell Willkie Prize），被美国权威杂志《外交》称为二十世纪最伟大的著作之一。在以后的 5 个版本（1958、1971、1972、1979、1983 年）和多次印刷中，该书从最初的 384 页扩展到第四版的 632 页，参考书目从 18 页增加到 100 多页，据费正清传记作者保罗·埃文斯 1988 年介绍，此书截至那时共销售了约 30 万册，成为西方中国问题研究著作中最畅销的书籍之一。[①] 反映了中国的崛起及其日益上升的国际影响力，以及西方社会对对华关系的日益重视。据说，1972 年当中美关系打破坚冰之际，这本书分别摆在了毛泽东和尼克松的案头，成为两国元首了解、揣摩对方的主要参考资料，也成为美国普通民众了解中国社会和历史的普及性读物。

《美国与中国》是费正清 1947 年秋在对大量笔记注释、校对的同时，

---

① ［加］保罗·埃文斯:《费正清看中国》,第 121 页。

以口授的方式由打字员打字记录完成的。笔记中大量记录了各学科的学术泰斗在中国地区性研究中所发表的看法。为了在书中准确把握政治学、经济学和社会学的基本原理，他还特别对帕森斯、弗里德里奇和梅森等一些著名学者在研讨班上的讲座进行了总结，这些原理成为他分析中国问题的框架，而他在中国的工作实践及其所见所闻，以及所搜集的各种资料成为这些原理的有力佐证。以外，他还大量引用了正在成长起来的新一代美国中国问题专家的著述，像拉铁摩尔、毕乃德（Knight Biggerstaff）、卜德（Derke Bodde）、韦慕庭（Clarence Martin Wilbur，1908—1997）、魏特夫（Karl August Wittfogel，1896—1988）、赖德列（Kenneth Scott Latourett，1884—1968）等一批背离欧洲传统汉学的代表人物。这些人在费正清的思想形成过程中起了主要作用，成为费正清现代中国学思想的奠基人。该书展现的对中国的区域研究和多学科系统分析，确立了他在美国中国学的权威地位，成为哈佛大学这一时期区域研究的重要成果。

五十年代麦卡锡主义的肆虐，对美国的对华政策和中国问题研究造成了极为恶劣的影响。麦卡锡主义分子采取的恐吓、谴责、污蔑、造谣等卑劣手段引起的白色恐怖，让美国社会到处充满了背叛、猜忌、不公正。即使在以后的许多年里，“有关中国的问题被弄得像令人恶心的食物一样已无人问津，连狗见了恐怕也要掉头作呕”①。研究中国问题的专家学者、政府人员变得噤若寒蝉。拉铁摩尔被迫流亡英国，费正清回归了较为安全的历史研究和教育事业，五十年代成为美国中国学缺席的时代。在麦卡锡主义甚嚣尘上的时候，中国的大门也随之关闭了。中国现实问题的研究只有靠猜测和争论来解决了，费正清及他的中国学渐渐淡出了公众的视线。

这一时期，他和自己的学生刘广京避开了外面喧嚣的“丢失中国”的论争和麦卡锡主义的白色恐怖，躲进哈佛-燕京的藏书楼，对这里的近代中国史藏书进行了一次系统的调查，1950 年他们在对 1067 部著作细致整理的基础上，出版了一部长达 608 页的专著《近代中国：1898—1937 中文著作

---

① 费正清：《费正清对华回忆录》，第 429 页。

目录指南》（*Modern China*：*A Bibliographical Guide to Chinese Works 1898-1937*）。1952 年费正清与他的两名学生史华兹（Benjamin Schwartz）、巴兰特（Conrad Brandt）合作编撰出版了《中国共产主义运动史文献资料》（*A Documentary History of Chinese Communism 1921-1950*），该书在史华兹 1951 年出版的《中国共产主义和毛的崛起》（*Chinese Communism and the Rise of Mao*）研究的基础上，通过中国共产党的历史文献对“毛主义”（Maoism）的形成及理论特点做了进一步研究，由此在西方开辟了对毛泽东思想的系统研究，培养了一批像史华兹、施拉姆（Stuart Schram）这样的毛泽东研究专家，“毛泽东学”逐渐成为一门学科。1954 年与邓嗣禹合作出版了《中国对西方的反应：1839—1923 年文献通论》（*China's Response to the West*：*A Documentary Survey 1839-1923*），1955 年与日本学者坂野正高（Masataka Banno）合编了《日本研究近代中国数目辑要》（*Japanese Studies of Modern China*）以及《清季史料入门》（*Ch'ing Documents*：*An Introductory Syllabus*）等。编撰这类史料性的著作耗时费力，但成为费正清指导学生的重要参考资料，借此他可以随时告诉学生应当掌握的中文文献的情况以及查找的方法，这些基础性的工作为美国中国学的进一步发展做了扎实的铺垫。他的同事孔飞力（Philip A. Kuhn，1933— ）曾羡慕地说道：“费正清总是做初步的勘探工作，发现矿石、建立采矿公司，而把采掘工作留给他的学生。”①

除了目录编撰之类的史料整理工作之外，他还出版了一些堪称其学术巅峰的代表作，其中着力最多、功力最深的著作是他 1953 年由哈佛大学出版的《中国沿海的贸易与外交：1842—1854 年通商口岸的开埠》（*Trade and Diplomacy on the China Coast*：*The Opening of the Treaty Ports 1842-1854*），该书的出版完成了二十五年前由查尔斯·韦伯斯特爵士提议的研究项目，实现了马士要他通过通商口岸研究研究中国外交史的夙愿，在书的扉页上像他的博士论文一样再次写上了“In Grateful Memory of Hosea Ballou Morse”，以示对自己精神导师的感念之恩。该书也实现了费正清多年来对自

① 参见[加]保罗·埃文斯:《费正清看中国》,第 201 页。

己博士论文的修订和出版的愿望，他在原来博士论文的基础之上，增加了几本日文专著的内容以及有关贸易公司的档案材料和他与邓嗣禹撰写的关于清朝内外政策的一系列文章，从而使该书的实证基础和内容得到极大的扩充。全书分两卷：上卷 468 页正文，5 部分 24 章；下卷为文献部分，包括 1388 条引文注释、230 多种西文文献和 170 多种中日文文献以及近 1000 种人名、地名威妥玛拼音法（Wade-Giles System）与中文的对照表。同时，该书的研究焦点发生了重大改变，那位初出茅庐的牛津大学的研究生在马士的影响下把 1854 年中国海关创立作为研究的焦点，考察了赫德领导下的中国海关的中西共管体制（synarchy），虽然他对英帝国主义的殖民性质有一定认识，但总体而言他对中西共管下的中国海关的清廉与高效持一种赞扬的态度，视野局限于对该机构创立与影响的研究，而该书不再满足于为海关而海关的研究，作者将事情的发展推溯至 1842 年《南京条约》的签订，把目光投射到中西交往的更深远的领域之中，把中西特别是中英冲突置于中国历史和中西交往的纵横坐标之上。虽然共管体制依然是该书的思想核心，但是作者此时赋予它更广泛的政治和文化意义，成为了解当代中国思想和中国革命的一个窗口。这一焦点的变化显示了这位正在成长起来的历史学家日益开阔的视野与成熟的思想。这部几乎耗费了四分之一个世纪时间和大量心血的专著开始牢固地树立起费正清作为晚清外交、制度史方面杰出美国历史学家的声望，并得到韦伯斯特的高度评价，他在 1954 年 2 月 13 日致费正清的信中写道："要是马士活着看到他的梦想实现该多好！"遗憾的是当他的其他著作引起极大的热情和仿效的时候，这本书并没有引起很多清史专家的注意，共管体制的研究也没有得到进一步发展。

五十至六十年代由吕·费弗尔（Lucien Febvre，1878—1956）和马克·布洛赫（Marc Bloch，1886—1944）于 1929 年创始的法国年鉴学派（Annales School）开始影响美国。该学派第一代学者强调唯有总体的历史才是真正的历史，历史研究不能画地为牢；提倡对历史进行跨学科的综合研究，广泛应用历史学方法以外的社会学方法、心理学方法、计量方法和比较方法，并注意开拓史料的来源；对经济史、社会史和心理史给予足够的重视；强调历史学与现实的联系，强调历史学家不断进取的精神；用问题史学代替传统的叙述史学，即不是让史料自己说话，而是史学家带着现实中提出的问题进行研究；在语言表达形式上也由描述转向解释和分析。[①] 二战以后，年鉴学派的第二代开始成长起来，他们在继承第一代总体史学和跨学科研究的基础上，又有了习得发展，其代表人物费尔南德·布罗代尔（Fernand Braudel，1902—1985）在他的《历史与社会科学：长时段》一文中阐述了他的长时段历史观。他认为，历史学所以不同于其他社会科学，主要体现在时间概念上。历史时间就像电波一样，有短波、中波和长波之分，布罗代尔分别称为短时段、中时段和长时段。所谓短时段，也叫事件或政治时间，主要是历史上突发的现象，如革命、战争、地震等等；所谓中时段，也叫局势或社会时间，是在一定时期内发生变化形成一定周期和结构的现象，如人口的消长、物价的升降、生产的增减；所谓长时段，也叫结构或自然时间，主要指历史上在几个世纪中长期不变和变化极慢的现象，如地理气候、生态环境、社会组织、思想传统等等。他认为短时段现象只构成了历史的表面层次，它转瞬即逝，对整个历史进程只起微小的作用。中时段现象对历史进程起着直接和重要的作用。只有长时段现象才构成历史的深层结构，构成整个历史发展的基础，对历史进程起着决定性和根本的作用。1957 年就任美国历史协会主席的威廉·兰格（William L. Langer）一直以来注重现代心理学和精神分析学在史学研究领域的应用，兰格的心理史学研究是对法国年鉴学派的进一步延伸。一向不注重理论建构的费正清在 1968 年就任美国历史协会主席时，在题为《七十年代的任务：研究美国与东亚的关系》的就职演说中，自称是兰格的众多学生之一，回顾了五十年代以来该派对美国史学研究方法的影响、展望了中国学以后的研究理路。[②] 费正清本人在五十年代中期以后开始从注重中文文献的清代专题研究逐步转向了以综合研究方法进行的更加宽泛的中国史的研究：向

① ［法］马克·布洛赫:《历史学家的技艺》,张和声、程郁译,上海:上海社会科学出版社,1992 年,第 39、78、105 页。

② 费正清:《七十年代的任务:研究美国与东亚的关系》,《费正清集》,第 395 页。

前推进到“革命的世纪”，向后回溯到“伟大的传统”，他试图把对中国现实的研究放到大历史的叙述中。这之后他出版的一系列教材和著作都是这种大历史叙述的体现：像《东亚：伟大的传统》（*East Asia*：*The Great Tradition*，Boston：Houghton Mifflin，1960. 与赖肖尔 Edwin O. Reischauer 合著）、《东亚：近代的变迁》（*East Asia*：*The Modern Transformation*，HUP，1965. 与赖肖尔、克雷格 Albert M. Craig 合著）、《中国近现代史入门》（*An Introduction to Modern Chinese History*，California University Press，1967. 与费维恺 Albert Feuerwerker、墨菲 Rhoads Murphey、芮玛丽 Mary Wright 等合编）。七十年代的《东亚：传统与变迁》（*East Asia*：*Tradition and Transformation*，HUP，1973. With E. O. Reischauer and A. Craig）、《中国：传统与变迁》（*China*：*Tradition and Transformation*，Boston：Houghton Mifflin Company，1978. With Reischauer）、《剑桥中国史（晚清卷）》（*The Cambridge History of China*，*Late Ch'ing*，London，New York：Cambridge Univesity Press，1978. 与崔瑞德 Denis Twitchett 合编）。1986 年出版的《伟大的中国革命 1800—1985》（*The Great Chinese Revo1ution*：*1800-1985*，New York：Harper and Row），1991 年 9 月 12 日在他去世前两天完成的最后一本著作《中国新史》（*China*：*A New History*，The Belknap Press of HUP，1992）等。

五十年代中期以后，随着麦卡锡主义阴影的消失，以及美国在朝鲜战场的失败、中华人民共和国国际地位的日益巩固，以及越南战争的开始，中国问题又成为美国人关注的焦点，费正清也重新回归了中国学。1955 年，费正清的两个有关中国问题的项目得到福特基金会的大力支持，他抓住机会随即与第二年创办了哈佛大学东亚研究中心（The Center for East Asian Research）①，并出任第一任主任。哈佛大学东亚研究中心在美国率先开始招收中国学方面的研究生，随着硕士、博士生名额的急剧增长，这里成为培

① 作者注：1977 年，费正清退休时，为了纪念他对中国等东亚地区研究做出的贡献，“东亚研究中心”更名为“费正清东亚研究中心”（J. K. Fairbank Center for East Asian Research）。进入二十一世纪，随着中国的崛起，2007 年 4 月 18 日，中心再次更名为“费正清中国研究中心”（Fairbank Center for Chinese Studies）。（资料来源：费正清中心图书馆馆员 Nacy Hearst 女士）

养中国学人才的摇篮。1955 年培养了 14 名东亚区域研究的硕士研究生，1956 年有 26 名学生申请注册攻读历史和东亚语言两个专业联合举办的博士学位课程，1957 年达到 70 名。据统计，从 1955—1975 年的 20 年的时间里，得到哈佛大学东亚研究中心 1000 美元以上资助的学生或研究人员共达 200 名，另外还有 60 人虽然没有得到资助，但可以免费使用中心的设施。这些学生来自世界各地，形成了一个分布广泛的中国学国际性群体，其中来自中国的 50 人、日本 35 人、朝鲜 6 人、亚洲其他国家或地区 12 人、欧洲 12 人。其中有 60 名学生获得了博士学位。①

随着冷战的持续发展以及因之而来的国家利益的需要，在全美 20 多所大学纷纷开展起了有关近代、当代中国问题的研究，在哈佛大学、哥伦比亚大学、加州大学伯克利分校、华盛顿大学逐步形成了四大中国问题研究中心。有关汉学和中国学的吵闹声渐渐平息了，代之而起的是由于缺乏统一领导，各大学之间在机构设置、政治分歧上出现的紧张关系。1958 年，福特基金会决定再度对中国问题研究投入资金，条件是必须建立一个统一、稳定的领导机构。费正清利用这一有利的机会，决定召开一次研讨会消除分歧，为该机构的建立铺平道路。在会议筹备期间，四大中心就利益和名额分配再次爆发激烈争吵，华盛顿大学代表对讨论会过于倾斜哈佛和哥伦比亚大学的利益表达了强烈的不满，里面还掺杂着“丢失中国”的后遗症造成的个人、各派之间的政治敌意。费正清向参加筹备会的代表阐述了形成统一战线的重要性，分析了当前四分五裂的局面带来的基金会再次撤资的可能性，为此他对支持国民党的右翼人士做了让步。1959 年 6 月 19—20 日，研讨会在纽约多布斯费里的古尔德厅（Gould House Conference, Dobbs Ferry）召开，在由亚洲问题研究会主持成立现代中国问题研究委员会的问题上，与会者产生了激烈争论，赞同者认为亚洲问题研究会具有灵活性、独立性，对当代中国问题具有良好的敏感性，反对者认为亚洲问题研究会不过是一个小组织，无法与一些非亚洲问题研究的组织取得充分联系、展

① 费正清:《费正清自传》,第 443—446 页。

开有效合作，最好由具有国际声望的美国学术团体理事会和社会科学研究理事会出面领导这个委员会。为了尽快达成一致意见，费正清没有偏袒自己任主席的亚洲问题研究会，会后他积极展开游说，希望两个理事会共同出面主持该委员会的成立，并支持与他貌合神离的支持国民党的华盛顿大学的戴德华教授出任主席一职。费正清的建议和努力最终得到广泛的支持和帮助，1960 年 7 月，美国学术团体理事会和社会科学研究理事会联合发起成立了现代中国问题研究委员会。这一国家级委员会的成立基本上结束了美国中国学一盘散沙的局面，反映了不断发展的、日益受到关注的中国学所取得的与传统汉学的平等地位，反映了在学术服务国家利益方面、共同争取基金会和政府资助方面，大家取得的一致意见，当然也反映了为此付出不懈努力的费正清所具备的政治家一样的远见卓识和开阔胸襟。从此，美国的中国学揭开了一个新的篇章。

当费正清近代中国研究的网络在美国铺开时，他的公理会祖先们遗传给他的传教士般的学术热情变得更加狂热。在他看来，学术应该像传教活动一样只有发展才能自我拯救并拯救世界，学术应该像垄断资本主义一样不断进行扩张；如果中国学仅囿于美国一隅，那只能造成学术的停滞乃至消亡。“我们缺乏来自美国以外亚洲各民族的视角。我们的努力是表面的，缺乏与亚洲的密切、持续的接触。尽管我们可以理解他们过去的传统，但是不能够关注那里当前的革命。我们的亚洲研究必须最终为正在艰难形成的新世界的多元文化作出贡献。”① 因此，他认为中国学的得救应该在于更好的组织、更广泛的合作，他决心将中国学的大网撒遍全世界。② 1960 和 1964 年他的两次环球旅行，反映了他在推动中国学世界网络方面的努力。由于中国大陆与美国隔绝造成的在原始资料收集方面的困难，费正清将这两次旅行的重点放在了台湾，“中研院”的近史所保存了大量从国民党“外

---

① John King Fairbank. “A Note of Ambiguity: Asian Studies in America”, *The Journal of Asian Studies*, Vol. 19, No. 1 (Nov., 1959), pp. 3-9.

② 费正清:《费正清对华回忆录》,第 462 页。

交部”转来的清末总理衙门、外务部和民初外交部档案以及有关中共的材料。在费正清和韦慕庭的帮助、斡旋下，福特基金会为近代史所的两个五年计划（1962—1971）提供了总额高达42万美元的资助金，用于档案编辑和研究、购买图书和设备、派遣人员赴海外进修培训等。到第二个五年计划结束时，共出版专刊30种，共有19人得到一年或两年海外培训的机会，图书从建所初期的2万册增加到10万册，研究人员的待遇也相应得到改善。1972年加州大学刘广京在韦慕庭的邀请下对该项目做了肯定性的评价，他指出这些专刊显现了作者们的深思熟虑，反映了比过去更多的想象力和对现代方法和观念的运用。①

1966年，费正清与普林斯顿的崔瑞德开始了《剑桥中国史》的编撰工作，他们邀请了来自12个国家的100多位学者为这部旷世巨著撰稿，1978年起该套丛书开始陆续问世。费正清为建设中国学世界网络的努力终于开花结果了。

第3节 费正清中国学的主要特征

费正清与中国的遭遇是在1929年，起源于那个叫作《筹办夷务始末》的文本，这个文本的推荐者韦伯斯特教授，是受聘到哈佛大学来自英国威尔士大学阿伯瑞思特维斯学院研究外交史的教授，但在中国外交史方面并没有研究，但他对即将开放的中国清代官修档案汇编《筹办夷务始末》在研究中外关系史方面的史料价值却是十分看重的。他极力推荐这位对中国还一无所知的青年人利用这份鲜为人知的史料来研究中国近代史。然而，在二十世纪二十年代的西方，中国近代史作为一门学问还没有形成，占主流地位的仍是专业汉学。美国著名汉学家薛爱华（Edward Hetzel Schafer，1913—1991）将汉学范围压缩得非常狭窄，说成是对古代汉语文本的语言

① 张朋园：《郭廷以 费正清 韦慕庭——台湾与美国学术交流个案初探》（“中央”研究院近代史研究所专刊 第80辑），台北：“中央”研究院近代史研究所出版，1997年，第7—19页。

学研究。[1] 虽然说薛爱华的定义过于局限，但汉学对语言的重视以及对研究者语言的要求是相当高的。的确，面对中国浩如烟海、艰涩难读的文献、典籍，没有相当的古汉语功底以及皓首穷经的钻研精神，恐怕无人敢涉足这一领域。汉学对完全不懂汉语的他而言是一项极具挑战性的事业；更主要的是，他早年在威斯康星大学、哈佛大学接受的训练主要是欧洲语言、历史学、经济学、政治学等社会科学领域的。因此费正清有意选择了汉学力量薄弱的牛津大学留学，而避开了巴黎、莱顿等欧洲汉学中心。到达英国后，马士特别提醒他不要在欧洲传统汉学上浪费太多时间，应着力事件和趋势的历史研究。[2] 所以，费正清的中国研究一开始就走了一条与专业汉学不一样的道路，从三十年代在中国海关的调查，到四十年代作为政府官员对现实政治的亲身实践，到五十年代机构的创立及人才的培养，到六十年代中国学世界网络的形成，费正清开创了一个有别于传统汉学的、别具特色的美国中国学，形成了自欧洲传统汉学以来的中国研究范式的第一次转移。

一、注重中国近代史的实证研究

美国与中国的真正交往应在十九世纪中晚期以后，所以研究中美关系的历史学家必须以中国近代史作为研究的基点。按照韦伯斯特的推荐，中国近代史专家马士的《中华帝国对外关系史》成为费正清研究中国的入门教材，在与马士的交流中，后者向他讲述了许多关于中国海关的事情，从而促使他最终选择了从中国海关档案入手进行晚清中外关系史的研究，而没有像一般专业汉学家那样进行中国古代史的研究。在清华大学，蒋廷黻注重治史而不是治史书的历史研究方法也对费正清的治学产生了深刻影响。因此，费正清与专业汉学家不同，他不是在发掘文本中的中国，而是从汉学入道，利用语言而不为语言所左右，注重在文本的分析中展开与现实世

① Edward Hetzel Schafer. *What and How is Sinology?* Inaugural Lecture for the Department of Oriental Languages and Literatures, University of Colorado, Boulder, October 14, 1982.

② ［美］钱金宝：《中国史大师费正清》，《世界汉学》1998 年第 1 期。

界的联系。后来成为中国学家的他曾这样批评了专业汉学："欧洲汉学家普遍拘泥于一种成见，他们认为一位研究中国问题的西方学者，必须要求能够娴熟地阅读中国经典原著，必须全靠自己大量利用中文工具书和文献资料。这一来显然看不到在中国沿海地区的传教士和领事们所作的汉学研究的价值。这些人在遇上困难时总可以在屋后找到可靠的老师提供指导，就像我们曾经做过的一样"。[①] 这些传教士、领事等在华的实践和实证研究给他留下了深刻印象，因此他注重文本的实证调查，而不是纯文本的考据研究。他对中国口岸的调查、对海关资料的挖掘、分析，在于探讨自近代以来的中外关系、中国的官僚制度。实证主义的研究方法使他能够挖掘第一手的史料，纠正西方人依据自己的史料形成的对中国的各种偏狭，从而在中国研究领域展开一个新的视野。

从某种程度上来看，他最初更是一位经过汉学方式培养起来的历史学家。虽然当时牛津大学汉学水平一般，但费正清在此接受的教育仍然是汉学式的，他注重对中文文献的利用。当时，西方多数历史学家对中国的研究基本上采用西方自己的文献材料，对中国的文献材料不屑一顾，像马士的《中华帝国对外关系史》，作为当时一本权威性的中国近代外交史著作，但利用的几乎全部是外文文献，因而在观点上有失偏颇。而真正懂汉语的汉学家又不屑于中国近代史的研究。他的学士学位论文是他中国近代史研究的起航，在这篇全部利用西文材料写就的论文里面，他看到的是经过西方思想过滤的英国商人和官员的单方面叙述以及由此形成的在中英关系中英国人的话语霸权，而中国作为一个同样有着自己价值、观念和信仰的文化实体在这个事件中却是一个失语者，费正清认识到了西文材料的局限性。1933 年 7 月他的第一篇学术论文《1858 年条约前鸦片贸易的合法化》的重大突破，在于中文原始材料在他中国近代史研究中的首次应用，其中有 20

① 费正清:《费正清自传》,第 118 页。

处直接引用了中文文献,[1] 从而某种程度上避免了对鸦片贸易合法化这一事件的单向叙述。在博士论文中，除继续留用原来学士论文中的西文文献外，他还增加了上海海关档案、上海《北华捷报》（*North China Herald*）卷宗、英国驻华南领事馆档案、北平故宫博物馆档案、《筹办夷务始末》已公开的材料、怡和洋行档案等。[2] 可以说，到这时他对中西文材料的应用已经驾轻就熟，开始逃离专业汉学，真正走向中国近代史的研究。

二、中国学的功利主义色彩

在欧洲，在游记汉学阶段，中国是被作为一种隐性的客体来认识的，游客、冒险家们对中国的描述完全是一种不自觉的、对异质文化好奇的行为。到了传教士和专业汉学阶段，中国成为一个显性的研究客体。传教士们把中国作为一个文化客体主动加以认识，同时，强烈的为基督教宣教布道的自觉意识，又使他们依然把中国看作是一个可以教化的客体。早期欧洲传教士们虽然不乏对中国及中国文化的一些真知灼见，但其著作对中国的描绘多是可以玩味、珍藏的异国情调，可以驰骋浪漫情怀的东方形象。十八世纪法国启蒙思想家伏尔泰、狄德罗等，在传教士们对中国文化的渲染下，他们在意识形态领域把中国作为一个显性客体来对待，他们对中国理想国一样的赞美，对中国这种异质文化的西方式塑造，完全是出于资产阶级启蒙主义的需要，但同时隐含着中国是作为一个优于他们本体文化的异质客体存在的。在相当大的程度上传教士汉学是西方“改造驯化”异域文化、认同自身文化的话语策略或权利工具。专业汉学作为一种发生在西方学术传统中的学术类型，也有着隐性的意识形态因素，其理论的构架、文献背后的解读方法都是西方的，但是专业汉学家更多的是把中国作为一个知识客体进行研究，他们注重古代和文献学（或语文学）方法，以中国

---

① John King Fairbank. “The Legalization of the Opium Trade before the Treaties of 1858”, *The Chinese Social and Political Science Review*, 17(1933-1934), pp. 215-263.

② John King Fairbank. “The Origin of the Chinese Maritime Customs Service, 1850-58 ”, p. vii.

为文本研究中国的文化事象，探索凝固在文本中的生活世界，因而专业汉学更多的是一种知识型的学问。专业汉学涉及的艰涩、枯奥的古汉语、古代典籍的学习，常常令一般业者望而却步，只有那些有着强烈的人文科学精神诉求、不为稻粱谋的人才敢问津，专业汉学家注重的是对纯知识的追求或者对异质文化的把玩与欣赏，一般不注重与现实的联系，因而专业汉学一度成为一种巴洛克式的贵族学问。

在注重实用主义的美国，对中国问题的研究与欧洲人文主义的汉学有着很大不同。新英格兰地区的早期移民多是新教教徒及其后裔，他们把上帝作为世界的拯救者，作为上帝的“子民”，他们把聆听上帝旨义对“蛮荒”之地的异教徒进行教化作为上帝赋予他们的“使命”。十九世纪早期开始，随着美国扩张主义的抬头，美国人的“使命”意识中又掺杂了种族优越论、海上实力论、社会达尔文主义等思想，并逐渐形成了世界救世主的思想意识。加之在西部拓荒运动中形成的实用主义哲学，美国传教士与欧洲传教士有着很大不同，除了一般意义上的宣教布道的神职任务以外，他们还具有强烈的美国国家利益意识，宣扬美国的普适价值观，为美国扩张主义摇旗呐喊。

出身宗教家庭的费正清虽未皈依教门，但对国家利益却有着宗教般的信仰，有着以学术服务于国家的强烈信念，他“意识到哈佛大学和美国都需要了解中国——这显然，是一种信仰的行动”①。1936 年，费正清带着对中国生活方式的体验、对中国现实的了解回到了美国，却发现美国对中国的了解和研究没有多大进展。“研究当前局势的人不懂汉语，懂汉语的人却一味研究古代史。我们普遍缺乏抓住当前中国人在想什么的能力，除非中国人自己用英语告诉我们。我们普遍对社会科学的概念无知（除非政治科学也包含在此范畴之内）。”②而此时处在二战边缘的美国，继续奉行的孤立主义政策及其对日本军国主义的纵容，这让费正清对美国现实政治以及美

① 费正清:《费正清对华回忆录》,第 16 页。
② 费正清:《费正清自传》,第 165 页。

国人普遍的对亚洲的无知充满了忧虑，“这个国家（美国）面临着在亚洲摊牌的局面，处于完全无知之中的美国人必须系统地提出一个针对中国和日本的积极的外交政策。民主政治需要建立在人民理解基础上的外交政策，我们在亚洲政策方面的无知和惨败可能是我们民主政治的终结”[①]。因此，他认为，学术研究应服务于国家需要，为外交政策探明方向，并教育民众以影响外交政策。“在世界危机中的这种对美国政策的关切对于我来说证明了，对于人类生存而言，历史知识至关重要，这是一个给予我本人以高度自我认可估价的简明信条。历史在我，如同福音在我的公理会传教士的祖父，既是自我谋生之道，也是拯救世界之道。”[②] 特别是在四十年代他作为美国战略情报局官员及驻华大使特别助理两次来华，在实地考察中，他深为美国从自己思维出发、一厢情愿地制定对华政策感到不安，1948 年出版的《美国与中国》旨在教育美国公众。二战后，随着冷战的开始，国家安全成为美国首要维护的国家利益，美国人的救世主意识表现为承担世界义务、维护美国在世界各地的安全。费正清的区域研究此时几乎成了美国冷战政策的代名词，他从历史角度分析了中国革命的根源：中国不像东欧国家是莫斯科的傀儡，中国革命完全是一种自觉的行为。他认为，美国应尊重中国人民的选择，不应该一味支持江河日下的国民党政府。麦卡锡主义时期，他把对民众的中国文化教育作为反击麦卡锡主义分子的策略。六十至七十年代，美国在越南战争中决策的屡屡失误，促使他更加重视中国学实用主义功能，1968 年他出任第 83 届美国历史学会会长，在就职演说中，他毫不讳言“历史是经世治国术的女侍”，他主张研究应当具有实际效用，学者的责任不仅在于增加知识，还在于教育公众、影响政策。他批评美国政府不加历史思考的单纯的军事干预是美国在越南战争中应吸取的客观教训，主张美国的历史学家应该研究同属儒家文化圈的越南和中国的关系，

① John King Fairbank. “Far Eastern Crisis and American Education”, *Notes on Far Eastern Studies in America*, IX (June, 1941), pp. 30-31.

② 费正清:《费正清自传》,第 208 页。

研究越南悠久的反抗外敌入侵的爱国主义历史，向那些只从“失去中国”的冷战思维出发的国会议员和政府官员进言献策。[①] 因而在这个时期，他的中国学成为一种具有官方性质的对策性研究，帮助美国官方形成了对亚洲现实世界的看法。

其次，作为一种官方史学，中国学的各类研究项目自然受到政府、基金会的大力资助。在费正清设计的大多数项目中，政府都直接规定了研究的重点，甚至为了得到资助，在项目设计之初就已经和政府达成了某种妥协，从而形成了“政府规定进行政策研究—学者提供专门知识—大学负责管理”的三位一体的利益共同体，因而这种受到资助的学术研究具有明显的资助人——官方和特殊利益集团的色彩。

另外，中产阶级的出身背景使他有一种向上攀附的心理，在他的传记中，我们可以清晰地看到，他对与中美两国官方人物接触的津津乐道、炫耀式的描述。他的史料也主要来自官方。因而，他的中国学的思想在很大程度上是官方主流意识形态的体现。

从功利主义角度来看，费正清的中国学有回到美国传教士汉学的倾向，只不过比后者少了些许宗教色彩，披上了一件美国国家利益的现代外衣而已，其功利主义意识形态的色彩更加浓重。福柯认为，权力制造知识，不仅仅是因为知识有用并服务于权力，权力才鼓励知识，而是权力和知识本身是连带的，不存在没有权力关系的知识领域，同时任何权力关系的预设和建构也无法缺少知识。认识主体、认识对象和认识模态被视为权力-知识的这些连带关系及其历史变化的众多效应。权力-知识及贯穿其中的发展变化和矛盾斗争，决定了知识的形式及其他可能的领域。[②] 这样一来，知识的客观性和真实性被解构了，真理总伴随着扭曲，话语无法传递本质，知识掺杂了想象和虚构；甚至构成了主体借以征服客体的工具，从而形成一种

---

① 费正清:《七十年代的任务:研究美国与东亚的关系》,《费正清集》,第411—412,405页。

② [法]米歇尔·福柯:《规训与惩罚》,刘北成、杨远婴译,北京:三联书店,1999年,第29—30页。

知识霸权。因此，相对为学术而学术的专业汉学而言，其学术的客观性大打折扣。

三、集团化协作

尽管早在1925年，美国即发起成立了“太平洋学会”这样的学术组织，并开始展开对中国的政策性研究，但在相当大的程度上受到了来华传教士的影响，没有形成一个独立的学科体系。由于中国在美国对外政策中居于次要地位，美国对华现实政策的研究没有引起政府及民间的关注。此外，相比汉学而言，还存在资金不足、人才短缺的困难，总的来看并没有形成集团化协作的局面。随着太平洋战争的爆发，美国处于地缘政治的思考，开始把对华政策研究提到议事日程上来，民间资金也开始向对华政策的现实研究倾斜。但是，基于现实考虑的中国学在麦卡锡主义时期遭到压制，因而造成了脱离现实的美国政府对华政策在朝鲜和越南战争中的失败。直到六十至七十年代，美国才逐步回到现实中来，加强了对华政策研究，各种有关中国学的学术组织、人才培养机构纷纷成立，各种教材、学术专著、文章大批出版、发表，各种研究项目得到了基金会的大力支持，中国学作为一门学科开始形成。其间，费正清作为一名“学术企业家”所发挥的组织协调作用功不可没。

集团化协作是美国中国学区别于欧洲汉学的重要标志，其整齐划一的组织管理在争取项目、出版教材、培养人才、影响政策方面具有传统汉学所不具备的优势。但是，集团化协作往往不重视个人的独创性，个体中国学家的修养及学识水平相比传统汉学家，要逊色许多。中国学尽管量的扩张有余，但质的提高不足，中国学家的队伍也是良莠不齐，费正清本人也坦承，在《清代名人传略》的编撰中，“正如事实所证明的，我们50名左右外来者以及由洛克菲勒基金会资助的受训特别研究生所作的贡献远远不及恒慕义博士两位有资格的编辑助手房兆楹和杜联芝夫妇”①。

① 费正清:《费正清对华回忆录》,第114页。

四、作为社会科学的综合性研究

实际上，把中国文明作为一种社会科学进行综合性考察、研究的传统，在美国由来已久，例如裨治文的《中国丛报》和卫三畏的《中国总论》，都对中国文明的各个方面进行过详细的描述，但还谈不上研究。真正把社会科学作为一种研究方法，展开对中国问题的综合性研究，始于二战以后区域研究与社会科学联姻产生的中国学。

二战期间，美国战略情报局为了从大量芜杂的信息中获取有价值的战略情报，聘请了大批各个学科领域的专家，研究分析处打破了不同学科背景人员因研究方法的不同而相互隔绝的状态，采取学科交叉结合的方法进行战略情报的甄别分析。二战后，随着冷战的加剧，以及在朝鲜战争、越南战争的失败，美国政府出于对“敌情”研究的需要，加强了社会科学研究，通过设立社会科学研究机构、增加对社会科学的资金投入，不断推动社会科学迈向新的领域。与此同时，由于新技术革命、思维方式的发展，各种后现代主义思潮、各种交叉学科、横断学科、边缘学科如雨后春笋般此伏彼起，打破了原有的人文社会学科的壁垒，重新进行了学科与知识结构的整合。

虽然费正清强调社会科学的研究方法，但他不是一位有理论兴趣的中国学家。他注重实证，不愿构筑庞大的理论体系。实际上，历史理论家不一定能写出优秀的史学作品，而真正有成就历史学家不一定都有自己的理论。较少的理论束缚赋予费正清更加自由的想象空间，使他能够打破各学科间的藩篱，运用各种社会科学的知识进行综合性的研究。

费正清回到哈佛后，在中国研究领域积极倡导各种社会科学的综合研究方法，以期更加全面、深入地了解中国社会现实的各个层面。在他开办的两年制的区域研究硕士课程班上，他向学生强调中国历史研究应着眼于这个国家的现状及未来，不要只顾短期战争的目的，而应放眼外交、贸易及思想交往的长远利益。他还聘请了政治学家卡尔·弗里德里克、社会学家塔尔科特·帕森斯、经济学家爱德华·梅森举办讲座，给学生以不同的方法论的指导。这些不同学科背景学者的到来，为费正清《美国与中国》最初版本的诞生提供了思想环境。有关中国学的研究方法，他曾明确指出："史学、社会科学、包括中国学在内的区域研究都被看作是思想方式，现在看来都已交汇渗透在一起了。它们再也不是在互不相关的理性渠道之中，而且人们也不能在研究一门学科时，不涉及其他学科。"① 费正清倡导的跨学科的综合性研究方法在四五十年代的中国学界并没有产生广泛的影响，正如林德贝克（John M. H. Lindbeck）所说："社会学、经济学、人类学、地理学及其他相关学科对于采用何种方法将中国研究引入进去的挑战并没有积极回应。"② 直到六十年代末，随着越来越多的社会科学家加入中国学的行列，社会科学理论在中国学中的应用渐成趋势。

施坚雅（George William Skinner，1925—2008）是以人类学家身份进入中国学领域的，他主编的《中华帝国晚期的城市》突破了人类学的局限，综合运用历史学、社会学、地理学、政治学、人类学等学科理论方法，成为研究近代中国城市的典范之作；他对泰国华人的研究，同样运用了跨学科的理论和方法，对华人的阶层群体和语言群体进行了深入的调查和剖析。著名华人历史学家何炳棣甚至采用了数学中定量分析的方法，对中国人口、明清社会史进行了分析，其研究结论具有很强的说服力。孔飞力在他的著作《晚近中华帝国的起义及其敌人：军事化和社会结构，1796—1864》（*Rebellion and its Enemies in Late China*：*Militarization and Social Structure*，*1796-1864*，Harvard University Press，1970）通过对人口大幅增加、通货膨胀指数升高、商品经济发展等综合因素的分析，探讨了中国社会本身发展变化的动因。政治学家黎安友（Andrew Nathan，1943— ）、白鲁恂（Lucien Pye，1921—2008）、裴宜理（Elizabeth Perry，1948— ）利用政治学、社会学的理论方法研究近代中国的政治、军阀、农民暴动等，分别著有《北京

① 费正清：《七十年代的任务：研究美国与东亚的关系》，《费正清集》，第 402 页。

② John M. H. Lindbeck. *Understanding China*：*An Assessment of American Scholarly Resources*，NY：Praeger，1971，p. 90.

政争 1919—1923》《军阀政治："中华民国"现代化过程中的冲突和联合》《华北暴动和革命，1845—1945》。而把中国文明作为一种社会科学的研究，分工更加细致，如史华兹（Benjamin I. Schwartz）的中国共产主义的研究、施拉姆（Stuart R. Schram，1924— ）的毛泽东思想研究、舒衡哲（Vera Schwarcz，1947— ）的张申府研究等。此外，社会科学的跨学科研究还表现在现代中国学与传统汉学的结合上面，如安乐哲（Roger T. Ames）和郝大卫（David Hall）等从中西比较哲学层面进行的对中国四书五经的全新诠释；波士顿大学神学院前任院长南乐山（Robert C. Neville，1939— ）和他的同事白诗朗（John H. Berthrong，1946— ）与哈佛大学杜维明等共同组成的学术沙龙，以儒家传统普适性的信念为出发点，探求儒学资源可供西方社会运用的问题；史景迁（Jonathan D. Spence，1936— ）《胡若望的疑问》是一部讲述中国耶稣会士胡若望在法国经历的历史著作，其中不乏对主人公心理的细致描述，尽管其史学与文学相结合的后现代主义写作手法受到史学界的批评，但他认为自己是在遵循《史记》之魂，更符合中国传统的史学书写方式。

第4章　费正清的中国传统文化观

费正清中国学的一个突出特点是他的文化视角，他善于把中国现实问题置于中国文化的大背景之中展开分析研究。他所指的“文化”通常是一种广义上的文化形态或文化实体概念，即“经济、政治、社会结构、价值观念和社会其他方面的相互作用的总框架”①。他的生活和教育背景以及由此而建立起的西方知识结构，使他的中国传统文化观念带有明显的西方中心主义偏狭，并形成了他的有关中国近代社会发展的“西方冲击-中国反应”模式。在这种模式下，为了证明近代西方冲击中国反应的作用，他有意突出了这一时期中国与西方大规模接触过程中有利于做出积极反应的因素和事件，而对中国与西方没有关联的一些方面进行了歪曲和丑化，中国自古以来形成的传统文化被视为这一模式的背景性或陪衬性的反向证据。因此，在他的笔下，我们往往看到的是一幅幅对中国传统文化勾画得过于阴郁和灰暗的图景，以及对中国传统文化惰性的一面过于夸张性的描述。

第 1 节　美国传教士对费正清中国文化观的影响

在十七至十八世纪，中国文化曾对欧洲产生过重要影响。中国儒家学说中以“天”为代表的自然法则、以“仁”为代表的伦理思想、以“有教无类”为代表的教育理念，成为法国启蒙思想家倡导的理性主义的源泉，成为他们用来同教会作斗争、反抗西方中世纪神权思想的武器；康熙年间中国繁荣安定的社会景象成为他们追求、效仿的偶像。伏尔泰赞美儒家学说是人类的幸福和和平的再现，是最好、最贴合人类理性的哲学，中国是全世界最美丽、最古老、最广阔、人口最多、治理最好的国家。他还盛赞中国的科举制度，认为通过考试获取官职是中国制度的一大优点。他认为欧洲人在中国博大精深的文化面前应感到自惭形秽，主张应积极学习中国文化。在法国重农学派的代表人物弗朗西斯·魁奈看来，中国是一个有着

① 费正清:《导言:中国历史中的沿海和大陆》,费正清编:《剑桥中华民国史》(上卷),杨品泉等译,谢亮生校,北京:中国社会科学出版社,1994 年,“注释”,第 22 页。

悠久历史的文明古国，中国与欧洲不同，尤其重视农业发展，这得益于建立在自然法则之上的社会制度。他把孔子看作是各种法律、道德和宗教的伟大的改革家。无论是伏尔泰，还是魁奈，他们都是把中国文化作为参照系来抨击欧洲文化的种种弊端，用以服务于正在崛起的理性资本主义，因此他们对中国文化的溢美是不言而喻的。

然而当美国传教士到来时，中国已是晚清时期，国力日趋衰微的大清帝国开始摇摇欲坠，在他们眼中，中国已经变成一个落后、停滞，亟待教化的野蛮地区。卫三畏在他的《中国总论》（*The Middle Kingdom*）中在传教的主题下对中国进行了东方主义式的描述：

> 中国社会就像一潭死水，污浊不堪，臭气熏天，污气产生的怪物搅动了死水微澜。内部汹涌的浪潮使它变得更加肮脏，污物淤泥四处泛滥。只有让上帝之城明媚的涓涓河溪穿越这个腐败的池沼才能带来永久改善的希望，——只有福音之泉才能带来平和、美好、纯净、自由的清澈之水。
>
> 如前简述，官吏们贿赂成风，与罪犯沆瀣一气，谄媚上级，欺凌百姓；社会各方颇显让人生厌的特点：世族仇杀，盗匪横行，衙役助纣为虐，真理被弃，自私为道，一切变得无法无天，不可遏制。[①]

其他如卢公明的《中国人的社会生活》、麦都思的《中国：现状与前景》、明恩溥的《中国的特色》等美国传教士研究中国的作品，都从不同侧面对中国社会、文化、中国人的心理特征等做过描述，但都已看不到欧洲启蒙思想家对中国文化的赞美，有的尽是像卫三畏这样的贬斥与轻蔑。正如费正清引述 Charles Hayford 评述明恩溥的《中国的特色》那样："早期传教士的主要传教目标使他们对中国产生了一成不变的看法；明恩溥来华的时间

---

① S. Wells Williams. *The Middle Kingdom*, New York & London: Wiley and Putnam, 1848, pp. 400-401.

较晚，并且来自具有新的自我意识的美国，他曾考虑把社会进步和近代化作为传教的目标。他的书从这个角度描述了中国，发现中国在许多方面都很匮乏。”他认为，比起西方宗教对中国的影响，这些“传教先驱在知识方面对西方的影响”① 更大，因此他呼吁知识界应该加强对传教士著作的研究，以帮助了解中国。

美国传教士把上帝作为自己的信仰，把布道作为自己的行动，费正清尽管没有皈依教门，但他的新教家世让他把学术作为自己的信仰，以学术服务国家作为自己的行动，他的中国学在这个意义上是美国传教士汉学的延伸。最初他对中国的了解仅限于这些传教士的著作和其他道听途说的传闻，在他批判英国炮舰政策的时候，对随着炮舰而来的传教士却赞扬有加：

> 现在，传教士历史被认为是中国社会历史的主要焦点，我们所指的是与中国普通大众联系最紧密的西方传教士；因此，传教士的亲历记可以告诉我们一些有关中国大众生活的情况。
>
> 美国传教士总是以新的方式来满足中国的诸多需求。像传教士早期支持中国反对日本民族主义情绪一样，反缠足运动和从完全由男权支配下解放中国妇女的妇女解放运动，都是传教士态度的具体体现。在美国的边疆，当美国文明的先驱者陷于困境的时候，他们总是力图找到解决的办法，这种精神对被传统深深束缚着的中国来说，是一种可贵的贡献。②

带着这种有色眼镜第一次来华的费正清，在他眼中拼凑了一幅几与卫三畏如出一辙的有关中国文化的东方主义图景：坟丘、人力车夫、粪车、妇女缠脚等等。因此，他一度认为，落后的中国只有信仰耶稣才能得救，认为传教士的在华兴办学校和医院，慈善和赈灾事业，推动翻译西方文学，

---

① 参见费正清：《新教传教士著作在中国文化史上的地位》，《费正清集》，第 252—253 页。
② 费正清：《观察中国》，傅光明译，北京：世界知识出版社，2001 年，第 32 页。

提倡妇女教育对中国的旧制度具有很强的破坏作用，对中国人民是有帮助的。难怪他来华后，对在华的传教士表现出异乎寻常的好感，并在传教士的帮助下调查了中国海关，取得了大量有关近代中国的史料，他甚至把他们对中国文物的掠夺也看成是对中国文物的保护。到晚年，他也不赞同把西方传教活动看成是文化帝国主义的说法，相反认为传教士带来的自由主义思想促进了中国的革命进程。费正清这种先入为主的观念影响了他日后对中国文化的看法。

第 2 节　费正清的西方知识结构体系

中国作为一种古老的文明在欧洲启蒙主义时期曾经是许多人心目中的理想国，但近代以来，随着欧洲资本主义的飞速发展，欧洲人在世界各地扩张、殖民，形成了以欧洲人为主导的现代世界体系，中华文明在他们眼中成了停滞落后的“他者”。十九世纪，历史学在欧洲被确定为一种求真的知识，以自然科学为蓝本，被建构为一门科学。在其成长为一门独立学科的过程中，被深深地烙上了欧洲的印记，以欧洲为中心的社会达尔文主义以及由此而衍生的各种现代化理论成为西方近代知识体系的重要组成部分，对西方近代知识分子知识结构的构建产生了重要影响。沃勒斯坦将这种以欧洲为中心的社会达尔文主义在社会科学中的表现总结为以下四个方面：(1) 以欧洲为标准的历史研究方法；(2) 普遍主义的偏狭性；(3) 基于东方学的欧洲文明的假定；(4) 进步论的企图。① 其中，以欧洲为标准的历史研究方法制造了诸多基于欧洲特定经验所产生的历史学核心概念，如“工业革命”“现代性”“资本主义”“个人自由”等，用以阐释欧洲对现代世界的支配以及世界历史的发展进程。普遍主义认为欧洲的标准乃是放之四海而皆准的科学真理，具体表现为牛顿-笛卡尔式的线性平衡态决定论，以

① 参见[美]伊曼纽尔·沃勒斯坦:《所知世界的终结——21 世纪的社会科学》,冯炳昆译,北京:社会科学文献出版社,2002 年,第 184 页。

及孔德、斯宾塞、马克思的阶段论。欧洲文明是以“他者”的非欧洲文明作为视角进行假定的：非欧洲文明是原始的、野蛮的，而欧洲则是文明的、开化的。进步论的企图表现为现代与非现代、农业社会与工业社会、落后与进步等一系列的二元对立。进步论认为进步是真实的、不可避免的，是对世界历史发展的根本性的解释。这样，在以欧洲为中心的世界史研究范式的形成和发展过程中，非西方世界的历史叙事被同质化，并被纳入西方历史叙事的一般模式中。①

实际上，早在十八世纪，英国经济学家亚当·斯密就从经济学角度分析了传统中国社会停滞不前的原因，认为中国历代重农抑商的经济政策使之无法向其他产业转移，无法自发地实现产业升级从而带动社会转型。②

在西方哲学史上，黑格尔代表了欧洲理性主义的巅峰，引领了西方从哲学时代到科学时代的转变。黑格尔是典型的“西方中心论”者，尽管他对中国文化有很多的涉猎，但对中国文化的评价很低。他认为人类文化像人的生长发育一样依次有幼年（中国文化）、少年（中亚文化）、青年（希腊文化）、壮年（罗马文化）和老年（日耳曼文化）五种形态。“自然界的‘老年时代’是衰弱不振的，但是精神的‘老年时代’却是完满的成熟和力量”，所以他认为日耳曼文化是全世界最高级的文化，而中国文化处于最低层次。他形容中国文化发展的停滞，说中国“可以称为仅仅属于空间的国家——成为非历史的历史”，“那个新生的东西，凭借勇敢、力量、宽大，取得了先前的专制威仪所占的地位，随后却又走上了衰退的老圈子。这里所谓的衰退，并不是真正的衰退，因为在这一切不息的变化中，还没有任何的进展”。黑格尔进一步认为，一个健康发展的社会在于两种基本力量的对峙：主观自由（“道德”等内在的东西）和客观存在（“法则”等外在的东西）。然而中国由于“道德的实体性”原则（即道德的僵化与强制，主

---

① 任东波：《“欧洲中心论”与世界史研究——兼论世界史研究的“中国学派”问题》，《史学理论研究》2006 年第 1 期。

② ［英］亚当·斯密：《国民财富的性质和原因的研究》下卷，郭大力、王亚南译，北京：商务印书馆，1983 年，第 246 页。

观、内在自由的被压抑）将内在的、主观的东西完全驱逐出来，只剩下一种力量——外在的法则——在发挥作用：这就是代表法律的皇帝的道德意志。黑格尔在他的《历史哲学》第一部第一编从家庭关系、行政管理、法制、宗教、科学等五个方面来论述中国皇权专制的特征，认为这个民族的显著特色就是，“凡属于‘精神’的一切——在实际上和理论上，绝对没有束缚的伦常、道德、情绪、内在的‘宗教’、‘科学’和真正的‘艺术’——一概都离他们很远”。因此皇帝和臣民之间、臣民与臣民之间的关系也只能用外在的手段加以改变，其极端表现就是皇权的更迭。但在主体自由没有觉醒的状态里，外在的转变也只能是同一层面的循环而已。皇权代代更迭，但本质没有任何改变。黑格尔是否在暗示：只有西方才能打破中国朝代更迭的恶性循环，使之进入一个新阶段呢？①

马克斯·韦伯是德国伟大的社会学家，其名声的确立却在英语世界，这主要得益于美国现代社会学奠基人帕森斯的英译。帕森斯早年留学于德国海德堡大学，精心研读过韦伯著作，1927 年他以桑巴特（Werner Sombart，1863—1941）和韦伯论述中的资本主义问题为题通过论文答辩，获得博士学位。回国后帕森斯即将《新教伦理与资本主义精神》译为英文并于 1930 年出版，1937 年他又在其成名作《社会行动的结构》（*The Structure of Social Action*）中，系统阐述了韦伯在广泛领域里对社会学理论做出的贡献，从此韦伯的这部重要论著及其思想开始在英语世界引起各方注意。而此时，在美国兴起的“区域研究”注重以社会学的方法展开对二战后摆脱殖民地、半殖民地地位的第三世界国家现代化进程的研究，韦伯对理性资本主义的关注及其独到的社会学研究方法贴合了美国“区域研究”的需要，由于帕森斯的大力推介，也由于第二次世界大战后的特殊形势，五十年代的美国出现了一股“韦伯热”。实际上，这种现代化理论带有明显的资本主义价值理念诉求，时值东西方冷战升级，欧洲还未完全从法西斯主义的劫后余生中恢复过来，美国战后随着其国际政治权力地位的上升，不容许社会主义

① ［德］黑格尔：《历史哲学》，王造时译，上海：上海世纪出版集团，2006 年，第 97、98、128 页。

制度理念对它的挑战，因而巩固资本主义制度理念自然由自视为自由世界最后堡垒的美国理论界来承担，现代化理论即是美国知识精英对这种处境的反应。帕森斯把韦伯的资本主义理性看作一种现代化的普适性观念，被认为是现代化理论的创始人。[①] 帕森斯在哈佛长期任教，是费正清的同事，费正清邀请他到区域问题研讨会举办有关社会学知识的讲座，正是通过帕氏费正清接受了韦伯的学说，他的中国传统文化观打上了明显的韦伯印记。[②]

《新教伦理与资本主义精神》是韦伯论述资本主义在欧洲发展、发达的重要著作。该书最早的德文版本在1904、1905年以论文形式分两次出版。在这部著作中，韦伯从发生学的意义上解释了资本主义在西欧产生的原因。与马克思经济基础决定上层建筑观点相反，韦伯主要考察了某些宗教观念或者说一种社会精神气质（ethos）对一种经济制度产生的影响。具体而言，他认为，西欧资本主义的产生是以表现在欧洲宗教改革后的基督新教伦理中的“资本主义精神”为支撑的，这种精神是西方理性主义发展的结果。那么，为什么资本主义没有在中国产生呢？他的另一本著作《儒教与道教》回答了这个问题。

马克斯·韦伯《新教伦理与资本主义精神》与《儒教与道教》两本著作实际上是对一个问题正反两个方面的回答：前者强调了促进资本主义精神发展的因素，而忽略了与之不和谐的因素；后者则强调了阻碍资本主义精神发展的因素，贬低了符合该精神的要素。在《儒教与道教》中，他以西欧资本主义产生的条件来对照中国，解释了中国不能产生资本主义的原因。他考察了中国社会物质-制度层面：货币制度、城市与行会、家产制国家、宗族组织、法律等，认为中国缺乏理性的货币制度、法律和训练有素的司法官吏；中国城市尽管发展较早但并没有产生标志资本主义兴起的新

① 刘小枫:《现代性社会理论绪论》,上海:上海三联书店,1998年,第28页。

② 作者注:费正清中国传统文化观(见下文第4章第4节)与帕森斯有着惊人的相似,可参阅帕森斯《社会会行动的结构》(张明德等译,南京:译林出版社,2003年)第15章有关中国的论述,第606—617页。

兴市民阶级；行会是在缺乏法律保障的情况下兴起的一种自我保护组织，宗族观念浓厚，无法形成资本主义精神需要的理性的非人格化的关系；家产制国家妨碍了有效的理性化的行政体系的建立；而宗族组织由于血缘关系、宗族观念的原因，甚至具有超越乃至抗拒法律的能力，也使得个人丧失了独立性和个体性，这与资本主义大生产所需要的现代理性劳动组织是相抵触的。他还集中考察了理性资本主义无法在中国出现的“心态”：儒教尽管也讲理性，但是一种入世的理性，主张理性地适应、接受此世，惧怕任何改革；清教的理性主义是理性地去支配这个世界，因而主张剧烈变革；道教认为宇宙中存在着自然与社会的永恒和谐的秩序——“天人合一”，无须加以改变。马克斯·韦伯通过对儒学及中国社会结构的分析，断言无论儒家思想还是道家思想都是不能推动社会进步的保守意识形态，中国现代化缺乏深层的文化动力。①

此外，魏特夫的“东方专制社会”理论也是影响费正清中国传统文化观的一个重要因素。麦卡锡主义时期，魏特夫曾对费正清落井下石，但费正清对他的理论并没有排斥。魏特夫受马克思和韦伯的“亚细亚社会”理论的影响，把传统中国看作是一个东方专制主义的官僚社会。② 这种社会主要处于干旱和半干旱地区，治水是保障农业生产顺利进行的必要措施，浩大的治水工程往往需要耗费大量人力、物力以及大规模的协作，反过来这种协作又需要纪律、服从和强有力的领导。要有效地管理这样的工程，就必须建立起一个全国性的组织网络，而控制这个庞大的组织网络的人只能是国家的最高统治者，这样就产生了君主、“东方专制主义”。实际上将古代东方社会的专制组织与以灌溉为基础的农业结合在一起的，并不始于魏特夫，亚当·斯密、约翰·斯图尔特·穆勒等早就有过论述，只不过魏特夫将他们的“农业管理社会”和“农业管理专制主义”换了一个说法，叫

① ［德］马克斯·韦伯：《儒教与道教》，洪天富译，南京：凤凰出版传媒集团，江苏人民出版社，2008年，第233—254页。

② ［美］卡尔·A. 魏特夫：《东方专制主义》，徐式谷、奚瑞森、邹如山等译，北京：中国社会科学出版社，1989年，第16页。

作"治水社会"和"东方专制主义"而已。费正清的中国传统文化的分析结构即采用了魏特夫"东方专制主义"的观点,"为了叙述方便起见,我们只需指出,传统的中国是怎样作为一个基本上与较近时代的欧美社会不同的'东方式社会'而同其他古代帝国归入一类的。K. A. 威特福格尔(即魏特夫)甚至把哥伦布以前美洲的印加人、阿兹台克人和玛雅人的帝国都包括在这一类里。根据他的分析,它们都有这样一些共同的特征:绝对的王权、以陆地为基础的经济、广泛使用的表意文字,以及主宰大规模经济活动的牢固的官僚政府,从而未曾确立私人企业的合法存在。但在所有这些帝国中,只有中华帝国继续生存到现代"。[①] 费正清依据魏特夫的理论指出,中国传统社会中"东方专制主义"是造成社会发展停滞不前的主要障碍。

依据"治水"经济理论,魏特夫还对世界历史进行了解剖,他把世界一分为二,即非治水地区和治水地区。非治水地区指欧美等地区,以工商业为主,通过政府、企业主、劳工之间的配合、牵制,最终发展成为现代多中心的资本主义社会;治水地区主要包括中国、印度、中亚土耳其斯坦、拜占庭、俄国、东南亚、印加帝国等地区,魏特夫进一步将这些地区划分为治水核心区、边缘区和次边缘区,即所谓的"东方专制"社会。[②] 费正清在分析以中国中心的等级制外交关系时,亦采用了类似的划分方式:汉字圈(朝鲜、越南、日本),亚洲内陆圈(亚洲内陆的游牧和半游牧属国)和外夷地区(东南亚、南亚和欧洲)。[③]

第3节　中国自由主义知识分子的影响

1932年,费正清为完成博士论文来到北平,由于未来岳父坎农博士和韦伯斯特教授的推荐信使他轻而易举进入北平上层社会,他的社交圈子多

① 费正清:《美国与中国》,张理京译,北京:世界知识出版社,1999年,第28页。

② 详见[美]魏特夫:《东方专制主义》第六章"治水社会的核心地区、边缘地区和次边缘地区"。

③ 费正清:《一种初步的设想》,费正清编:《中国的世界秩:传统中国的对外关系》,杜继东译,北京:中国社会科学出版社,2010年,第2页。

是欧美留学归来的中国自由主义知识分子：胡适、蒋廷黻、丁文江、陶孟和、金岳霖、梁思成林徽因夫妇等。他们强烈的忧患意识和政治抱负感染了费正清，共同的西方教育背景和流畅的英语交流使他很快成为其中的一员，在与他们交往的过程中，费正清“通过他们的目光，我们开始意识到中国的文化一体化问题，即需要扬弃过去的糟粕，对外来事物需要区别什么该保存，什么该借鉴……这需要智能、毅力和勇气在两种文明中积极地生活下去”①。这些在“五四”期间活跃一时的新文化运动干将们对中国传统文化，特别是对作为其核心的儒家思想的看法多是负面的。他们认为儒家思想是维护专制统治的工具，是阻碍中国现代化进程的，主张应以西方现代化经验为参照系，来改造中国传统的政治社会结构，实现政治民主化，保障公民的个人自由和权益，发展经济，实现中国的强大。

胡适在“五四”新文化运动中是“文学革命”和“白话文运动”的倡导者，在1910年留美之前，他已经受到严复和梁启超的社会达尔文主义的深刻影响，在哥伦比亚大学读书期间，师从美国著名哲学家约翰·杜威（John Dewey），又接受了杜威的实用主义思想。他自己承认：“我的思想受两个人的影响最大：一个是赫胥黎，一个是杜威先生。赫胥黎教我怎样怀疑，教我不信任一切没有充分证据的东西。杜威先生教我怎样思想，教我处处顾到当前的问题，教我把一切学说理想到思想的结果。这两个人使我明了科学方法的性质与功用。”② 胡适主要是把杜威的实用主义作为一种理性的方法论来接受的，他把实用主义作为一种人本主义，具有社会导向性、基于进化论的变化观和基于经验的思想，来启迪民智、改变中国人的精神文化。几千年来文言文因其复杂的书写和艰涩的语法，为中国有闲和有钱阶层垄断，成为他们谋取社会地位和政治权利的工具，因而这种书面语言，与其他制度一样，维护了传统中国中统治者和被统治者之间的等级界限。因此，他先从语言改革入手，主张革除作为上层阶级专利的文言文的流弊，

① 费正清：《费正清对华回忆录》，第123页。

② 胡适：《介绍我自己的思想》，欧阳哲生编：《胡适文集》卷5，北京：北京大学出版社，1998年，第507—508页。

普及白话文文学和白话文大众教育。实际上这场语言和文学的革命远远超出了其本身的含义，有着深远的社会和政治含义。他进而展开了对一统中国传统文化格局的儒学的全面批判，他反对家庭中三纲五常的孝道，特别是其中蕴含的父权主义，提倡妇女解放。谈到东西方文化，他认为中国是精神的文明，而西方是物质的文明，精神的文明受物质环境的拘束与支配，不能运用人的心智来改造环境、改良现状，是一种懒惰、不长进的文明，中华民族变成了一个患病的民族，中国文化成为一种半死的文化，中华文明反倒是一种唯物的文明；而物质的文明能够充分运用人的聪明才智来寻求真理以解放人的心灵，从而可以改造物质环境、改革社会政治制度，为人类谋取最大的幸福，因而西方文明才是一种真正的精神的文明。[①] 他积极主张以科学和民主来改造中国，这样方能促使中国人固本强身，自立、自强、至尊于世界。这也是“五四”运动捣毁孔家店、主张西化的根本原因。后来，胡适也认识到主张“全盘西化”的不切实际性，他试图以所谓的“文化的惰性”来调和自己先前的观点，“文化自有一种‘惰性’，全盘西化的结果自然会有一种折衷的倾向”。[②]

费正清对这位新文化运动的领袖是极为推崇的，胡适主编的《独立评论》被他当作教科书来钻研，胡适的《四十自述》让他开始走近“五四”运动。[③] 他把胡适、陈独秀、顾颉刚、钱玄同等人看作是批判中国传统遗产的代表，尤其赞同胡适采用实用主义从文化角度展开的批判。某种程度上说，费正清本人的中国传统文化观是“五四”以来中国学术界流行看法的延续，他把中国文字看作是桎梏人们思想的工具，认为“多少世纪以来，中国各种制度——经济制度、政治制度、社会制度、文化制度——曾在它的国土范围内促成了引人注目的自给自足、平衡和稳定的局面。总之，制度和文化的持续性曾经产生了体现为气势澎湃和坚守既定方针的惯性……两千年来中国政治生活孔孟思想格局所造成的这种根深蒂固的惯性，说明为

① 胡适:《介绍我自己的思想》,欧阳哲生编:《胡适文集》5,第513—515页。
② 胡适:《编辑后记》,《独立评论》1935年3月第142期。
③ 费正清:《费正清对华回忆录》,第47—48页。

什么中国近代反对那种思想割据的革命要走那么长的道路”[①]。费正清关于中国文化惰性的这种论述，可以让我们看到胡适的影子。

相比胡适，蒋廷黻在美国的经历更长，他 17 岁赴美，28 岁才回国，前后 11 年的时间，因而西化思想更为严重。在哥伦比亚大学，蒋廷黻主攻历史学，师从政治社会史教授海斯（Carlton J. H. Hayes，1882—1964），海斯是美国“新史学派”的创立者詹姆斯·鲁滨逊（James H. Robinson，1863—1936）的弟子，该学派以实证主义哲学为基础，重视史学的社会功能与实用价值，历史学家应该学会了解过去、服务现在、推测未来，历史的书写应该晓畅易懂以便普及大众教育。该派认为历史的发展不仅仅是政治的动因，还与经济的、地理的、文化的、社会心理的诸多因素相关联，历史学家应做多学科的综合研究；另外，历史还是一个持续的、进化、发展的过程，历史学家还应以达尔文的进化论观点考察、研究历史。在美国的学习不仅使蒋廷黻受到了严格的史学专业训练，接受了“新史学派”的垂训功能及历史对大众教育作用的主张，还使他确立了以欧美自由民主和法治的社会模式改造中国的政治取向。海斯主讲的“欧洲近代政治社会史”课程致力于“族国主义”研究，强调近代工业革命对欧洲社会发展所起的巨大作用。“族国主义”就是民族主义和民族国家的理论，第一次世界大战以后，殖民地、半殖民地国家兴起的民族解放运动使得这一课题十分时髦，来自半殖民地中国的蒋廷黻自然受到感悟，对民族主义开始兴起的中国近代史发生了浓厚的兴趣，并特别强调洋务运动对中国近代化所发挥的作用。[②]

1923 年回国后，在南开大学任教，蒋廷黻开始将重点放在中国近代外交史研究上，当时美国人马士的《中华帝国对外关系史》是关于中国近代外交史的权威性著作，该书采用英国的档案材料，以外交史为主要线索来研究中国近代史，认为中国近代史实际上是一部中西外交冲突的历史，将

① 费正清:《美国与中国》,第 75 页。

② 蒋廷黻:《中国近代史》,上海:上海古籍出版社,1999 年,第 6—8 页。

中国近代史划分为冲突时期（Period of Conflict 1834—1860）、屈从时期（Period of Submission 1861—1893）和被制服时期（Period of Subjection 1894—1912），马士这种以中国的欧化程度作为划分中国近代史的标准，美化了帝国主义的侵略本性，忽略了中国历史的主体性。“那时有关中国外交的标准书籍是莫斯（H. B. Morse，通译为“马士”）的三卷《中国国际关系》（*International Relations of the Chinese Empire*）。该书是依据英国蓝皮书和美国对外关系丛书写成的。就英、美两方资料说，莫斯的是无懈可击的。但事实上，仅凭两国资料是写不出杰出的外交著作的。因此，莫斯的著作观点是片面的。”[①] 蒋廷黻认识到了马士中国近代史研究的局限性，他从《筹办夷务始末》出发，采用中国的原始资料编辑了《近代中国外交史资料辑要》，但他的中国近代史解释模式仍很大程度上受到了马士的影响。他的中国近代史研究以鸦片战争为开端到抗日战争结束，也分为三个时期：道咸两朝为第一时期，闭关与开口；第二时期从同治初年到甲午，自强与失败；马关条约以后为第三个时期，瓜分及民族觉悟。蒋廷黻的中国近代史观是一种进化史观，认为历史是一个由低级向高级不断发展的线性过程，在他的分析框架中将近代化和中古看作先进和落后两个文化发展阶段。他坚持认为帝国主义引起的主要后果是心理上的，他把西方列强对中国的侵略作为中国近代化的“因”，把学习西方实现近代化作为中国脱离中古状态“必致富强”的“果”。他认为，近代史就是欧化史，任何民族、国家只有接受欧洲文化，才有出路。[②] 学习西方视为近代中国发展的单一动因，这种观点实际上忽略了历史发展的多重因素，否定了历史发展走向的多样性。

费正清将马士看作他的精神导师，但确切地说马士对他的影响是间接地通过蒋廷黻产生的。除了对中国原始档案材料的共同兴趣以外，费正清倾向于采用与蒋廷黻类似的方式阐释十九世纪中国与西方列强的关系，特别在有关帝国主义作用方面，他反对单纯地从道德层面对帝国主义的谴责，

---

① 蒋廷黻：《蒋廷黻回忆录》，长沙：岳麓书社，2003 年，第 99—100 页。

② 蒋廷黻：《中国近代化问题》，蒋廷黻著：《蒋廷黻文集》第四册，台北：台北传记文学出版社，1978 年，第 638 页。

认为帝国主义列强强加给中国的不平等条约“从制度上不乏把外国入侵者纳入其国内权力结构的手段。这些手段实在是太便利、太有效了。它们盲目地、毫无准备地引领着中国人民进入了民族主义和工业主义的新时代”①。在他眼中，帝国主义入侵者成了中国实现近代文明的使者，中国主权的丧失被他解释为“中西共治”。后来他在与邓嗣禹合作的《中国对西方的反应》中形成了他著名的有关中国近代史的“冲击-反应”模式。

梁思成林徽因夫妇是两位留学于美国宾夕法尼亚大学建筑和绘画专业的高才生，在他们和他那位同样着迷于中国传统建筑和绘画的妻子带领下，费正清领略了中国古老的文明。梁思成林徽因夫妇和威尔玛是把中国作为一种文明来认识的，而在费正清眼里，中国则成了一个残缺不全的现代化的样本。尽管他在中国沿海地区看到了一些发展的迹象，然而内地的经历使他感受到的是一片凋敝、衰败的景象。他评论道：尽管中国有铁路以及海外留学归来的清华大学和顾维钧的学生，但是这个国家还是一百年前的样子。② 如果说梁林夫妇以发掘、拯救中国传统建筑文化为己任，费正清对中国文化的喜爱则是以一种“他者”眼光的俯瞰与审视。

第4节 费正清的中国传统文化观

在西方，有关中国的学问经过长期的积淀和广泛的合作，已经成为一种规范化的写作、想象和研究方式，关于该地区、民族和文化的研究作为一种特殊知识类型已经成为西方学术传统的一部分，有关中国的话语表述方式自然会受到西方学术传统及意识形态的支配。任何个人的创造力都会遭到削弱，他会对这套西方中心主义的话语表述系统习以为常，从而形成了一些有关中国的先入为主的基本观念：“其纵欲，其专制倾向，其怪异的

① John King Fairbank. *Trade and Diplomacy on the China Coast: The Opening of the Treaty Ports 1842-1854*, Cambridge: Harvard University Press, 1953, p.468.

② ［加］保罗·埃文斯:《费正清看中国》,第43—44页。

思维，其不求准确的习性，其落后——凝固为独立的、牢不可破的连贯整体。”① 在西方生活环境、教育背景下成长起来的费正清，属于典型的西方学院派知识分子，后来又加入学术官僚的行列。虽然有过数年的在华经历，但也主要受到了中国自由主义知识分子的影响，因而他的文化身份和知识结构都是西方式的，尽管我们不否认费正清与梁思成林徽因夫妇等中国自由主义知识分子之间的友好、紧密的朋友关系，但是他与中国文化的遭遇首先是以一个西方人的身份进行的，然后才是具体的个人。处于西方知识体系坐标上的他是无法摆脱西方知识话语霸权的，也注定了他的中国历史的西方书写惯性。

一、儒家思想

费正清是从文化视野书写中国历史的，他所有有关中国文化的观念都是以儒家思想作为出发点的。费正清认为孔子是一位空前绝后的教育家，但是是一位失败的政治家。在他看来，孔子的政治学说是极端保守的，“君君臣臣父父子子”的观念要求每个人的行为必须合乎社会和家庭的期望，每个人在一个稳定的一统社会里恪守本分、循规蹈矩。儒家思想注重不涉鬼神的现世精神，是一种生活哲学：培养人有耐心、爱和平、肯妥协、敬老尊贤的美德和中庸之道。这些儒家观念在费正清看来，是一种“稳健的人文精神”，但置于社会政治的背景之中，“其改革热忱——此乃儒家信念的精神所在——却投注在重保传统政体，而不再改变该政体依据的根本前提”，“就会发现尊老卑幼、重古轻今、推崇既有权威甚于改革等观念，事实上已为社会安定提供了极具历史意义的答案。所有保守主义体系中，儒家一直是最成功的一个”。② 到汉武帝时期，董仲舒提出了“罢黜百家，独尊儒术”的思想，儒家思想由最初的礼仪教条逐步发展成为一种官方哲学，作为一种温情的专制思想取代了秦代以来基于法家的无情的专制思想，并

① ［美］萨义德：《东方学》，第 261 页。

② 费正清：《费正清论中国：中国新史》，薛绚译，台北：正中书局，1994 年，第 52—53 页。

成为两千多年来主宰中国古代政治的主流意识形态。孔子这种讲究折中和平衡的中庸哲学在中国获得了胜利，其保守的政治思想受到后世东亚统治者的欢迎。儒家思想在宋代理学思潮中发展到了极致，朱熹的理学思想成为一种僵化的正统，他的《四书集注》成为科举考试的参考依据。理学造成了中国前近代时期独特的稳定、因循守旧型社会的形成，束缚了中国思想的进一步发展。与同期的欧洲相比，这一时期的中国社会发展停滞，并使得十九世纪的中国积弱不振，面对日渐强大的西方文明几无还手之力。①

费正清几乎完全接受了“五四”以来的成果，并因之对腐败、专制的国民党政府的复孔倾向产生的近乎偏执性的厌恶，从而形成了一种本质化、概念化的儒学观，即简单地把儒家思想化约为维持专制体系的思想工具，对古典儒家与宋明理学未加严格意义上的区分。今天，我们来回顾九十多年前“打到孔家店”、主张全盘西化的那场“五四”新文化运动，必须考虑到它当时所处的清末民初这一特定历史空间。晚清的衰亡以及袁世凯、张勋的复辟及其提倡的复古尊孔思想，在一些杰出的知识分子的心中自然将其与腐败落后的现实政治联系在一起，认定这种意识形态化的儒家思想与旧的君主制之间有着内在的有机联系，与他们主张的救亡图存、共和制的宪政改革思想是水火不容的。因此，儒家思想往往被单纯看作一种旧君主政治体系的工具而遭到猛烈批判，目的在于肃清君权意识，为共和制铺平道路。但是儒家思想不仅仅是一种作为政治伦理的工具理性文化，还是一种重要的价值理性文化。在一个民族的传统中，文化分为三个层次：工艺技术、政治制度和价值体系，其中前两者受生产方式和交换方式的影响最易发生剧烈变化，而后者与经济基础作为主要内容的社会存在往往没有直接联系，因而一个民族传统中的价值体系像道德、审美、宗教具有较强的连续性和普遍性。“五四”精英们对科学与民主的尊崇是一种单维度的工具理性的出发点，而忽略了儒家思想人文关怀的价值理性的重要性，他们的

---

① 费正清:《中国:传统与变迁》,张沛、张源、顾思兼译,长春:吉林出版集团有限责任公司,2008年,第36、57、116页。

激进主义色彩带有全面否定儒家文化的倾向，把西方的民主科学与中国的道德、宗教和价值对立起来，从而造成了传统与现代的断裂。此外，我们来看西方近代文化的发展，它也不是单纯地对传统的否定，而是文艺复兴与文化批判的辩证结合，在批判中古政治化教会的教条、教规的同时，还主张回到古希腊的人文传统，为近代文化采掘传统的精华。[①]

墨子刻（Thomas A. Metzger，1933— ）否认理学为一种僵化的正统，认为理学家心中充满了一种强烈的、痛苦的困境感（sense of predicament），“在相当程度上，正是一种持续了几个世纪之久，希冀从形而上学的、心理的、政治的和经济的困境中摆脱出来的强烈愿望，引导许多中国人满腔热情地去献身于推翻他们原先崇奉的制度而接受生疏的外国方式的事业”[②]。狄百瑞（Wm. Theodore de Bary，1919— ）对此曾进行过严厉批评，他认为儒家思想并不是一套固定不变的维持现状的教条，而始终对现存秩序有一种批判力。[③] 狄氏并不否认儒家为政治利用这一事实，但明确指出：如果单纯地将理学看作是维持王朝体系的护身符，就不可能透过“不变的中国”的种种表象看到理学“内在的生命力和动力”。因此，狄百瑞能在理学中看到一个“自由的传统”，而费正清的儒学史则成了一环套一环的精神锁链。[④]

二、绝对王权

费正清把中国社会看作是一个韦伯所谓的“家族结构式国家”：构成中国社会的最基本单元是家庭而非个人，每个人的家庭地位是靠“三纲五常”的儒家伦理观念来确定的，“三纲”（君为臣纲，父为子纲，夫为妻纲）中后两纲属于家庭关系，反映了家庭中父权至上、男权中心主义的尊卑关系，延伸到国家体系中，就是“君为臣纲”“一君万民”的等级官僚体制。皇帝

---

① 陈来:《传统与现代:人文主义的视界》,北京:三联书店,2009 年,第 72—74 页。

② ［美］墨子刻:《摆脱困境:新儒学与中国政治文化的演进》,颜世安、高华、黄东兰译,南京:江苏人民出版社,1996 年,第 17 页。

③ Paul Evans. *Fairbank: Intellectual and Enterprise in American China Scholarship, 1936-1961*, PhD dissertation, Dalhousie University, 1982, p. 381, note 35.

④ ［美］余英时:《费正清与中国》。

位于官僚体系“金字塔”的顶端，对文武百官直接发号施令，通过这些官员间接地统治处于最底层的百姓，在乡村，官员是通过一个叫作士绅（gentry）的非官方阶层控制农民的。反过来，任何事情都是从最底层开始发动，经过层层申报，最后到达皇帝那里由他裁决。这种家族式的官僚体系的一个主要弊端就是任人唯亲。对亲戚提拔、重用可以让一个官员泽被乡里、光宗耀祖，同僚、上下级关系被认为是一种家庭中的兄弟、长幼关系。因而，打着“礼敬”旗号的盘剥勒索、贪污贿赂几乎成为一种公开的、集体的行为。作为最高统治者的皇帝，个人及其家族的日趋腐化无疑会加速整个王朝的没落和灭亡。

他把契约式的法制思想看作是西方国家维持各种社会力量平衡的工具，而在中国，他认为，维持家庭和睦团结的是家庭成员自幼培养起来的“孝道”观念，“孝道”又进一步形成了他们进入社会以后的“忠君”思想，因而中国社会并未由于法律观念淡薄而造成无政府状态，它靠儒家思想结成了一个超稳定的整体。[①] 中国的法律主要是刑法，是一种帝王的法典，通过实行严酷的“株连九族”等刑罚来维持儒家的层级官僚体制。

“内圣外王”是儒家思想的基本价值观，即通过内在修身进而经世治国。在汉代，“圣王”的概念被完全政治化为“王圣”，一些没有修身的人在攫取权力后，不仅谋求政治权力还要求意识形态和道德的权力，从而把儒家圣王思想异化为王圣的实践，原来那种美好而崇高的理想一旦落入权力网络中就会变得异常残暴，就会形成鲁迅先生所说的“吃人的礼教”。在西方，个人权利是至高无上的，就像伏尔泰所言，尽管你说的我不同意，而且对社会是有害的，但是我允许你发言的权利。基于这样一种理念，西方人把“三纲”理解为专制主义、父权主义和男性主义思想的代表，因而受到启蒙主义以来的严厉批判是可以理解的。但是，儒家的“三纲五常”原初是突出责任和公义的，强调成员的互系责任和公义意识的培养，因此

---

① John King Fairbank. “The People’s Middle Kingdom”, *Foreign Affairs*, Vol. 44, Jul., 1966, pp. 574-586.

"三纲"不是单向的，而是双轨制的，"君臣有义"就是"君仁臣忠"、"父子有亲"就是"父慈子孝"、"夫妻有别"就是分工不同，"朋友有信，长幼有序"也是类似的概念。[1]

安乐哲批评美国那种日益程序化、中立化的民主：它是一种确保个人权利的框架，人们有选择价值观和目标的自由权利，政府既不鼓励也不阻止人民对美好生活的向往，公民的这种自由身份给社会预留一个真空，让形形色色带有偏狭性质的说教乘虚而入——自卫主义、基督教原教旨主义、新纳粹主义、白人优越论、恋童癖等等。他强调杜威式的社群民主，认为民主不仅仅是一种制度，更是一种态度，并通过教育得到加强。儒家思想重视德治大于法治，这是儒家社群民主的基石，个人与社群之间存在着互系性，不存在绝对化的个人自由，个人自由的前期是一个已经成形的社群，个人在不断加强自治所需要的个性素质和道德品质的培养中，增强了社群的归属感，因此自由是通过个人对社群的完全参与表现出来的，而民主的意义也在于个人参与的社群的繁荣。在西方，私人领域和公共领域是对立的，在中国，国家就是家庭的放大和延伸，个人身份首先是通过家庭内的角色和关系教化才得以进入到更大的共同体中去的，一个人如果离开家庭，他就等于是放弃了自己的身份。[2] 儒家对修身的重视同样体现在对无瑕疵的君主和大臣治理术的诉求方面，主张对一些德行较差的君主和大臣以"规谏"的方式加以约束。儒家思想作为中国文化的核心与其他诸子百家思想一起构成了中国价值观的共同体，因而其他中国传统思想，像道家对自由的重视、法家的法律面前人人平等的思想、墨家的平均主义思想等都是对儒家民主的很好的补充。

其次，费正清把汉字也看作是统治阶级的专利品，它不仅是一种社会工具，更具有一种社会制度的性质。汉字因其复杂的书写和发音方式成为劳碌、贫穷的底层农民学习知识的障碍，只有统治阶级的子女有钱、有时

① ［美］杜维明：《对话与创新》，南宁：广西师范大学出版社，2005 年，第 131—134 页。
② ［美］郝大维、安乐哲：《先贤的民主：杜威、孔子与中国民主之希望》，第 96—100 页。

间进行长期的研磨，他们掌握了汉字、熟读了儒家经典，通过科举考试就能进入儒士阶层，皇帝正是通过这种科举考试控制百官的选拔与任命的。这也是造成直到二十世纪中国仍然束缚在儒家陈旧模式里的一个因素；同时中国语文也妨碍了中国人与外国人的顺利交往，造成了人们思想的闭塞和社会的封闭。①

文字只能说是被统治阶级操纵的工具，而不能将专制制度归罪于文字本身，而且这种现象也并非中国所独有，中世纪欧洲神权政治形成的逻辑暴政就使得语言丧失了表现物象的能力，变成了任意、专断的符号，欧洲语言的这种纯符号性质造成了孤立概念的思想方法。② 汉字系统是一个非常独特的体系，其独特性在于字形、字音和字义是相对独立的，因而学习者要确立三者之间的关系，确实比拼音文字系统麻烦些，但对于现实中的母语学习者而言，其习得过程与字母文字是一样的，不会察觉到任何的不适或麻烦。汉语自古而今的发展也表明，这一系统在吸收新知识、新文化方面没有形成任何阻碍。如汉代通过佛经翻译吸收了印度有关音律、诗体、文法研究的知识，革新了汉语固有的语文系统；明末清初，经过汉语的译介，吸收了国外政、经、文、法、史、哲等新兴学科的知识；特别令人感到吊诡的是，“五四”期间对汉字不满的中国知识分子不也是先通过汉语了解的西方吗？八十年代以来，我们改革开放取得的巨大成就又该当如何解释呢？因而，说中国语文妨碍了中国人与外国人的顺利交往，造成了人们思想的闭塞和社会封闭的观点是站不住脚的。

费正清对汉字的挞伐依然受到了欧美传教士以及“五四”激进主义知识分子的影响。明末清初，西方传教士运用拉丁语模式编撰供传教士学习汉语的语法书、词汇表等，将中国语言研究的术语（如实字与虚字、静字与动字、母音与子音等）以及传教士对汉语文的了解和认识传播到欧洲，其中的著名代表有金尼阁（Nicolas Trigault，1577—1629）、马若瑟（Joseph

① 费正清：《美国与中国》，第 39 页。

② 赵毅衡：《诗神远游：中国如何改变了美国现代诗》，上海：上海译文出版社，2003 年，第 247 页。

de Prémare, 1666—1736）等。传教士所编的汉语文法书和词汇表给欧洲人学习汉语带来了极大的困惑和误解，影响了欧洲语言学家对汉语的认识，二十世纪初叶之前，欧洲盛行一种汉语为“原始语”“落后的语言”“不发达的语言”“汉语为单音节语言”的观点，甚至连德国语言学家洪堡特和哲学家黑格尔也一度认为，拼音文字优于汉字。[①]“五四”知识分子对儒家思想的全面否定，也殃及了汉字，钱玄同在1918年第4卷第4期《新青年》撰文《中国今后的文字问题》坚称，“废孔学，不可不先废汉文；欲驱除一般人之幼稚的、野蛮的思想，尤不可不先废汉文”，“欲使中国不亡，欲使中国民族为二十世纪文明之民族，必须（以）废孔学，灭道教为根本之解决，而废记载孔门学说及道教妖言之汉文，尤为根本解决之根本解决”，瞿秋白则说得更为苛刻，把汉字看作是最龌龊的中世纪的烂茅坑，胡适温和地提出了先白话再欧化的主张。直到最终由赵元任、黎锦熙等著名语言学家确立汉语拼音方案、汉语简化字方案和推广以北京话为基本音，以北方方言为基础的汉语普通话，汉语文的屈辱历史方才彻底结束。[②]费正清对汉字的分析除了这种外界因素以外，也有单从制度层面分析的刻意性。

就科举制度而言，确实存在着费正清所言的专制工具的功能，是为统治阶级选拔官僚、强化儒家思想意识形态教育服务的。到明清之际，考试程序的烦琐芜杂，考试内容千篇一律、死板僵化的八股文，以及考试中出现的严重徇私舞弊行为，科举制度逐渐成为社会的一大痼疾；到清末民初，在西风东渐下，由于对科学技术的忽略以及对妇女机会的剥夺，科举制度遂于1906年被取消。但是，科举制度在隋文帝最初设立的时候，对于打破之前官僚选拔的世袭、分封制有过积极作用，同时给寒门庶子的进阶创造了平等的机遇，有力地促进了孔子主张的“有教无类”的大众化教育，可是费正清并没有看到钱币的这一面。

另外，在他看来，中国源远流长的“大一统”观念也是形成集权政治

---

① 姚小平:《17—19世纪的德国语言学与中国语言学》,北京:外语教学与研究出版社,2001年,第60—62页。

② 作者注:此处有关汉语的论述得到中央民族大学语言学博士后贾洪伟博士的大力帮助。

的一个因素。儒家思想的一元论主张体现在政治层面就是“天无二日，国无二王，家无二尊”的“大一统”思想。实际上，“大一统”思想对于统一的多民族国家的形成有着积极作用。费正清对“大一统”思想的集权主义的负面看法，并不妨碍他利用这一思想来分析台湾问题时所产生的积极意义。一个中国或中国国土不可分割的思想正是源于这种古老的“大一统”思想，它不单单是一种思想，而是几千年来中国人民养成的基本情感，任何“两个中国”或“一中一台”的观点都是中国人难以接受的，正是对中国传统文化的这种理解，使费正清最终形成了“一个中国”的观点，超越了西方一般中国问题专家仅着眼于政治均衡的浅表分析。①

他还认为，统治阶级还通过打击、分散佛教、道教等力量以达到儒家思想的绝对统治地位，军队主要用于镇压内部的叛乱而非针对外敌，以保证儒家王权的无可挑战性。② 在汉代实行的“罢黜百家，独尊儒术”儒家政治霸权主义，而在实践层面并没有造成儒家思想对其他宗教的排斥，反而形成了儒释道三家的融合，恰恰说明了儒家思想的宽容与博大。在军队问题上，费正清的论述是言不由衷的，他一方面叙述了中国内陆边疆的重重危机，一方面又说军队主要用于内部维持王权稳定的工具，特别是在宋代和清代，其北方和西北边疆夷狄的进犯常常构成了王权的威胁，即使在和平年代也是朝廷屯兵的重点。

在探讨中国对外关系时，他把中国人“自我中心主义”的朝贡关系作为儒家集权思想的对外延伸。他认为，中国的国家和文化是密不可分的，不管是汉人还是“蛮夷”统治时期，儒家文化总是保持了它的延续性和正统性，因而长期以来形成了文化上的“自我中心主义”。中国是世界的中心，天朝物产丰盈，无所不有，无所不能，对外部世界和外来事物表现出惊人的惰性，排斥一切外来势力，从而形成了一种夜郎自大、闭关自守的心态。皇帝自视为天子，可以统驭万民、德行天下，对于化外夷狄自然也

---

① 陈宇:《费正清中国研究的文化视角》,《福建师大学报》(哲社版)1999 年第 4 期。

② 费正清:《美国与中国》,第 122、66 页。

是“怀柔远人”，外国人只能前来朝贡谒见，即使遣使外巡，也是为了抚恤万邦，远播皇帝的权威。1793 年，乾隆皇帝把这套朝贡礼仪也用在了前来通商的马嘎尔尼勋爵的身上，造成了中国在现代国际交往中的失败，最终导致中英两国的武力交恶。费正清在这里想当然地将责任推到了中国人身上，何伟亚（James L. Hevia）对这种西方中心主义的观点进行了批判。何伟亚对这一事件的分析采取了既非“西方中心”也非“中国中心”的对称性处理方法，认为中英两国在 1793 年的遭际并不是文明或文化的冲突，而是两大帝国构建的冲突，两国在各自的扩张中都竭力遏制对权力生产方式构成威胁的东西。中国“差序包容”的天下观和英国正在形成的“主权平等”外交观尽管不同，但都是带有扩张性的霸权话语，当二者遭遇时，双方互视对方为威胁，自然各不相让。[①]（有关朝贡关系的论述详见第 5 章）

三、资本主义的不发达

费正清认为中国社会的停滞与落后也表现在经济领域，那就是中国的资本主义处于不发达状态，他在《美国与中国》里专门辟出一节来论述这个问题，其主要思想和分析框架参照了韦伯《儒教与道教》中的相关论述。

费正清认为，中国统治阶级不是通过加强货币管理，提高货币流通，鼓励扩大再生产，来增加税收，而是通过银铜兼用的复本位制控制货币铸造、操纵货币兑换，从中渔利，来增加收入。中国这种腐败、低效的旧的货币制度造成了一种松懈、分散的经济体系，难以形成较大规模的经济活动。韦伯分析了中国货币制度史，从贝壳、布帛、银锭、铜币到纸币，从采矿、货币铸造到货币兑换及流通进行了逐一梳理，认为各个时期、各个环节都处于一种混乱无序的状态，缺乏资本主义需要的技术理性。

费正清眼中的中国行会是从属于官吏的，缺乏独立地位，在保护本行业的利益、促进本行业的发展方面显得软弱无力，同时还造成了朝廷官吏

---

① ［美］何伟亚：《怀柔远人：马嘎尔尼使华的中英礼仪冲突》，邓常春译，北京：社会科学文献出版社，2002 年，第 27 页。

的贪污腐化。而在韦伯看来，中国行会是一个自发兴起的宗法组织，对本行业不能进行理性的管理，反而通过榨取行业保护费疯狂敛财。

费正清从儒家思想的等级观念和集权统治分析了中国商人的心理。根据儒家等级观，人的社会地位排列顺序是：仕、农、工、商，工商业得不到重视，商人历来被看作是奸诈的代表。商人盈利后，不是用于资本积累进行扩大再生产，而是投资仕途，挤入仕门。又由于官府的垄断及对商人的敲诈盘剥，也使商人产生了不利于商业发展的心态：与其扩大再生产，开创新企业、开发新产品，还不如勾结官吏，争取垄断。① 而韦伯从伦理学角度认为，儒教培养“君子”在于一种审美价值，他们对商业文书、计算、薄账、经营、盈利之类的事情不屑一顾，因而不可能产生资本主义需要的技术理性；而新教教徒，作为现世的彻底禁欲主义者，只希望成为上帝的一种工具，把现世的劳作和争取最大的财富积累看作是追求一个超验目标的表现，因而他们努力学习、不断提高这些职业技能。

费正清以上列举的中国资本主义不发达的诸种因素，归根结底还是儒家思想，依然源于他对儒家专制批判造成的对儒家思想的全面否定。如在本章第 2 节所言，费正清把中国资本主义不发达归咎于儒家思想的论述完全脱胎于帕森斯。韦伯从新教伦理开发出的资本主义理性是一种对上帝的“除魅”（deenchantment），意在说明与欧洲中世纪神权意志的分裂，但他同时指出，随着技术的过度扩张和对经济利益的过度追求，由资本主义理性演化而来的经济秩序已渗透到社会的每一个角落，原来圣徒们把身外之物看作是披在肩上可以随时甩掉的轻飘斗篷，现在却变成一个人人受到囚禁的“铁笼”（stahlhartes gehäuse）。② 但他对其他宗教产生资本主义理性的否定，彰显了一种典型的“欧洲中心”视角。冷战时期，帕森斯作为资本主义的卫道士，对韦伯的资本主义理性进行了片面的理解，他刻意忽略了韦伯理性“铁笼”的负面性，片面地把资本主义理性看作是具有普适性价值

① 费正清:《美国与中国》,第 46—51 页。

② ［德］马克斯 · 韦伯:《新教伦理与资本主义精神》,于晓、陈维刚等译,北京:1987 年,第 142 页。

的资本主义精神，因而形成了“帕森斯化的韦伯”——现代化理论的普适化。由于对帕森斯的继承，费正清只注重资本主义理性的工具性功能，对它在扩张中形成的暴力却避而不谈，自然儒家思想重视伦理、构建和谐社会的审美价值理性不在他的视野之中，儒家思想作为专制的意识形态造成的所谓资本主义不发达成为他关注的焦点。每个国家都有不同的发展道路，“法国突出革命，英国是渐进，美国则是市民社会非常蓬勃”，[①] 中国当然也有自己的发展道路，西方人出于目的论或线性逻辑提出的中国不能产生资本主义本身是一个伪命题，拿这种预设的资本主义框子硬套儒家思想显然是不符合中国实际的。

四、科学技术的不发达

李约瑟认为，中国早期辉煌的科学技术成就在世界是领先的，只是到了近代才落后于欧洲。费正清将李约瑟难题归因于十三至十九世纪理学影响下的中国政治和文化传统：重人伦关系，轻物质世界；重脑力劳动轻体力劳动；重人文轻技术；重记忆的作用，轻逻辑分析能力的培养；汉语文字对思想的禁锢作用以及“述而不作”造成的创新意识的匮乏。[②] 但是，其中的许多因素都是自古而然的，为什么中国科学技术的进步在近代突然落后了呢？费正清显然又是受到了惯性的西方/东方的二元论的影响：西方在近代进步了，而中国落后了，科技的不发达又导致了中国工业经济和军事经济的不发达。

有鉴于此，我们先来了解一下西方“现代性”（modernity）的概念。现代性的发生，就是现代与过去的断裂，包含制度、观念、生活、技术和文化的断裂，经过技术和观念的双重积累，在十八世纪启蒙运动时期形成了与中世纪的全盘决裂，法国大革命和英国工业革命之后，达到了现代性的

① ［美］杜维明、乐黛云：《是多元现代性，还是现代性的多元发展》，乐黛云、［法］李比雄：《跨文化对话》26辑，北京：三联书店，2010年，第7页。

② 费正清：《美国与中国》，第71—75页。

成熟阶段。[①] 启蒙主义推翻了上帝的神话，向宿命论提出挑战，表现为对自由命题的发现：摆脱迷信的束缚，通过科学和理性主义寻找经验事实。在这个意义上，科学是一种哲学范畴的手段，借以摆脱中世纪上帝对人的自由的束缚，当自由变为个人主义的同一命题时，自由就成为个人意志和欲望的放纵。随着“自由”意义的改变，“科学”的意义也随之发生改变，科学不再为摆脱宿命论获取自由而寻求知识，而变成了实现个人利益、满足个人欲望的工具。“科学”“理性主义”“推理”“实证主义”这些概念获得了与宿命论同等的地位，个人利益和欲望拥有了过去上帝的位置。在现代性逐步成熟的过程中，资本信条诸如科学、理性、计划成为服务于个人目的的手段，科学因而由理性变为非理性，形成了与道德的割裂甚至背反。尤其是用于生产、战争军事的近代科技，更成为与西方资本主义崛起、殖民主义、帝国主义扩张行为相联系的情况。在西方，对作为工具理性的科技的过度利用而形成的暴力，已经造成了人与人、人与环境的对立，儒家重视以人为本的价值理性，主张手段与目的的统一性，手段不是用来实现个人利益和欲望，而是以人类之间以及人与自然之间的和谐为目的。

费正清把理学的“格物”与科学隔离开来，完全当成一种人事研究，有失偏颇，“格物致知”也有探究宇宙获取知识的含义；宋代的科技发达程度也是人所共知的，可见理学与科学发达程度并无直接关联性。至于逻辑性，儒家思想并不缺乏抽象逻辑及思辨能力，只是与西方不同而已。西方属于特质逻辑（logic of identity）而中国属于互系逻辑（logic of correlation），西方逻辑和思辨在于探求事物背后的本质，造成了物象与本质、具体与抽象的对立，是单向的、直线的、直接的、简单的；而儒家思想把抽象逻辑的焦点设于内在，重视事物之间的相互联系性和相互转化的过程性，因而是多向的、多重的、间接的、复杂的。二十世纪八十年代，随着系统科学的诞生，那种单纯为了寻找答案、寻找绝对化的本质的简单逻辑越来越先显示出它的局限性，导致了科学的碎片化和学科间的壁垒，于是人们开始

① 汪民安:《现代性》,南宁:广西师范大学出版社,2005 年,第 28—29 页。

重新重视学科间的联系性，于是一批交叉学科、横断学科应运而生。[①] 至于创新性，儒家主张尊重传统、强调历史的延续性，历史在因果关系可由某个或某些事件说明的情况下是理性的，历史因抗拒、特殊创造和发明而充满生机；传统则强调礼仪活动的审美性和颂扬体现过去思想和行为的传承性，目的在于礼仪规范的建构和维护，因而会对打破历史连续性、建立新思想和新制度的做法产生束缚。中国文化即是在传统和历史的冲突与调和中不断发展的，西方文化是“进取意志”（aggressive will），而中国文化是“调和意志”（accommodating wil），“调和”是一种长时段的吸收和转化过程。十九世纪末二十世纪初西方进取文化的大举入侵掩盖了中国文化螺旋式进步的倾向。[②]

实际上，费正清所谓儒家思想阻碍科学的发达，主要指的是作为一种意识形态的理论，忽略了儒家伦理，即渗透到普通人日常生活层面所表现出来的一套价值体系，像杰出的教育、成就的需要、敬业精神、进取精神、钻研精神等，都是有利于科技发展的因素。

西方，特别是近代以来，殖民主义的疯狂扩张掠夺、资本主义的迅猛发展以及由此带来的大量资本积累都在客观和主观上刺激、促进了科学技术的进步。但是近代以来，中国由于遭受帝国主义列强的侵略和掠夺，民不聊生，国力贫弱，无暇、无力发展科学技术，相比同期发展迅速的西方自然是落后了。费正清受蒋廷黻的影响，有美化帝国主义正面作用的倾向，同时为了他的“冲击-反应”模式的展开，所以有选择地忽略了帝国主义的负面因素。

---

① ［美］田辰山：《关于“儒家思想与科技的关系”问题》，《孔子研究》2005 年第 5 期。

② ［美］安乐哲：《通过孔子而思》，第 24—27 页。

第5章　费正清的中国世界秩序观

马士在其1910年出版的《中华帝国对外关系史》中描述了清代的“贡赋”制度和对外交往中的朝贡礼仪制度。他认为“贡赋”是中国早期朝代税赋的主要形式，是亚洲式政府（Asiatic government）的一个固有特点。贡物以实物，特别是粮食为主，到太平天国之后，一些省份也可以采取折现的办法纳贡，但是原来运送贡粮的船只费用依然摊派如故，反映了中国根深蒂固的财政上的政治保守主义。有关清代的朝贡国，他依据《大清会典》进行了列举：其中周边国家为定期朝贡国，南掌（Laos，即老挝）、缅甸十年一次，苏禄（Sulu）五年一次，朝鲜四年一次，暹罗（Siam）三年一次，琉球（Loochow）三年两次，安南（Annam）两年一次；其他欧洲国家如荷兰、葡萄牙、意大利、英国等国则不定期派来使节。他认为这些抱着开拓贸易想法的欧洲使节在华的屡次失败，源于中国人的朝贡礼仪观念，“这些使臣前来是为了朝贺和进贡的，其责任是接受命令而不是谈判订约的”[①]。在这里，马士显然将朝贡制度作为一种保守、落后的对外关系制度，妨碍了条约制度的推行，并必然为后者所取代。但他并没有从更深层次上阐明清代对外关系中朝贡制度保守、落后的原因，也没有看到这种制度与国内贡赋制度的内在联系，因而他所做的只能算是一种粗略的研究。

在欧美学界，第一个对中国朝贡制度进行深入剖析和系统化研究的当属费正清。如前所述，费正清是从外交史研究进入中国学的，他继承并发扬了马士有关朝贡制度的研究。他认为，朝贡制度作为一种中国的世界秩序，是传统文化的一个组成部分，是基于国内儒家等级制度的政治和社会秩序的延伸，与欧洲基于民族-国家（nation-state）主权平等的国际关系相比是一种封闭、落后的外交制度，必然会在代表主权平等的条约制度的冲击下瓦解，中国的外交因此得以进入近代国际关系网络之中。费正清的这种见解成为他研究中国近代史的一个基本观点，在六十年代末期遭到佩克、柯文等人的激烈批评，但他在朝贡制度研究方面取得一些积极成果，依然

① Hosea Ballou Morse. *The International Relations of the Chinese Empire*（*The Period of Conflict 1834-1860*）. London：Longmans，Green and Co，. 1910，pp. 31-33，50，43.

是影响至今的一种主流思潮，他本人将这种研究用于后来的中美关系研究，促进了中美邦交的正常化。

第1节 朝贡制度

费正清对中国朝贡制度的系统论述始见于他1936年完成的那篇牛津大学的博士论文。文章第一章论述了1842年《南京条约》签订前中国传统的外贸管理方式：由政府建立或授权的垄断部门控制的对外贸易，在理论上是一种与附属国接受朝贡相联系的特权。尽管中国商人、官员，乃至朝廷从中获利巨大，但在官方看来仍然是一种朝贡贸易，而非平等的贸易关系。明朝永乐年间（1403—1424），中国与东南亚一些国家的海上朝贡贸易受到了极大的鼓励，中国舰队出访这些国家以建立皇帝在这里的宗主权，而来到广州进行贸易的15个国家像暹罗、爪哇（Java）、柬埔寨（Cambodia）、婆罗洲（Borneo）、苏门答腊（Sumatra）、孟加拉（Bengal）、锡兰（Ceylon）等都具有附属国的地位，由政府在口岸设置的市舶司来监管他们的贸易和朝贡事务。1517年，葡萄牙第一次派使团使华，企图在广州开展贸易，他们给皇帝带来了礼品，因而不能说中国没有赋予他们的属国地位。[①]

在费正清看来，1842年《南京条约》签订以后，中国人在与西方列强打交道中仍然延续了这种传统的对外关系的观念和政策，中国人认为西方人与这些周边属国一样乃化外之民。他引述马士学生 Thomas Taylor Meadows 的话："中国人的确习惯上把欧洲人称为并看作是'蛮夷'，指那些'来自野蛮、不文明的国度，道德和智力有待开化的民族'……那些有直接机会对我们的习俗和文化有所了解的中国人，把五个口岸都加在一起，在3.6亿人口中约有五六千人，除此以外，大多数都把我们看作是在道德和智力上不如他们的民族。至于那些与我们没有直接接触的中国人，我的确不记得同他们交谈过。但我同这样一些人交谈过，他们先前对我们的观念和我们

① John King Fairbank. *The Origin of the Chinese Maritime Customs Service, 1850–58*, pp. 1–5.

对野蛮人的观念类似，当他们了解到我们也有姓氏，也明白父亲、兄弟、妻子、姐妹等不同家庭关系，或者说当了解到我们并不是像一群牛一样生活时，如果说他们没有感到惊愕，也总是觉得诧异。”[①] 对待西方人的这种态度部分源于对西方的不了解，对西方的蔑视主要源于文化优越的传统，这种传统构成中国人生活观的一部分。在早期，中国文明周围是野蛮的部落，并不时遭到他们的围攻，这些夷狄构成了他们认识世界的一部分，有关夷狄的传统在文献和普通人的脑海里开始建立起来。由于中国文化中这种根深蒂固的传统观念以及中国人对这种观念的不断强化，所以面对西方的入侵，这种观念不仅得以存活而且变得更加强烈。在咸丰时期的文件里“夷”是用以指涉西方人的通用字，而且把一些野蛮部落的特征也都堂而皇之地归结到西方人身上。在中国人看来，行为缺乏理性和不可预知性是西方人类似野蛮人的一个主要特征，因此在中国的官方文件里，常可以看到“夷情叵测”“夷情诡谲”这样的字眼。另外，在中国的社会阶梯上商人是处于最底层的，中国人对西方人唯利是图的做法嗤之以鼻，所以条约口岸西方人昭然若揭的贪婪只能引起中国人的厌恶。此外，官员和文人学士迟钝的思维惯性也造成了中国人对西方的无知和隔绝。可以说，中国文化优越的传统不论在过去还是现在都极少是一种虚妄的东西，通常代表了一种最强的力量，在十九世纪五十年代体现为驱逐外国蛮夷的刺激性情感，但也严重妨碍了中国官僚阶层的对外交往，只有像林则徐、曾国藩这样的少数官员提出了“中学为体，西学为用”的口号。所以在外交行为上中国人是“防范”性的、“不动声色”的、害怕“另生枝节”的，由此而产生的对外国入侵的担心，使清政府把对外交往主要限制在广州这个尽可能远离首都的南方城市。英国人利用条约进一步扩大贸易的想法，与中国人的这些传统观念处处牴牾，因而造成了早期条约制度的失败，而1858年建立的外籍税务司制度为双方的共治搭建了一个平台，并最终导致了中国传统的

① John King Fairbank. *The Origin of the Chinese Maritime Customs Service, 1850–58*, p. 69.

朝贡制度的瓦解。① 在这篇博士论文中，费正清主要论述了外籍税务司制度的建立，朝贡制度只是被作为一个背景，通过其中所折射出的中国人文化心理的描述旨在说明这种共管制度建立的艰难历程。因而，他对朝贡制度的描述更多是一种粗略的感性认识，还没有形成系统化的观点。

1941年费正清与邓嗣禹合著的《论清代的朝贡制度》（On the Ch'ing Tributary System）发表在《哈佛亚洲学报》第2期（*Harvard Journal of Asiatic Studies*, Vol. 6, No. 2），是费正清在原来博士论文的基础上，把朝贡制度问题抽出来，第一次作为一个专题的研究。全文长达112页，共分8个部分，对清代朝贡制度进行了较为全面、系统的论述。

文章先从四个方面对朝贡制度加以界定：

（1）朝贡制度是中国早期先进文化自然发展的结果。明清之际朝贡制度的制度化源于中国文化优于四夷的悠久传统，从商代起，中国文化像一个岛屿卓然于四夷，在与北方、西方的游牧民族以及与南方土著民族的接触中，中国人逐渐产生了这样的认识：中国优于四夷主要在于文化而非政治，在于体现在儒家行为准则和文字系统上的生活方式而非武力，夷狄之所以为夷狄不在于他们的种族和出身而在于他们对中国生活方式的非依附性。因此，四夷要想"来化"，分享中华文明，就必须承认皇帝作为天子的至高无上的威仪。这种对皇威的承认显然是要通过三拜九叩的礼仪和土特产品的朝贡体现出来的。实际上通过这种体现了各种繁文缛节的朝贡制度，这些非中国的四夷地区在无所不包的中国政治和道德体系中获得了一席之地。

（2）朝贡制度在中国统治者看来具有自我防御的政治目的。在此，费正清引述了蒋廷黻的论述（T. F. Tsiang, "China and European Expansion" *Politica* 2 no. 5, Mar. 1936. A lecture delivered at the London School of Economics）：新儒家的教条认为，国家的安全只能在孤立中才能实现，并规定，任何人要发展与中国的关系必须按照属国的方式行事，必须承认皇帝至高无

① John King Fairbank. *The Origin of the Chinese Maritime Customs Service, 1850–58*, p. 70–81.

上的地位，即宗主国-附属国的关系，附属国必像中国人一样接受中国的道德伦理，这样就排除了国际交往中的平等原则。这种教条不是为了征服和主宰，而是为了寻求和平和安全。此外，那种认为中国朝廷从朝贡中获利的看法是不对的，帝国回赐礼品的价值要远远大于贡品，因此难怪中国十九世纪晚期以前的政治家们会对国际贸易能增加国内财富的观念持嘲笑的态度。中国允许贸易主要出于两种目的：一是为了彰显帝国的慷慨，二是为了保持四夷对中国的臣服。费正清由此认为，贸易与朝贡实际上是对外关系制度的一体两面，中国统治者注重的是朝贡的道德价值，而四夷则看重贸易带来的物质价值，这种平衡使得双方都十分满意，从而维持了两国的关系。

（3）在实践上，朝贡制度有着重要的商业基础。在中国与四夷的交往中，商业关系与朝贡是密不可分的。贸易是由陪伴贡使来到中国边境甚至首都的朝贡国商人来进行的，有时朝贡使团成员也充当了商人的角色。在澳门和广州，由于欧洲人过分地关注商业带来的物质利益而把理应进行的朝贡礼仪忘得一干二净。

（4）朝贡制度是中国处理国际关系和外交事务的媒介。在中国人看来，所有外交关系都属于朝贡关系，因而所有的国际交往，如果涉及同中国的关系，都必须纳入朝贡制度。中国遣使查明敌情或寻求结盟，外国使者来华谈判之类的外交事务都要在此框架下进行。如帝国皇帝会遣使参加朝贡国国王的葬礼，以表达对属国的关心，同时也可以借此了解新的国王，并对该国事务施加压力。如果外国使臣在京逝世，中国会给以国葬。

其次，费正清还依据《万历会典》《大清会典》等对晚明到清代朝贡国遣使来华的周期及起伏变化、机构设置、宾礼制度等做了较为翔实的分析。明代设置了主客司负责朝贡国事务，郑和航海前后，朝鲜、琉球、安南、占城、柬埔寨、暹罗、西藏等地的朝贡较为频繁且呈现出周期性。1421 年明成祖从南京迁都北京，与此同时随着郑和航海的结束，原来通过南海海路而来的供使逐渐减少，来自西部内陆的供使出现上升趋势，到十六世纪，供使来华的总量呈明显下降趋势。清代在明代基础上，除继续把来自东、南部的朝贡国归入主客司管理外，1638年又在原来处理蒙古事务的蒙古衙门的基础上增设了理藩院，用以管理北和西部供国事务，仍以蒙古事务为主，也包括欧洲事务。随着清代统治者对西、北各部族的征服，这些地区的情况已不同于明代的朝贡与贸易的关系，这些地区的供使不再充当贸易交流的角色，理藩院管辖下的这些地区成为区别于东、南朝贡国的藩部，但是理藩院在处理满-蒙关系时依然延续了传统朝贡制度的做法。

另外，费正清还论述了清代朝贡制度下与欧洲国家的关系。明代，在与中国的多次冲突中，葡萄牙人获得了名义上的朝贡国地位，被允许居住在澳门这个固定的地方，并可以定期到广州进行贸易；清代，英国东印度公司也是被局限在广州进行贸易，甚至到1858年以后也仅仅局限在五个通商口岸，他指出这是中国政府出于传统朝贡制度的自我防御的心理使然。费正清进一步指出，中国的这种封闭状态是被来自海洋的贸易逐步打破的。在鸦片贸易之前中国的帆船贸易有所发展，与中国进行帆船贸易的国家被列为互市国，因为从陆地而不是海洋发展起来的朝贡制度在中国强大的时候可以对内陆边疆的贸易进行有效控制，通过贸易的媒介使这些贸易国成为朝贡国。但是，海洋贸易由于远离边境，使中国政府很难形成有效的控制，中国消极的海洋政策也很难吸引海上贸易国愿意成为中国的朝贡国。到十九世纪初，朝贡贸易被贡使以及朝贡国乃至中国商人为了单纯的经济利益所利用，贸易与朝贡的连带关系产生了实质性的分裂。但是十九世纪三十年代以后，随着欧洲诸国纷纷来华寻求贸易开拓，清廷依然固执地采用这种古老的朝贡制度，加之对欧洲国家认识的缺乏，于是在与这些国家打交道时便出现了种种障碍。①

1942年，费正清再次撰文《朝贡贸易与中国对西方的关系》就朝贡问题进行了专门论述。文章除了重复上述《论清代的朝贡制度》中有关朝贡制度的四个特点外，着重强调了朝贡制度的文化起源和中国人面对西方入

---

① John King Fairbank and Teng, S. Y. "On the Ch'ing Tributary System", *Harvard Journal of Asiatic Studies*, Vol. 6 (2), 1941, 135-246.

侵时的无知与愚昧。在长期与中国人打交道的过程中，无论是北方的游牧部落还是南方的土著对中国人的先进文化都留有深刻的印象：作为这种先进文化象征的文字书写系统和儒家的行为准则，以及中国人崇高的德行、中央王国在文学、艺术、生活方式方面取得的伟大成就，都是这些四夷无法抵御的诱惑，他们对中国文化的渴望更加强化了中国文化的优越性。而中国人对夷狄的判断也主要是通过文化而不是种族或民族的因素。几个世纪以来中国作为东亚文明的中心，逐渐形成了一种类似民族主义的文化主义精神（spirit of culturism）。他认为这种文化主义来源于中国人“天人合一”的观念，中国人认为人必须顺从自然才能达到人与自然的和谐，这与人与自然对立的西方观念是不同的。由人与当下自然的和谐推断出现在与过去的延续性，因为每一代人都会与看不见的自然力量一起影响当下人的生活，因而便产生了敬祖的做法，于是敬祖和服从自然都构成了当下人的行为准则。皇帝作为天子是人与这种看不见的自然力量的协调者，为此他必须代表万民举行仪式祈求风调雨顺、人民安康，皇帝在仪式中的作用以及他高尚的德行构成了他权威的基础。孔子认为，一个人的良好的德行在于他对礼仪和社会规范的遵从，即所谓臣忠子孝，当然在上天面前代表子民的皇帝必须是所有人的典范，并以此建立了他的权威和影响。孔子的教条成为皇帝践行政治权威的道德基础。因此，皇帝与夷狄的关系是一种文化中心的中国与四夷的关系，对这种关系的认可构成了朝贡制度的理论基础，“来化”的夷狄必须承认皇帝作为天子的独一无二的崇高地位，并通过贡品和各种礼仪体现出来，而皇帝则以“怀柔远人”的德行彰显他的宽大仁慈，在这种朝贡和怀柔的双边活动中皇帝统御万邦的权威得到很好的体现。

基于这样的文化主义，中国人没有兴趣了解西方，也不愿意与他们接触，作为商人的蛮夷他们不屑一顾，作为武力的蛮夷他们唯恐避之不及。因而，前来开拓贸易的西方人往往被局限在几个固定的口岸，即使在口岸也被孤立在一个封闭的区域。其次，中国政府为避免与这些西方商人直接打交道，通常由当地商人、买办、翻译人员、银行业者间接来进行，这些人受教育程度较低，在交流中使用的洋泾浜英语也不利于传达思想。而传教士也因人数和传教地域的有限性，加之中国政府的禁教限制，使他们很难对中国产生较大的影响。凡此种种，造成了中国人对西方的无知与愚昧，面对西方商业的入侵毫无思想准备。①

费正清早期有关朝贡制度的这些论述实际上为他日后条约制度的论述做了很好的铺垫。因为他认为，对十九世纪中国的对外政策只能在传统的朝贡制度框架下才能理解，朝贡制度作为东亚的儒家世界秩序直到1842年以后才被英国的条约制度所取代，这是一个漫长而复杂的过程。1953年，费正清在其博士论文以及上述文章的基础上，出版了《中国沿海的贸易与外交：1842—1854年通商口岸的开埠》一书，在该书中他把博士论文中外籍税务司制度建立这一事件推溯至1842年《南京条约》的签订，原来成为他论文结局的这个事件不再是他的焦点，而仅仅构成了西方侵入中国这个大格局中的一个环节，共管体制成为该书的核心。他已经从博士论文有关中英外交的纠葛中摆脱出来，赋予了这些事件更广泛的文化和政治意义，作为共管体制重要标志的外籍税务司制度成为了解中国过去和未来的窗口："如同是'使条约制度平稳地为外国人运转的润滑油'，这个机构对中西关系的发展具有明显的重要性，而作为条约制度成功运转的关键，它又为朝贡关系的消灭和一个新的政治秩序的创立铺平了道路。"② 由此，我们可以看出，费正清已经开始搭建日后闻名的"冲击-反应"框架，作为这个框架必不可少的组成部分——朝贡制度在这本书中扮演了一个重要的角色。在第二章，他除了重复在《论清代的朝贡制度》和《朝贡贸易与中国对西方的关系》两篇文章中有关朝贡制度的四个作用和中国人面对西方入侵的无知和愚昧的一般论述之外，还从共管体制的角度给予了深刻论述："十九世纪满汉对西方作出的反应，是由一种从中国漫长的历史中继承而来，并在

① John King Fairbank. "Tributary Trade and China's Relations with the West", *The Far Eastern Quarterly*, Vol. 1, No. 2 (Feb., 1942), pp. 129-149.

② [加]保罗·埃文斯:《费正清看中国》,第196页。

朝贡制度中制度化了的设想、期望和评价所形成的意识形态结构所注定的。朝贡是一种华夷共守的制度，它是在华夷边境上由双方共同创造，并在数世纪中作为中外交往的媒介双方共同实行的制度。这种朝贡关系的意识形态在汉-满民族思想中所占据的位置，无异于民族主义和国际法在西方人头脑中所占据的位置。朝贡思想与儒家君主制那种令人惊异的特性密切相连，即夷狄入侵者常常可以承袭这种制度并成为中国的统治者。对这个问题的理解，不只是目光短浅的西方政治学家所看到的那些东西。儒家君主制是一种独特的非民族的制度（non-national institution），虽以儒教中国的社会文化为基础，但也能为中国的反叛者和夷狄入侵者所掌握并加以利用，实际上有时他们利用得更容易。可以毫不夸张地说，在近代，中国的儒家君主制本身已成为华夷共治的制度。”面对近代西方的冲击，中国仍以这种三千年来在与游牧民族交往时形成的朝贡制度及先入之见来应对工业化的西方，显然会误入歧途，终致悲剧的发生。“虽然朝贡制度无法成功地应对西方，但这是中国唯一的防御方式，因为它是儒家君主制与外国列强打交道的既定方式”。[①]

1965 年 9 月在麻省理工学院举办了关于中国的世界秩序的专题研讨会，费正清 1968 年把这次研讨会提交的论文结集出版，是为《中国的世界秩序：中国传统的对外关系》（*The Chinese World Order：Traditional China's Foreign Relations*，HUP，1968.）一书。书中共收录相关论文 13 篇，其中费正清为本书所作的序言《中国的世界秩序：一种初步的构想》（The Chinese World Order：A Preliminary Idea）对中国的朝贡制度做了总结性的论述。他认为，中国与周围地区以及“非中国人”的关系带有中国中心主义和中国优越的色彩，在中国人的传统观念中，外交关系就是中国国内政治和社会秩序向外的示范，因而是等级制的、不平等的，在东亚形成的以中国文化为中心的关系网络与欧洲的国际关系不同，是一种中国的世界秩序。这种

① John King Fairbank. *Trade and Diplomacy on the China Coast：The Opening of the Treaty Ports 1842-1854*, pp. 23, 25.

以中国为中心的世界秩序“可以分为三大圈：第一是汉字圈，由几个最临近而文化相同的属国组成，即朝鲜、越南，它们的一部分古时曾受中华帝国的统治；还有琉球群岛，日本在某些短暂时期内也属于此圈。第二是亚洲内陆圈，由亚洲内陆游牧或半游牧民族等属国和从属部落所组成，它们不仅在种族和文化上异于中国，而且处于中国文化区以外或边缘，它们有时进逼长城。第三是外圈，一般由关山阻绝、远隔重洋的‘外夷’组成，包括最后在贸易时应该进贡的国家和地区，如日本、东南亚和南亚其他国家，以及欧洲”。中国的这种世界秩序“同欧洲那种民族国家主权平等的国际关系传统大相径庭。近代中国在十九和二十世纪难以适应以民族国家为基础的国际秩序，部分是由中国的世界秩序这个重要传统造成的”。费正清在这本书中另一篇文章《中国的世界秩序中的早期条约体系》（The Early Treaty System of Chinese World Order）再次考察了十九世纪朝贡制度解体，作者认为通商口岸最早为外国领事负责的特区，当最惠国条款施及所有缔约国时，清廷不再宣称居于西方人之上。在随后的20年里清朝再也无法把西方人纳入其权力体系之中，从而导致了陷入危机的朝贡制度的最终瓦解。①

本书收录的其他人的文章分别就中国世界秩序的产生、发展以及清代的状况进行了探讨。如本书所收录的杨联升的《中国世界秩序的历史诠释》、王赓武的《明朝早期和东南亚的关系：背景探析》、法夸尔的《满族蒙古政策的起源》、全海宗的《清代中朝朝贡关系考》、弗来彻的《中国和中亚：1368—1884》、韦尔斯的《清朝与荷兰的关系：1662—1690》、史华兹的《中国对世界秩序的理：过去和现在》等文章基本上都是按照费正清的上述理路来进行的。费正清在此书中提出的“中国世界秩序”的理论框架把朝贡制度的研究提升到一个新的层次，开辟了一个新的研究领域，对许多学者产生了深刻的影响，“朝贡制度”“朝贡贸易”等词语已经成为中

① 费正清：《一种初步的构想》，费正清编：《中国的世界秩序：传统中国的对外关系》，第4、16—17页。

国传统对外关系研究领域的常用术语。

第 2 节　朝贡制度 vs 条约制度

在费正清文化诠释的框架中，中国在被外族统治的历史上长期以来形成了一种华夷共治（Sino-barbarian Synarchy）的国内政治架构，在清代即是满汉两头政治（Manchu-Chinese Dyarchy）的共管制度。夷族统治者对儒家思想的皈依，投射到对外关系上就是以中国文化为中心而形成的等级制的朝贡制度，这是一种与西方以民族国家和主权平等为基础的条约制度截然对立的对外关系制度，朝贡制度代表了一种非理性、保守、落后的对外关系，条约制度则代表了近代理性、开放、先进的国际关系准则，因而前者构成了后者顺利进入中国的障碍。他认为，西方人（主要是英国人）要打破这种障碍，只好退而求其次，采取了中西共治的折中办法，并在一定程度上维护了清廷的脸面，尽管它有悖于西方国际关系的概念，但可以使条约得以有效执行，"对外国人而言，海关成为一种使条约制度顺利发挥作用的润滑剂"；在清廷方面，满汉两头政治管理的惯性做法使它很容易过渡到华夷共治。但双方的看法是相互颠倒的：西方试图通过这种办法将中国纳入民族国家和主权平等的国际关系网络中，而清廷则试图将纳入它的儒家君主制的世界秩序中，无论如何这是一种双方都能接受的办法，费正清把 1860 年之后的这种从朝贡制度向条约制度的过渡称之为"满-汉-西共治"(Manchu-Chinese-West Synarchy)，清廷"把外国入侵者纳入其国内权力结构的手段，……实在是太方便易得了。它盲目地、毫无准备地引领着中国人民进入了民族主义和工业主义的崭新时代"。[①] 这样，条约制度逐步渗透并瓦解了朝贡制度，最终促进了中国的近代化进程。

费正清所谓的平等的条约制度是建立在近代欧洲绝对主义国家向民族

---

① John King Fairbank. *Trade and Diplomacy on the China Coast*: *The Opening of the Treaty Ports 1842-1854*, pp. 464-465, 468.

国家过渡过程中诞生的国际法基础上的。1618 年至 1648 年的欧洲三十年宗教战争，导致了宗教共同体（religious community）和政治共同体——王朝（dynamic realm）的分裂，居住在某一地区的人在本地区传统的语言和部族等基础上，依据新的宗教信仰，形成了一个个民族国家。战争催生了民族国家，国家又继续发动战争，面对欧洲战争颇仍的局面，英国政治哲学家霍布斯（Thomas Hobbes，1588—1679）提出了“自然状态”（natural state）说，试图从中探索战争的根源以及寻求社会安宁的解决办法。他认为，人按照自己本性生活的状态就是“自然状态”，人的本性是保命（self-preservation）、自私的，总是企图无限地实现占有一切的“自然权利”，从而导致了“一切人反对一切人的战争”（war of all against all）的状态。人们为了避免战争，就必须放弃企图占有一切事物的自然权利，通过相互契约，把大家的权利交给一个人，把大家的意志变成一个意志，通过一种公共权力机制来实现管理和保命。这个被人们通过契约赋予权力的人是君主，这不同于原来古典时期的君权神授→君主→臣民的纵向共同体，而是个人与个人之间横向缔约权利向君主的转让。君主代表的是人们的集体意志，他就是国家的本质，霍布斯把这样的国家比做《圣经》中力大无比的海兽“利维坦”。国家的建立，结束了自然状态。在他看来，每个人之上都有一个超越一切的权力——国家政权，就可以使契约获得有效性，从而使社会得到安宁，和平得到保证。在他看来，君主应当具有至高无上的绝对权力，是一切法律的制定者和纠纷的仲裁者，臣民只能绝对服从君主，不能有任何的不满和反抗，因为反对君主就等于反对契约、反对自己。君主在国家内部建立的政治权威形成了内部主权，在与其他国家打交道时，就出现了相互承认的主权概念，这为国际法的诞生提供了前提。格劳秀斯（Hugo Grotius，1583—1645）把国际法看作是国与国相互交际的法律，是维护各个国家的共同利益的法律，其目的在于保障国际社会的集体安全，正像一国的法律是为了谋求本国的利益，国与国之间的法律谋取的非任何国家的利益，而是各国共同的利益。这就是格劳秀斯所谓的国际法。

三十年欧洲宗教战争结束后，在 1648 年召开了威斯特伐利亚（Westphalia）和会，与会各国依据格劳秀斯提出的国际法原则签署了一系列和平条约——总称为《威斯特伐利亚和约》（The Peace Treaties of Westphalia），该和约把对主权源泉的追溯从内部统治的合法性正式转向了外部承认的关系，确立了每一个缔约国的合法地位，确定了以平等、主权为基础、以条约体系为形式的国际关系准则。因此，威斯特伐利亚和会被视为中世纪权力重叠的宗教-王朝共同体与近代单一政治秩序的民族-国家的分野，代表了中世纪神权法与近代理性自然法的分野。

这种在主权平等的国家间以条约形式构成的欧洲威斯特伐利亚体系最初主要局限于欧洲国家，近代理性自然法也只是欧洲的一种“国家间法”（laws between nations）。启蒙运动的历史视野及其自然法观念为形式主义的主权概念提供了普遍主义的基础，即当欧洲国家与其他地区的国家签订条约时，也预设了在这些地区某种主权国家的存在，实际上这种预设的主权国家概念仅仅是一种形式，而没有描述实质的国家关系，它把国际法看作是人道主义（所谓人道和相互尊重的原则）在国际关系领域的体现，认为这是一种纯粹的现代现象。这种形式的对等关系体现了实质上的不平等关系，随着殖民主义和资本主义的扩张，这种预设的主权和国际法概念在全世界范围内得到推行。

如费正清所言，中国的朝贡关系是一种国内关系向外的延伸，他否认中国与这些朝贡国之间的主权关系，因而也就否认了中国的国家主权概念，由此他将朝贡制度贬低为一种落后的对外关系体系，而把以主权为基础的条约制度褒奖为一种先进的体系，这样就人为地造成了二者之间的紧张关系。实际上，十九世纪的清朝是一个自主的政治实体，其主权概念源于内部统治的合法性，儒家思想及其指导下的法律体系构成了清王朝统治的合法基础。它不仅存在着多数学者都承认的朝贡制度，同时还具有复杂的行政权力、法律体系、领土权和国际关系，否则就无法解释中俄分别于1689年和1727年签订的《中俄尼布楚条约》和《中俄恰克图条约》。十九世纪中叶，当英国等欧洲国家与清廷签订条约时，实际上完全忽略了中国国家主权的实质存在，只是将其作为形式上平等的主权国家，这种形式平等的主权概念背后是在武力威胁下的不平等，并最终以不平等条约的形式确定下来。因此，这里存在一个帝国主义的霸权逻辑：一方面西方列强强迫中国设立海关、通商口岸，割地赔款，严重损害中国主权，同时在形式上又赋予中国一个独立主权国家。费正清在最初的分析中，只看到了条约制度对朝贡制度的瓦解和对近代化的促进作用，而没有看到帝国主义的这种霸权逻辑。只有当这些被殖民、被侵略的国家接过了启蒙主义的普遍权利的口号，通过反殖民运动和民族解放运动，实现民族自觉和国家独立，才赋予了形式主义的国际法和主权概念以世界范围的实质内容。①

此外，费正清还认为朝贡制度缺乏平等尊重的概念，实际上满族入主中原，最初为了得到各民族对其统治合法性的承认，主张夷夏相对化和内外无别的说法，如今文经学对大一统的讨论，这其中都蕴含了民族平等的观念。在处理与朝贡国的关系时也主要采取一种“差序包容”（hierarchical inclusion）的宽容态度：允许朝贡国内部之间的通商并与他国缔结条约、尊重朝贡国主权、不干涉内政等；处理与蒙、藏等民族以及与俄国等国家的关系时，也存在着朝贡与条约制度交叉、并用的情况。但从平等关系的角度把朝贡制度与条约制度对立起来，是一种简单的做法。到清朝后期，朝贡国与西方国家缔结条约也是造成朝贡制度瓦解的一个重要原因，不能仅仅归结于西方对中国的冲击。

把清朝官员和士大夫对西方国家的无知愚昧作为闭关锁国、拒斥外来文化的原因也不具有很强的说服力。例如在康熙时期，就任命比利时人南怀仁出任钦天监正来推算立法，在他的举荐下大批传教士得以出入北京朝廷；康熙二十二年平定台湾后，东南沿海开禁，并允许广东澳门、福建漳州、浙江宁波和江南云台山四榷关对外通商，对荷兰、暹罗和其他国家实行免税和减税政策；《中俄恰克图条约》的签订设立恰克图为两国通商地，允许俄国向北京派遣教士。的确存在清朝官员和士大夫对西方的不了解，但是清廷关注的焦点在西北的内陆边疆，因为在相当长的时间里军事压力

① 汪晖:《现代中国思想的兴起》(上卷第二部),北京:三联书店,2008 年,第 696—702 页。

主要来自西北，同时由于东南沿海的走私活动猖獗加上郑成功部的袭扰，清廷对沿海地区实行了封禁政策。直到鸦片战争以后，来自沿海的西方侵略问题才成为它关注的焦点。

费正清把民族-国家看作是与传统帝国相对立的政治体制。实际上在中国漫长的历史中，儒家思想早已成为国内各民族赖以聚合的文化共同体的基础，甚至是构成朝贡关系网络的基础，加上满汉共治的清政府不断强化大一统思想和儒家法统而形成的“官方民族主义”，因此中国本身就是一个以儒家文化为基础的民族-国家。把欧洲式的民族-国家的概念作为一种普遍的法则强加给中国，是对中国文化共同体的纵横向的切割——即否认儒家传统和儒家文化的聚合力，是一种把中国纳入西方殖民体系分割宰制的做法（不平等条约强行割地而形成的殖民地以及划分的势力范围）。中国近代民族主义恰恰是在西方列强的侵略下诞生的，比如梁启超提出的反对列强侵略的大民族主义和反对清政府腐败无能的小民族主义。但是，中华民国以后，孙中山提出了五族共和的思想，小民族主义又让位与大民族主义。[①] 所以，中国近代民族-国家思想与帝国传统有着很深的内在联系，不是像费正清所言，“西方观点的实质是把中国当作一个初期的国家看待。……条约规定一切民族国家一律平等，即使这些条约造成了不平等的局面”；他还以美国“门户开放”为例再次强调中国近代民族主义的外来性，“中国的‘完整’，它年对帝国主义列强的民族独立以及作为一个民族国家的发展，都已成为美国政策的实际的习惯用语。……如果这些深深植根于西方思想中的西方期望能起作用，那么与西方的接触就必然给中国带来民族主义”。在他看来，英国通过条约帮助中国建立了新的制度——平等的民族国家，而美国则保持了中国的主权和领土完整，如果说西方的入侵刺激了民族主义的话，也是间接的，因为“中国人的反应是，一直将这种灾祸归咎于清政府的无能，而不强调外国侵略的因素”[②]。

---

① 汪晖:《现代中国思想的兴起》,第 614 页。

② 费正清:《条约体制下的共管》,《费正清集》,第 85—86、88 页。

至于晚清的自强和改良运动，在费正清的眼中也完全是西方冲击的产物。他认为，无论张之洞的“中学为体，西学为用”还是魏源的“师夷长技以制夷”，都是“为表达英国人和其他西方人以淡化了的方式参与共治而创立的基本理论”。按照这种两分法，满族天子可以继续他的儒家统治，西方人参与整个近代化进程，包括海关和租界的建立，及其由先进的城市管理产生的贸易法和条约口岸体制。但他认为这只是向近代化过渡的一种折中的办法，“接受任何西方的事物都被证明是一种单向驱动器，它只能进一步使这个儒教国家脱离它的传统基础”。魏源发展军事工业的想法，必然会摧毁传统的儒教国家及其由税吏管理的农业经济，从而促进中国的近代化。① 我们不应该否认西方侵略的同时带来的西方近代思想和先进技术对中国的促进作用，但费正清在这里再次回避了中国近代知识分子内部成长的民族主义因素，冯桂芬、龚自珍、魏源、康有为、梁启超等人面对西方的入侵不断地将这种外来的压力转变为内在制度的变革和“自强”的诉求，制度的变革在于重新树立在西方冲击下岌岌可危的政治权威，对传统的强调在于强化中国反对外国侵略的民族意识，学习西方在于加强反对外国侵略的军事力量，因为只有这样中国才能成为一个强大的主权国家，才能有效地获得国际承认并抵御外敌侵略。

总而言之，我们在看待朝贡制度和条约制度的时候，不能简单地将二者对立、割裂开来。既要看到条约制度的积极作用，也要看到条约制度后面彰显的帝国主义的霸权主义和殖民主义。既要看到朝贡制度保守落后的一面，也要看到这种长久形成的制度积极意义的一面。在当今国际关系领域，由于霸权主义、扩张主义造成的冲突、杀戮、掠夺每天都在上演，被费正清指责为不平等、落后的中国朝贡制度实际上完全可以用来建构一种新型的具有中国特色的外交关系理论。中国的朝贡制度是一个有序的世界秩序，不是霍布斯式的“一切人反对一切人”的诸国林立、互相倾轧的无序战场。中国的朝贡制度所包含的“天下观”中的“天”的概念不仅是一

① 费正清:《条约体制下的共管》,《费正清集》,第90—91页。

个单纯的物质性概念，而更是一个社会、精神和道德的概念，体现了一种和谐互系的自然秩序和道德秩序，是自然与人文、政治权威和社会秩序交汇的空间。这种空间以同心圆的形式出现，就像向水中投入一枚卵石产生的一圈圈的涟漪，随着不断延展的涟漪，中心不断地被淡化，从而消弭了自我与他者的对立关系，存在的只是远近、亲疏的距离和礼仪关系。同时它又是一种差序包容的关系，一方面，上下有别、尊卑有序的差序关系保证了体系的和谐与稳定；另一方面，居于中心的中国对附属国是怀柔、包容的，它不是西方强权维持下的紧张的国际关系，而是一种互系的、和平的国际关系。国家有大小、强弱之分，差序是一种正常存在的结构，但是近代形成的平等政治观念是所有国家的诉求，只要大国有责、小国有序，是可以构建一种和平、稳定的国际秩序的。[①]

第3节　中美关系

如前所述，费正清中国学的一个突出特点是历史研究与现实政治结合的功利主义思想。早年他把自己的学术研究视为服务于国家的宗教般神圣的事业，致力于美国自由主义价值观的宣扬，从他对中国传统文化的贬斥中，从对条约制度对朝贡制度的冲击的描述中，以及对中国自由主义知识分子的同情与赞扬中，我们都可以看到美国自由主义价值观在他身上的印痕。以这种自由主义价值观来看待和处理国际关系，在美国外交上体现为理想主义的传统。二战期间，费正清应召进入华盛顿的情报协调局工作，从1941年8月到1946年7月的五年时间里，他走出书斋，投身到战火纷飞的中国战场，战争让他开始重新思考自己的历史研究。“正如许多经历过战争的人一样，我更清楚地知道我思考了一些什么问题，一个人应该如何适应形势的发展采取相应的措施。战争严峻地向人们提出了思维和组织的新

① 秦亚青：“全球视野中的国际秩序（代序）”，《中国学者看世界·国际秩序卷》，北京：新世界出版社，2007年，第12—14页。

课题，我们必须以奋发创造的能动性去应和战争的需要。”① 这代表了他的史学研究向现实政治的转向，即他所说的史学研究的经世致用的功能，说到底就是服务于美国国家利益，发挥在对华政策中的思想库（think-tank）的作用。他的中国学成为一种基于现实政治并在历史视野中展开的对策性研究，相比官方的即时性对策分析具有更强烈的历史纵深感，因而在一些判断上更具理性，能够力排众议为美国对华政策提供一些更具建设性的意见和建议，实现了从一个外交上的理想主义者到现实主义者的转型，并最终为中美建交做出了积极的贡献。

美国是一个多元文化的社会，杂陈着各种不同，甚至一些尖锐对立的信仰和思想，但是自由主义在美国的历史进程中逐渐成为社会各成员普遍接受和认同的价值观，这种价值观主要是在英国哲学家约翰·洛克（John Locke，1632—1704）影响下产生的。洛克也属于近代古典自然法派的代表人物，但他与霍布斯主张君主专制的自然法不同。洛克也承认人处在自然状态中，自然法统治着自然状态，人的生命、自由和财产是人的自然权利，人人生而平等。他不同意霍布斯的人民通过契约把自己权利全部让渡给君主的观点，认为人类保有财产的权利是天赋的、自然的，是先于政府而存在的，政府的权力是源于被统治者的同意，因而是派生的、第二位的，个人只向政府让渡部分权利，应把大部分权利留给自己，因而政府的权力是有限的。洛克的主张成为美国独立战争中美国反抗英国殖民的思想武器，被作为美国的立国之本写入《独立宣言》，并以此成立了三权分立的现代民主制国家，这种在美国形成的宪政主义（constitutionalism）是洛克自由主义思想的法制化，因而洛克被看作是美国自由主义的奠基人。植根于美国人心中的这种自由主义价值观不是哲学家的抽象的理论体系，而是一些具体的自由主义信条在《独立宣言》、《美国宪法》、《权利法案》（宪法前十条修正案）、《联邦党人文集》以及国情咨文、各种报告、声明，以及政治演说、司法诉讼、议会辩论等经典文本和日常活动中的体现，像自由、民主、

① 费正清:《费正清自传》,第 211 页。

公民权利、三权分立、政教分离、以私有财产不可侵犯为基础的资本主义市场经济和自由企业等观念。美国人一向把“意识形态”作为一个贬义词，实际上自由主义就是美国这个多元社会统一的意识形态，无论哪个宗教、党派、种族、阶层都把自由主义奉为圭臬。

清教主义思想、美国例外论（exceptionalism），使美国人把这种国内盛行的价值观应用到国际事务中，在看待国际问题和处理外交事务时，常常带有自由主义的视角。美国例外论早在新教移民时期就产生了，新教教徒认为自己是为了寻求纯正的信仰来到新英格兰这个“新迦南”，他们的理想就是把这里建设成为一个全世界仰慕的“山巅之城”，以完成上帝赋予的拯救世界的神圣使命。因此，在新英格兰人的心中，上帝的选民、天赋使命、自由平等意识使他们在逃离欧洲后获得了一种不同于“旧世界”的“新世界”的身份。1776 年建立在自由主义基础上的现代民主国家，让美国人在国家认同中自觉认为自己国家的体制是不同于欧洲乃至全世界君主专制的一种先进的政治体制。两次世界大战以后，随着美国政治、经济、军事实力的迅速崛起，美国人更感觉到自己的自由主义价值观、政治体制、资本主义经济模式、工业化发展道路等是不同凡响的。美国例外论实际上就是美国优越论，美国应该成为全世界的典范，美国的这套价值观应该在全世界得到普及。

在对外交往中，美国人基于这种宗教信仰和优越论，把维护、传播这套自由主义价值观作为其国家利益的一个重要方面，作为评判他国的一个标准。在汉斯·摩根索（Hans Morgenthau）看来，一个国家最低限度的国家利益包括“领土完整、国家主权和文化完整”三个方面，约翰·蔡斯（John L. Chase）则把美国国家利益分为四个方面：第一，安全利益；第二，意识形态利益；第三，保护和促进商业；第四，维护有利的世界权力均势。[①] 约瑟夫·奈（Joseph S. Nye）则把“民主与人权这类价值观”作为

① 参见王立新：《意识形态与美国外交政策》，北京：北京大学出版社，2007 年，第 185 页。

"一种无形的国家利益"来看待。[1] 可见意识形态利益与安全利益和经济利益在美国国家利益中是不可分割的，在外交上体现为把世界纳入美国价值体系中的理想主义外交政策，凡是任何不符合美国自由主义价值标准的国家、地区和个人都是有悖于国家利益的，都是应该予以"铲除"的"邪恶势力"，因而成为美国在全世界进行扩张、实行霸权主义的借口。

美国与中国的接触最早始于十八世纪晚期的对华贸易以及随之而来的新教传教活动，到十九世纪中叶中美之间才开始了大规模的民间交往，传教士在其中再次发挥了主角的作用。费正清把传教士与商人和负有外交使命的海军军官放在一起，认为他们是十九世纪美国海外利益的代表，他引述了小詹姆斯·菲尔德的话，把宗教繁荣与工业主义和民族主义作为一个国家近代化历程中不可缺少的因素。费正清一方面指出了美国例外论对十九世纪美国新教在中国扩张中的影响：

> 人们认为早期的共和国不是由各式各类的人们组成的，而是在自然疆界上发展起来的一个国家，它没有欧洲的封建阶级体制，崇尚个人和个人对技术的大胆使用。为使个人有机会发挥首创精神，宪法赋予了个人的权利是得到保障的，政府的权力受到法律和合法程序的限制。传教士和商人一样，都是绝对的私人创业者。
>
> 1800 年以后，美国商人、炮舰外交家和传教士在地中海、近东甚至东南亚日趋活跃。由于来自政治革命后诞生的一个新国家，这些海外的美国人常常认为他们给人类带来了新的信息。他们热心倡导受法律保护的自由、人人平等的平等主义（黑人奴隶除外）和民族自决。十九世纪初期宗教热情的第二次大觉醒，一些传教士致力于向海外传播新教福音，旨在通过基督教信仰而拯救个人的灵魂，当他们被派往海外时，海外的差会总的说来就有了美国生活方式的许多特征：对个性和个人行为有着强烈的个人责任意识；相信一切都会朝好的方向发

① ［美］约瑟夫·奈：《美国霸权的困惑》，郑志国译，北京：世界知识出版社，2002 年，第 149 页。

展——尤其是通过教育、发明和技术的应用——的乐观主义态度；根据《圣经》的宗教教义和美国建国元勋们的政治原则，对道德和文化的价值甚至优越性的信念。

正是在这种思想指导下，十九世纪一大批美国青年参加了学生志愿海外传教运动，向大西洋沿岸的“不毛之地”传播美国的这套价值观。他也承认，这些随着炮舰而来的传教士在中国享有治外法权，是西方入侵的一个部分。但另一方面，他又坚决否认把传教士称为“文化帝国主义者”的说法，在他看来，传教士是“作为精神的革新者来到中国的”，在中国建立了教堂、学校、医院，促进了中国的改良和变革，甚至“在今天毛主义‘为人民服务’的教导中，也可以听到传教士希望为他人服务的愿望的回声”。[①] 以同样的观点，他把1899年美国的“门户开放”看作是美国维护中国主权的好事，把庚子赔款作为美国对中国的一种德行。

美国理想主义外交政策在两次世界大战中的代表，一位是伍德罗·威尔逊总统，一位是富兰克林·罗斯福总统。威尔逊提出了著名的“十四点原则”，作为一战后世界和平的纲领，其理想主义表现为：美国无意攫取别国领土，美国的外交手段主要是和平谈判而不是诉诸武力，美国不承认任何通过暴力掌权的外国政府，美国在国际关系中将恪守信用、尊重道义。他把社会主义、共产主义和无政府主义作为美国国家利益的三大威胁，竭力向全世界推广美国的自由主义民主制；而罗斯福则在二战即将结束时，大力宣扬他的“四大自由”原则，企图用这个原则重塑一个亲美的战后中国。实际上，他们的理想主义不过是用自由资本主义时代的价值观来建立符合美国利益的国际秩序而已。[②] 在冷战期间，美国在处理对华关系中交织着理想主义和现实主义两种态度，既把共产主义作为一种与自由民主价值观相对立的意识形态，也把它看作是与所谓的自由民主的西方政体相对立

① 参见费正清：《在华新教差会面面观与美国》，《费正清集》，第217—230页。

② 倪世雄：《当代西方国际关系理论》，上海：复旦大学出版社，2001年，第43页。

的专制统治。因而，从杜鲁门、乔治·凯南到艾森豪威尔、杜勒斯，到肯尼迪、尼克松、里根等一直奉行对中国等社会主义国家的“遏制”政策。

费正清三十、四十年代与中国知识分子的接触，其中不乏他们之间对美国自由主义价值观的认同。在他的笔下，这些知识分子大多留学美英、会讲英语、了解西方文化、爱国、敬业。1932 年 5 月在北平东兴楼上费正清结识了胡适、丁文江、陶孟和，他觉得“他们对一位美国留学生如此热情，大抵由于与中文自由学术界是一个整体，思想是一致的缘故”①。他对蒋廷黻更是赞赏有加，这不仅仅由于蒋指导他学习了《筹办夷务始末》、帮他在清华谋了一份教差，更重要的是这位早年在教会学校学习、后来毕业于哥伦比亚大学的中国青年才俊身上体现出来的“浓厚的西方色彩”，“他参与编辑《基督教中国》，写了不少评论文章，讨论关于‘社会基督精神’如何‘中国化’的问题，以求适合中国现状的需要。这里交汇着两种精神：既体现了中国学者的激昂慷慨的呼唤，又展示了美国自由主义精神的呐喊”②。1942 年 8 月，他第二次来到中国时，他的这种美国自由主义情结表现得更加明显，当他看到西南联大的教授们窘迫的生活境遇，他震惊了，9 月 23 日他在给国务院远东司司长霍恩贝克（S. K. Hornbeck）的助手希斯（Alger Hiss）③ 的信中这样写道：

> 这种无能状态典型地表现在对待中国知识分子问题上。长期以来，我们就知道，他们由于得不到政府的支持而逐渐山穷水尽。……这些曾在美国受到训练的知识分子，无论思考、言谈、执教都和我们一致，他们是美国在中国实实在在的一部分利益，他们在这场斗争中绝不是无关紧要的因素。

---

① 费正清:《费正清自传》,第 57 页。

② 费正清:《费正清自传》,第 103—104 页。

③ 作者注:阿尔杰·希斯(1904—1996),1948 年被指控为苏联间谍,遭到长达 5 年的监禁。此事成为轰动一时的“希斯案”,揭开了麦卡锡主义“反共”浪潮的序幕,此间作为律师的尼克松因在此案中不遗余力地对希斯的“反共”指控,而声名鹊起。

> 你看我已经成了一个扩张主义者，因为，中国的一部分是我们的世界中的组成部分，另一部分则不包括在内，我们都应致力于组成一个我们的世界——是我们的而不是别人的世界。
>
> 如果我们承认，在我们进行的自由和专制的这场全球斗争中，中国也是一个战场，那么，我们将因为给予这些人以帮助，而使美国在这场斗争的记录中留下一个污点。①

在这封信中，他指责美国政府在援助国民党进行抗战中对文化联系的忽略，这导致了国民党没有把美国的援助全部用于抗战，所以他主张必须帮助中国人树立正确观念，让中国人树立起和美国人一样的共同理想，把中国打造成美国主宰的世界的一个部分。他笑称自己是一个扩张主义者，实际上是一个美国自由主义扩张论者。包括此间他对共产党人（乔冠华、龚澎、杨刚等）的赞扬都是基于这种理想主义，他把这些中国朋友分为两类：一类是接受过西方教育，真正谋求自由的教授；另一类是左翼人士的年轻朋友，他们也是西方教育的产物，但接受了共产主义信念。他认为，这些人是中美关系的桥梁，代表了美国在华的长远利益，美国政府应该大力支持他们。同样基于这种理想主义，他对国民党专制的保守、无能、贪污、腐败、法西斯警察统治深感厌恶，而对中国共产党在改善农村经济、解放农民、解放妇女、推广教育等方面做出的贡献给予了高度赞扬，由此可以看出他逐步形成的现实主义外交观点。

理想主义者多从意识形态的角度出发来看待外交关系，强调国家利益中制度和价值观等非物质因素对美国国际环境的影响；现实主义源于霍布斯“一切人反对一切人的战争”的观点，认为世界的本质是权力集团的利益对抗与冲突，国家实力而非道德原则是解决对抗与冲突的关键所在，因此现实主义者多注重国家利益中安全、经济等物质因素对国际环境的影响。在美国外交传统中，两种外交思想因国内、国际因素的变化而相互交织、

① 参见费正清:《费正清自传》,第240—243页。

相互渗透、相互补充。1945年10月在中国内战即将爆发之际，费正清第三次来到中国，这次他不再是原来情报收集、分析员的身份，而是接替霍兰德出任美国战时情报局驻重庆办事处主任，成为代表美国的一名高级外交官，这使他可以更加深入地了解在中国大地上的发生的这场战争。经济崩溃、官僚腐败、白色恐怖、对联合政府计划的破坏再一次加深了他对国民党政府的负面印象，1946年7月离开时，他看到国民党大势已去、败局已定。而就在他回国后的第八天7月15日，闻一多先生在光天化日下被国民党特务枪杀，他感到自己多年信奉的自由主义理想一下子被碾得粉碎，他对美国政府基于这种理想主义继续奉行对国民党的支持政策产生了疑虑。比如，这种理想主义认为，国民党是共同防卫西方自由联合企业的价值准则的盟友，对此他进行了坚决的批驳，认为国民党根本不属于赞助工商企业的资本主义派，而是和以往的王朝一样不过是在维护自己的党派利益而已，从一开始就凭借武力，以寄生虫的方式对上海工商业极尽敲诈勒索之能事，它不是在保护资本主义而是在摧毁资本主义。[①] 美国人担心，一旦国民党失败，美国在华的影响即被苏联取而代之，基于这种忧虑，美国似乎在信誓旦旦地支持在中国的自由主义目标，实际上却是在帮助国民党倒行逆施。而一向被视为个人政治自由敌人的中国共产党却是农民经济福利的最有力的倡导者，他们了解农民的经济需要，赢得了农民的政治支持。因此，他认为，美国政府必须审时度势，采取灵活的对华策略，如果一味地援助这个即将垮台的政府，只能对美国未来的事业造成阻碍。向现实主义态度的转变，使他对中国的共产主义持有一种相对主义的观点，他认为共产主义不适合美国但适合中国，他反对对中共采取孤立或隔离的政策，主张应该抛却绝对化的理想主义的做法，不要管中国是什么样的政治，只要有利于美国的事业，就应该充分发展与中共的关系，美国的财政与技术援助应该让中共分享。[②]

---

① 费正清:《费正清自传》,第390—395页。

② 费正清:《一九四六:我们在中国的机会》,《费正清集》,第310—312、320页。

1947 年 7 月他在太平洋关系学会的《远东概览》撰文《中国的前景与美国政策》指出，美国当前在亚洲积极的反共政策不仅不会实现自由主义的理想，反而会激起当地人民反对美帝国主义的民族主义情感从而加强共产主义的政权；美国这种不顾亚洲传统和制度对亚洲群众运动的任意践踏的行为，在国内也会导致极端反共的美国式的法西斯主义（American style of fascism），最终会腐蚀美国的民主。[①] 1949 年夏季在新中国成立的前夕，费正清在《中国的共产主义与美国对亚洲的新政策》一文中，提醒美国政府应该正视中国的现实，“如果我们想当现实主义者，那就必须承认三点现实：第一，中共在军事上已凌驾于国民党之上；……第二，就其指导思想而言，中共领导人都是真正的共产主义者；……第三，从中国老百姓的观点并用中国人的说法，中共政权按迄今的业绩看来，可望成为近代中国最好的政府”。他认为，中国的共产主义是一场社会革命，不是一些美国社会学家所谓的政权斗争或改朝换代，这场革命有意识地摧毁了旧的士-绅-官的超级结构，有组织地解放妇女、提高农民的文化水平、提高农业技术、改善医疗条件，激发了在旧社会处于底层的农民、妇女参与政府的积极性。他主张美国应尊重中国的民族自决，尊重中国人在开辟工业化和现代化道路上的自主性，而不是总把自己摆在首位；主张美国人应当恢复当年西部开拓的革命精神，积极发展与中国的商业往来和文化交流。[②] 1949 年 10 月 1 日中华人民共和国宣布成立，费正清立刻召开了有学者和商人参加的圆桌会议，希望就尽快承认新中国达成一致意见，而在华的传教士和商人也可以成为美国留在门内的一只脚，至少不至于把中国推向苏联的怀抱，他还赞成让中国加入联合国。

但是，这期间新中国的成立、苏联原子弹爆炸成功以及朝鲜战争这些事件在麦卡锡主义的煽动下，产生了一种波及全美的对共产主义“大恐怖”

① John King Fairbank. China's Prospects and U. S. Policy. *American Historical Review*, 74 (Feb. 1969), pp. 861-969.

② 费正清：《中国的共产主义与美国对亚洲的新政策》，《费正清集》，第 324、329、331、339、341—344 页。

(the Great Fear) 的病态心理，麦卡伦委员会在全美展开的“忠诚”调查搞得人人自危，自由主义的准则被混淆了，自由主义信条的表面价值已经引不起人们的兴趣了。[①] 费正清对美国国内法西斯主义产生的预感终于变成了现实，费正清现实主义的主张自然与那些自由主义偏执狂的麦卡锡主义分子形成了激烈的冲突，他因而受到麦卡锡主义分子的迫害。在五十年代费正清重又回到了史学领域，这反而让他更加理性地从历史角度来分析美国现实的对华政策。

五十年代到六十年代中国的抗美援朝和抗美援越，在美国政府和许多美国民众看来，是中国与苏联结成铁板一块的共产主义在东亚的扩张。他认为，美国在越南的战争是一场文化边疆的战争，一种在中国儒家文化领域的边疆战争，如果不考虑这种文化传统，只是一味地执行大棒加萝卜的政策，把我们的文化强加于他者文化之上，只能是一种扩张主义，并最终导致失败。从历史上来看，中国是一个陆地王国，势力范围是一种根深蒂固的陆地型的，重视税收等国内事务，没有宗教改革、海外冒险、商业扩张之类的价值观，而传教、冒险和贸易是欧洲扩张主义的三大引擎；中国历史上与周边国家的朝贡关系不是一种控制或主宰的关系，今天中国与原来的朝贡国越南的关系不是一种军事-管理的关系，而是一种政治意识形态的关系；新中国延续了重视亚洲内陆轻视东南海洋的对外关系传统，当下中国最关心的是与她有着最长边境线的苏联和外蒙的问题，历史上中俄边界纷争以及毛泽东强烈的民族主义思想不可能与苏联是铁板一块，只是在美国等西方国家遏制下暂时与苏联的结盟。至于中国正在建造的潜艇、核武器，也只有象征意义及潜在的战略价值。总的来看，他认为，中国是一个内向型、防御型的国家，如果说中国在未来有扩张行为的话，那也只能是像美国这样的国家扩张刺激的结果。[②] 同时，他还对十九世纪以来的美国

① 费正清:《七十年代的任务:研究美国与东亚的关系》,《费正清集》,第 411 页。

② John King Fairbank. *China's Foreign Policy in Historical Perspective*, *Foreign Affairs*, Vol. 47, No. 3 (Apr., 1969), pp. 449-463.

对华政策进行了反省，美国人谴责英帝国主义十九世纪在华的殖民战争，认为自己为参与其事，反而提出了“门户开放”政策以维护中国主权，于是感到超然物外、德行纯洁，与欧洲列强的强权政治和帝国主义不沾边。实际上美国也脱不了干系，“门户开放”对英国不平等条约的支持是为了坐收渔利，而对英国人肮脏的鸦片贸易听之任之，这与英帝国主义没有什么两样。现在，美国再次陷入越南战争的泥沼而不能自拔，在一定程度上源于自己在精神道德上优于帝国主义所致。他建议，美国政府应该与中国进行非军事性的接触和谈判，防止武力升级。①

面对苏联在全球的扩张以及在各个领域和地区与美国的抗衡，以及两国日益升级的核武竞赛，美国感到一种空前的威胁。1957 年中苏分裂，尼克松这位当年积极的反共分子终于从一个单纯反共的理想主义者走向了考虑大国三角关系的现实主义者。费正清分析了中国传统的“以夷制夷”的策略，向尼克松和基辛格解释了中美关系解冻的可能性。尼克松最终准备从越南撤军，表达了与中国改善关系的愿望。费正清进一步解释道，中国自古以来的世界秩序是以自我为中心的朝贡制度，他建议尼克松主动与中国接触。1972 年，尼克松访华前夕，他再次从中国朝贡礼仪制度的角度，提醒尼克松要遵守合理的礼仪制度，不能像访问苏联时与赫鲁晓夫在厨房辩论那样，在毛主席鼻子底下指手画脚。2 月 21 日，尼克松走过长长的中国人民解放军三军仪仗队，费正清仿佛看到美利坚的国王也加入到朝贡的行列，对中国纳贡称臣。尼克松见到毛泽东后，表达得十分直接，他是为美国利益而来，费正清又何尝不是呢。

美国与中国关系正常化以后，在长达七年的时间里，因为美国在台湾问题上的顽固立场，两国一直没有建立正式的外交关系，费正清认为，这种立场源于“海洋时代”的理想主义。“海洋时代”是欧洲资本主义及其海外扩张的代名词，西方人认为“海洋时代”给中国的沿海口岸带来了现代化，而拉铁摩尔认为，在西方和日本的侵略、占领和扩张下“西方和日本

---

① 费正清:《关于中国的新思考》,《费正清集》,第 353、356 页。

的工业、商业、金融以及政治和军事……都是从海上强加给中国的，并在沿海地区发生了作用"①，费正清继承了这种观点，在许多美国人眼中，台湾是海上西方与海上中国会合的结果，西方和1895年以来日本的西化影响使得他们把台湾看作是美国世界的一个组成部分，因而不断地对台湾进行干预，反对大陆共产主义对台湾的统治。但是，无论是在大陆还是在台湾，无论领导人还是普通民众，由于历史形成的"大一统"观念，都反对"两个中国"和"一中一台"的说法，赞同"一个中国"的观念。因此，他主张，美国政府应该本着"一个中国"的观念尽快与中国建交。直到1979年，美国才形成了这种共识，承认了"一个中国"的模糊概念，与中国建立了正式的外交关系。

作为一种分析，我们批评费正清中美关系观中服务于美国国家利益的主张，实际上要求任何一个人抛弃自己国家和民族的利益的做法都是不现实的、苛刻的，也是不可能的。毕竟二十世纪七十年代中美关系的改善促进了两国人民之间的理解和交往，加强了世界格局的和平与稳定。

① Owen Latimore. *Inner Asian Frontier of China*, New York: American Geographical Society, 1940, p. 15.

第6章

从『西方中心』到『中国中心』

——中国学的转向

主张经世致用史学观念的费正清往往对理论框架，特别是对庞大的理论框架持怀疑态度，他常常以具体问题为中心展开他的中国问题研究，避免作宏观议论。但是，纵观他的整个中国近代史研究，可以看出，有一个基本模式贯穿始终，那就是他的“冲击-反应”模式。这种模式并不是费正清的创造，汤因比（Arnold Joseph Toynbee，1889—1975）在他的《历史研究》中继承并发展了斯宾格勒（Oswald Spengler，1880—1936）的“文化形态（cultural morphology）”史观，他们都把文明作为历史研究的单位，认为文明像生物一样有它的“起源、生长、衰落、解体”的“生命周期”。汤因比进一步把文明的这种“生命周期”归因于“挑战-应战”的机制，他通过对已有的二十一种文明的分析研究，认为，一种文明的产生是对其社会的、环境的挑战成功应对的结果，如果这种文明要存在下去并获得发展，从而延长其“生命周期”，就必须对这些挑战继续做出有效的反应，否则就只有死亡。汤因比在一战以后产生的幻灭感，使他对以欧洲为代表的西方文明的看法有着强烈的宿命论倾向，他在晚年甚至期冀以中国文明拯救世界。费正清的“冲击-反应”模式实际上是对汤因比“挑战-应战”机制的应用，严格意义上讲算不上一种理论，而只是一个粗枝大叶的中国近代史的研究模式而已。该模式的核心问题是中国的传统社会与文化，它假设西方资本主义社会是一个动态的近代社会，而在中国，保守的儒家思想长期占据意识形态上的正统地位，从而使中国社会一直以来处于超稳定，或者发展停滞的状态，其缺乏自身发展的内在动力。为此，费正清强调，西方的冲击对中国是一种刺激，为中国提供了一种摆脱困境，获得发展走向现代化的机遇。应该说，这种模式与之前的中国近代史研究相比取得了某些进步，马士的《中华帝国对外关系史》把注意力集中在外部因素上面，不仅完全以外国文献资料为依据，而且强调对外战争与条约、外国人在中国做了什么，费正清的“冲击-反应”模式至少出现了由外向内摆动的迹象。但是其中明显的乐观主义、目的论的色彩，体现了费正清在十九世纪以来进化论影响下的西方中心主义思想。

第 1 节　费正清“冲击-反应”模式的产生及影响

费正清 1931 年完成的那篇学士论文，显示了他早年在威斯康星受拉·福莱特进步党人影响而形成的对帝国主义批判的锋芒，但有关中国海关起源过程中英中贸易关系的单向叙述，证明他还是一个视野还没有展开的稚嫩的学生形象。然而在有了美国中西部中产阶级、新英格兰的上流社会、暮年的英帝国以及中华民国这些全然不同的经历之后，他的思想发生了微妙的变化，视野变得开阔起来，思维的触角开始延伸，他开始从英中关系的双向往还来看待十九世纪中叶前后的两国贸易，早年激进的帝国主义批判锋芒悄然黯淡下来。他的第一篇学术论文《1858 年条约前鸦片贸易的合法化》效仿蒋廷黻，不再对帝国主义做单纯的道德方面的评判。他对十九世纪一些人对鸦片贸易的挞伐不以为然，认为那只是显示他们道义上的耻辱和义愤借以反对鸦片贸易，应该把评判权留给读者。他把 1858 年条约以前鸦片贸易的合法化归结为中英双方各自利益的需求，“英国强迫中国皇帝使鸦片贸易合法化，那只不过是说出了事实的一半”，另一半则是中国内政问题造成的。[①] 他的博士论文是在这两篇论文的基础上扩展而成，核心议题是 1854 年上海海关外籍税务司（The Foreign Inspectorate of Customs）制度的建立。文章分析了带有朝贡性质的中国传统海关税收政策在 1842 年《南京条约》后在条约口岸执行过程中的失败，中国腐败的官僚体制、僵化的财政和货币政策以及恐外、排外的外交心理，造成了对外交和外贸的忽视，从而引起了走私的泛滥和对外贸管理的无序，而无力镇压的太平天国起义及小刀会更使得海关管理陷于完全瘫痪状态，英国方面由于东印度公司贸易的在华贸易，特别是鸦片贸易的扩大，急需有效的中国海关管理，费正清将这种中西共治的海关管理制度归结为中英双方折中的产物。他再次批评了英国等列强为了实现其扩张主义的野心在该制度建立前后对中国经济

① John King Fairbank. “The Legalization of the Opium Trade before the Treaties of 1858”.

的剥削，但又指出：“毫无疑问，外国贸易作为一种主要力量摧毁了古老中国的结构，而海关则带头树立了帝国主义新颖和光明的一面，当最后一位外国人离职时，这种制度必然会以其无可匹敌的建设性成就在历史上有一席之地。”[①] 费正清对这种随炮舰而来的外籍税务司制度带来的廉洁、高效以及由此而增加的税收，以及对教士、医务人员等的描述不乏溢美之词。在这里，我们可以隐约看到他日后形成的“冲击-反应”模式的影子，只是还处于就事论事的阶段，仍然将这个事件的原因局限于中英两国外贸、外交制度以及参与人员性格的差异等具体因素方面，至于造成这个事件之前的大的文化背景和之后带来的政治、文化的影响才刚开始进入他的视野。应该说，他受韦伯斯特、马士、拉铁摩尔、蒋廷黻等的影响，选择十九世纪中叶前后的英中贸易关系作为其研究方向，实属偶然，但学术上最初的成功成为他中国研究的切入点和起点，他的历史视野开始向这个事件的前后纵深延伸，逐步将这一个单纯的历史事件置于中国文化的大背景之中。

回到哈佛大学这所西方精英知识分子云集之地，以及四十年代与国民党上层的亲密接触，他的中国近代化的观念开始形成，他以鸦片战争为分水岭将中国历史划分为前近代（pre-modern）（或传统）和近代（modern）两个阶段。1948 年初版的《美国与中国》一书，通过对两个二元对立概念“集权传统”与“社会革命”的分析，喻示了西方力量对中国停滞的传统具有决定性的改造作用。集权传统借助儒家思想渗透进政府、法律和宗教，甚至人道主义传统等方面，成为中国步入现代化的障碍，从而在无法适应现代化节奏时引发了社会革命，而社会革命均是西方思想影响下形成的，换言之，任何“革命”都是西方社会发展进程的一个连续组成部分。太平天国、戊戌变法、辛亥革命、新文化运动都是对传统结构的冲击。其中第七章的标题就是“西方的冲击”，探讨了在西方列强的武力冲击下，清政府做出种种回应，并以此构成近代中国发展的一条重要线索。《中国沿海的贸

---

① John King Fairbank. *The Origin of the Chinese Maritime Customs Service, 1850–58*, “Preface”, p. vi–viii.

易与外交：1842—1854年通商口岸的开埠》一书阐述了中国古代朝贡关系与儒家思想的渊源关系，通过分析鸦片战争后的十二年内通商口岸条约制度的演变过程和上海外籍税务司的成立，暗示了中国朝贡制度在现代国际网络中的衰落命运以及中国民族主义在西方条约制度冲击下的勃兴。1954年，在与邓嗣禹合著的《中国对西方之回应》更加明确了这种模式："既然中国是人口最多的大一统国家，又有着最悠久的绵延不绝的历史，它在过去百年中遭受西方蹂躏就必然产生连绵不断、汹涌澎湃的思想革命，对这场革命我们至今还看不到头……在充满'不平等条约'的整整一世纪中，中国这一古代社会和当时居于统治地位的、不断扩张的西欧与美国社会接触日益频繁。在工业革命的推动下，这种接触对古老的中国社会产生了灾难深重的影响。在社会活动的各个领域，一系列复杂的历史进程——包括政治的、经济的、社会的、意识形态的和文化的进程——对古老的秩序进行挑战，展开进攻，削弱它的基础，乃至把它制服。中国国内的这些进程，是由一个更加强大的外来社会的入侵推动的。它的庞大的传统结构被砸得粉碎……经过三代人的更替，旧秩序已经改变模样。"[①] 在《中国：传统与变迁》第一章中他则明确指出："当代中国变革转型的根本原因，主要源自西方的新兴力量与本土传统习惯及思维方式之间的冲突互动。本书因之亦分为两大部分：三千多年来中国传统文明在相对隔绝的状况下的衍变，及自近代以来作为对现代西方社会的回应，这一文明所经历的变故与转型。"[②] 在十一章"中国对西方的回应"中他对比日本又专门讨论了这一模式，认为中国之所以不能日本那样实现现代化，是因为这个社会存在着惰性力量，社会庞大，组织稳固，无法迅速转化为西方组织模式，而日本对西方的刺激反应迅速，对西方的制度、观念接受较快。[③]

二战以后，诞生于十九世纪的近代化理论开始定型，特别随着冷战的

---

① Teng, Ssu-yü and John King Fairbank. *China's Response to the West: a documentary survey 1839-1923*, Cambridge: HUP, *1979*, "Introduction", p. 2.

② 费正清：《中国：传统与变迁》，第3页。

③ 费正清：《中国：传统与变迁》，第230—231页。

开始，这种理论更成为一些美国社会科学家意识形态的工具，其中蕴含的资本主义改良思想被用以对抗马克思列宁主义有关社会主义对资本主义革命的学说。其次，二战后，美国在政治、军事、经济、科技上的崛起，加深了美国社会学家西方和非西方或“我们”与“他们”的二元对立思想，产生了以美国为代表的西方普适化价值观。因此，“冲击-反应”模式在美国学术界一度风靡一时，甚至成为一种“学术规范”。像保罗·克莱德与伯顿·比尔斯合著的《远东：西方冲击与东方反应之历史》，以及弗兰茨·麦克尔与戴德华合著的《近代世界中的远东》中，“西方冲击”与“东方反应”都是书中的核心概念。列文森关于中国历史划分的“传统-近代”模式同样延续了“冲击-反应”模式。列文森认为，儒家思想推崇的非职业化的人文理想在讲究科学、进步、商业、工业、功利主义的近代化的步步紧逼下败下阵来，最终退出现实成为博物馆的陈列品，原因在于缺乏韦伯“科层化”的职业理性功能。芮玛丽同样把妨碍中国适应近代化的因素归结到儒家体制上面，认为儒家学说与近代化潮流的水火不容是导致“同治中兴”最后失败的原因，因此中国革命不可能是自身历史的产物而只能是由“外部引发的革命”。费维恺（Albert Feuerwerker）在对中国早期工业化的研究中，提出了与芮玛丽相类似的观点，认为中国的传统价值观和体制形成了中国经济近代化的阻力，费维恺在西方冲击的论断上表现得较为谨慎，但他对中国经济近代化内在动力的否定显然体现了他对西方冲击作用的肯定。费正清以“冲击-反应”模式为框架的中国学在美国影响深远，在此后十几年的时间里对美国乃至世界的中国近现代史研究起了主导作用，形成了中国研究的费正清学派，并对美国的外交政策发挥过不容忽视的重要影响。

第 2 节　中国学的转向

无论是汉学还是中国学，都是文化旅行的结果，受制于中西方的历史文化语境以及当下现实境遇，但归根结底是在异域成长起来的一种文化形态，西方作家对中国历史的书写是以自身为主体，以中国文化为客体展开的。同时，西方的自我认同总是在东方为“他者”的参照镜下进行的。萨义德的《东方学》揭示了“西方”这个概念的关键性含义都是对照着想象出来的“东方”特点建构出来的，东方是西方“最深切最经常出现的他者形象之一……帮助规定了欧洲或西方的意义，即与其对照的形象、思想、性格和经历”①。西方文化被看作是世界上唯一具有普遍描述能力的知识体系，它能够描述所有的东西，而他文化却没有这样强的描述能力。就是说，西方文化既能够生产它自己的地方知识，又能够生产世界性的普遍知识，而其他文化大概只能生产自己的地方知识。西方文化有着自身反思、自我表述的思想结构和知识能力，而他文化，即使那些充满魅力、美不胜收的高水平文化（例如中国文化），却没有进行自身反思和自我表述的能力。简单地说就是，西方文化被认为既能够解释他者又能够解释自身，所以是普遍的知识体系；其他文化既不足以解释他者又不能自我反思，因此是特殊的或地方的知识体系。西方人这种关于他者的表述同时也构成了对他者的否定。

西方人这种文化殖民的帝国主义逻辑逐渐从英法转向了美国，特别是在二战以后，老牌帝国主义国家最终被美国取代了，成为号令天下的政治、经济、军事、文化的霸权国家。在《文化与帝国主义》的前言中，萨义德针对美国的霸权主义说过一段令人警醒的话：“每个追求世界统治权的政治中心都说过并做过许多同样的事。管理弱小民族总少不了诉诸权力和国家利益；当形势变得有些棘手，……便会出现同样的摧毁欲。然而，竟有人矢口否认这一点，……。更糟糕的是，知识分子、艺术家和新闻记者们竟与这些做法沆瀣一气。”② 因而，西方人的文化身份不可避免地带有这种“前理解”的印记，给西方作家的东方书写以深刻的影响。

---

① ［美］爱德华·W. 萨义德：《东方学》，王宇根译，北京：三联书店，1999 年，“序言”。

② ［美］爱德华·W. 萨义德：《文化与帝国主义》，李琨译，北京：三联书店，2003 年，“序言”。

根据德国文艺理论家、美学家姚斯（Hans Robert Jauss，1921—1997）和伊泽尔（Wolfgang Iser，1926—2007）的接受美学理论（Receptional Aesthetics），每一个读者（观众）都生活在一个纵的文化历史发展与横的文化接触面构成的坐标之中，这一坐标构成了他独特的，由文化修养、知识水平、欣赏趣味以及个人经历等所构成的“接受屏幕”。费正清作为中国文化的“读者”和“作者”，其西方文化的出身、曾经的政府官员以及美国一流大学的知识分子，尽管他一再强调文化的相对性，并对帝国主义的侵略性有一定认识，但他观察、处理、分析中国文化的西方中心主义和美国利益思想的过滤是不可避免的，他坦言道“当我们还不熟悉一种外国文化时，就似乎注定要从我们自己的角度来理解它”。[①] 在《美国与中国》序言中，他明确指出自己写作的潜在读者是美国人。无论是对中国近代史的研究，还是后来的对华政策的讨论，都是以中国为想象中或者现实境遇中的“他者”为参照镜，服务于美国利益的，而作为学术主体的中国以及中国人的视角在其研究事象中往往是缺席的，对中国文化的观点往往是否定的。

费正清的中国学侧重于从社会文化学角度的考量。他的文化身份以及由此形成的西方知识结构，使他惯性地采取二元对立的思维模式，把东西方文化作为两种截然对立的文化形态。他的中国文化观是阴郁、灰暗的，他把西方作为一种先进的、有活力的文化类型，而中国文化则是停滞、落后的，并由此推断认为中国的近代化取决于西方的冲击，只有在这种冲击下中国社会才能产生结构性的变动，并表现为一系列的改良与革命，如此便形成了近代中国的面貌。这是费正清中国学的基本思想——“冲击-反应”模式，这种模式由于过分强调西方冲击对中国近代化的推动作用，因而着重十九世纪西方与中国交往这段历史，中国古代历史往往只作为一种陪衬的背景，从而忽视了中国传统社会自身发展的动力；着重西方冲击的主动性和中国反应的被动性；着重帝国主义对中国社会的正面影响，回避了历史事件中的道德层面。

---

① 参见 Paul M. Evans. *John Fairbank and the American Understanding of Modern China*, p.336.

二战以后，随着第三世界国家民族解放运动的兴起，亚非拉各殖民地国家要求民族独立、摆脱政治殖民和文化殖民的呼声日益高涨，统治世界三百多年之久的西方殖民体系开始瓦解。特别是二十世纪六十年代中期至七十年代中期，越南战场的失败以及水门事件丑闻使许多美国人对西方文明的精神价值产生怀疑。此外，人类在认识论和方法论领域也经历了重大转型，出现了逻辑学范式向现象学范式的转向。逻辑学范式将一切思想和叙述概括为一种无所不包的、具有一致性的“大文本”或“大叙述”。现象学范式的研究对象不再是抽象的、概括的形式，它强调具体的人及其回到直觉和自身的洞察从而摆脱概念前提的态度。“大文本”或“大叙述”被解构了，原来处于边缘的、零散的、隐在的以及被“大文本”或“大叙述”覆盖的一切，开始受到重视，并释放出新的能量。① 现象学范式在文化研究领域表现为文化相对主义，文化相对主义尊重文化差异，主张对不同文化进行具体分析，即使对同一种文化也要进行综合性分析，不可以“大文本”或“大叙述”的形式一概而论。文化相对主义使原来处于边缘的、压抑的非西方文化的价值体系得到承认，西方文化的话语霸权遭到解构。西方理论学术界首次将西方对东方进行文化殖民的事实及后果纳入自己的研究范围，对殖民主义的种种影响及后果进行了自我反思和清算，并将研究重心从文本形式转移到文化政治批评上来，具有鲜明的政治性和文化批判性，显示了西方当代理论批评的后殖民主义倾向。

新中国成立以后，随着国内政权的日益巩固以及国际地位的不断提升，特别是 1978 年开始的改革开放和 1979 年与美国的正式建交，中国以及中国问题成为全世界瞩目和研究的焦点。诚如斯坦福大学亚太研究中心主任、社会学资深研究员魏昂德（Andrew G. Walder，1953— ）认为，重建美国当代中国研究“起自 1979 年。……中国不再被视为一个边缘的神秘话题，它

① 乐黛云:《比较文学与比较文化十讲》,上海:复旦大学出版社,2004 年,第 146 页。

已经移上了中心舞台”①。美国的中国学界自六十年代以来开始进入反思时代，费正清的“冲击-反应”模式受到质疑和挑战，出现了西方中心主义取向的中国研究范式向“内部取向”的中国中心范式的转移，主张摆脱“殖民地史”的历史研究框架，从这些社会内部、按照它们自身的观点探索历史的发展，反对将非西方社会历史为西方历史延续的观点。

六十年代末期，美国年轻一代中国学家对以费正清为代表的中国学派展开围攻，他们以其中的帝国主义倾向为切入口，开始突破中国学的西方中心主义范式。费正清的学生詹姆斯·佩克在《花言巧语的根源：美国中国问题观察家的职业性意识形态》一文中，对二战以后隐藏在美国中国学背后的理论体系进行了深入的剖析，佩克认为，近代化研究取向作为美国中国学最基本的理论模式，把帝国主义看作是促进中国近代化的动因，是对其罪行的一种粉饰。在他看来，中国学的近代化研究取向不仅是一种有害的理论模式，还是中国问题专家用来为美国战后在亚洲的政治、军事、经济干涉进行辩解的意识形态构架，二十世纪五十年代美国自由主义的中国问题专家和当时的右翼理论家是一丘之貉，“他们都接受反共的观点，都对世界采取说教式的两极分法，都美化美国的权力，从而为美国担任世界宪兵以及建设其他国家的首领寻找借口。……这就是为什么我们甚至于可以把这批自由主义的美国的中国问题专家和杜勒斯结成夫妇的原因”。二战以后，亚洲国家正处于从传统社会向现代民族国家转型的重要时期，共产主义对它们具有很大的吸引力，而美国的中国学家们却在拼命地寻找一种替代共产主义的理论，费正清等自由主义者的近代化模式主张对中国实行资本主义式的改良，反对马克思主义的革命，从而为政府提供一种进行冷战的意识形态的武器。与近代化理论相反，佩克坚决反对帝国主义对亚洲国家的经济掠夺和扩张，反对帝国主义的资本输出和对外国市场的垄断，

---

① Andrew G. Walder. *The Transformation of Contemporary China Studies, 1977–2002*, produced by the Berkeley Electronic Press, UCLAS Edited Volumes Vol. 3 [2002], Article 8, http://repositories.cdlib.org/uciaspubs/edited volumes/3/8.

重视农民和城市无产阶级所进行的革命运动对社会历史发展的推动作用。这位年轻学生犀利的批判锋芒震撼了整个美国中国学界，成为美国中国学转向的风向标。①

美国中国近代史家孔飞力是对费正清“冲击-反应”模式较早提出质疑的学者，他在《晚近中华帝国的起义及其敌人：军事化和社会结构，1796—1964》一书的序言中，重点讨论了中国社会内部变化的性质。他指出，在西方大规模冲击之前，人口激增、物价高涨、经济日益货币化以及农村社会日益剧烈的竞争等新的力量已经在开始削弱中国传统社会，并在衰弱过程中生成某种社会和政治组织的新形式，他从旧秩序的衰落——传统国家制度的毁灭与地方军事化出发，认为中国近代史以1864年地方军事化的形成作为开端可能比1840年的鸦片战争更为合适。② 继孔飞力之后，对费正清中国学模式质疑和批判以保罗·柯文的“中国中心观”的提出最有代表性。1984年，来自卫斯理学院的中国学教授保罗·柯文出版了一本自费正清以来美国中国学的总结性著作《在中国发现历史：中国中心观在美国的兴起》（*Discovering History in China: American Historical Writing on the Recent Chinese Past* , Columbia University Press, 1984），该书对美国中国学界流行的西方中心主义的“冲击-反应”和“传统-近代”模式进行了细致梳理和深入批判，尽管佩克对费正清中国学派的帝国主义倾向进行了猛烈抨击，但在保罗·柯文看来，仍然属于西方中心主义的范畴，只不过前两种模式是从赞扬的角度，第三种模式是从批判的角度来谈“西方冲击”而已，本质上没有差异。他提出以“中国中心观”为主导范式来研究中国历史，注重从中国社会内部来考察，把中国社会进行纵（地域）横（阶层）分解，并加强中国历史的跨学科研究。保罗·柯文这种“内部取向”的“中国中心观”代表了西方中国研究的第二次转向。

---

① 参见侯且岸：《当代美国的“显学”——美国现代中国学研究》，北京：人民出版社，1996年，第109页。

② Philip Alden Kuhn. *Rebellion and Its Enemies in Late Imperial China: Militarization and Social Structure, 1796-1864*. Cambridge, Mass.: Harvard University Press, 1970, pp. 1-10.

第3节 “中国中心观”的形成

某种程度上而言，詹姆斯·佩克从马克思-列宁主义、毛泽东思想角度对费正清“冲击-反应”模式中帝国主义倾向的批判，更多的是一种六十年代美国青年运动的激进行为，其批判锋芒尽管锐利，但也不乏偏激。孔飞力对中国社会发展内在动因的考察无疑是一种很好的尝试，开始对“冲击-反应”的“外部取向”提出质疑，但也只能算冰山一角而已。真正站到理论高度，对费正清“冲击-反应”模式以及与此类似的列文森的“传统-近代”模式和佩克的“帝国主义”模式展开全面分析、深入批判的是保罗·柯文。

柯文首先指出了“冲击-反应”模式适用范围的局限性。认为，第一，费正清为了强调他的“冲击-反应”模式，把精力过多地放在了十九世纪中国与西方有关联的这段历史上面；第二，对有些本来是对内部因素做出反应的事件，也僵硬地置于“冲击-反应”模式的棱镜之中，致使对这些内部因素的复杂的历史含义未作出充分阐述；第三，为了说明中国对西方冲击反应不力，对中国文化的惰性进行了夸张性的描述；[①] 第四，这种模式由于聚焦于有意识的反应，往往偏向思想、文化和心理的解释方法，削弱了采用社会、政治和经济的解释方法。[②]

其次，柯文从历史相对主义角度，对这一模式中的“西方”和“中国”两个概念从时空两个层面进行了解构。他认为，西方文化随着时间的推移在不断地发展变化，古代，十九世纪，二十世纪三十、四十年代的西方都是不一样的；在地域上，西方文化因国家不同也有很大差异，美国、英国、法国虽同属地缘上的西方，但存在着诸如美国和中国一样大的差异，例如，十九世纪上海的西方化，实际上是一种英国化；而经过文化旅行的西方文

---

① [美]保罗·柯文:《在中国发现历史》,第2—3页。

② [美]保罗·柯文:《在中国发现历史》,第42页。

化已不再是原汁原味的西方文化，那些对中国产生直接影响的在华西方人，实际上他们的思想已经经过了中国文化的过滤；另外，“西方”是相对于“东方”构建的一个概念，没有与“东方”的对比，这个概念是不存在的。关于“中国”的概念，他认为，“冲击-反应”模式也说得过于笼统和绝对，中国在地理上横跨整个大陆，各地在种族、语言、文化、历史等方面存在着巨大差异，就是在某一特定地区也存在着少数上层人物和广大百姓之间在世界观、生活方式方面的不同，即使在两个阶层内部，人们的气质、性格、年龄、性别以及经历、信仰等也各不相同，他们对所谓西方的冲击有没有反应、有多少反应、反应如何，都是不一样的。[①] 柯文建议把十九世纪的中国社会划分为三个不同层带：外层带——地理和文化意义上明显受西方冲击影响的地区或社会事项，像通商口岸、近代兵工厂和船坞，王韬之类的报人，总理衙门及海关之类的机构和派遣留学生和对外使节之类的对外事务等；中间层带——经由西方催化或赋予某种形式与方向而非西方冲击直接影响的事物，如太平天国运动、同治中兴、自强运动、宫廷与官僚政治以及城乡间的经济与社会矛盾等；内层带——受影响最少的文化与社会层面，如语言、文字、本土思想、宗教与审美形式、古老的社会经济习惯与制度、农村沿袭至今的生活方式等。这样的条块分割之后，所谓的“冲击”也只能对外层和中层带发挥作用，而恰恰是受影响最少的内层带最有可能是对晚清历史产生决定性作用的。尽管柯文也承认各层带之间并非互不关联，但他否认“历史跷跷板”现象——外层带对内层带的必然带动作用。[②] 因此，他认为，既然没有绝对和整体的西方和中国，也就不存在西方冲击和中国反应之说，近代中西之间的接触是一个错综复杂的过程，简单地用“冲击-反应”来概说是片面的、草率的。他的这种层带划分方法，不仅仅是对“冲击-反应”模式范围的限定，事实上从根本上给予了颠覆。

然后，他提出了一套具体的解决办法。他认为历史作为客观存在已经

① [美]保罗·柯文:《在中国发现历史》,第3—8页。
② [美]保罗·柯文:《在中国发现历史》,42—43页。

一去不复返了，所谓“历史事实”只不过是当事人记录下来的个人体会，后来再经过史家过滤加工的体会，根本不是客观存在；历史过程是人类作为行为主体对周围环境进行适应并加以改变的过程，世界的存在依赖于人类主体在这一过程中的内心体验。因此，他主张（1）史家必须采取“移情”（empathy）的方法，把自己放到当事人的位置设身处地地去体会当事人的思想、感情和处境，从内部（中国）而不是外部（西方）的视角来决定中国历史中哪些现象具有历史重要性，哪些属于自身变革的因素；（2）“区域研究”不应以整个中国为研究单位，应该在地理层面上细化到中国各个区域、省份、州、县与城市，在社会层面上细化到各个阶层，推动下层社会历史（民间以及非民间历史）的撰写，主张从原来总体性、概括性的大叙述转向专题化、个案的研究；（3）加强跨学科的综合研究。①

费正清在“冲击-反应”模式的框架下，把太平天国运动借用基督教起事看作是“1890 年以前中国从西方取来的最大一项挪借”②，认为外来宗教提供了一种历史的催化剂，强烈冲击了中国现存的社会结构和价值观，统治阶级应付这种冲击的方式决定了中国近代史上的政治社会环境，因而太平天国运动在许多方面是中国前近代史和近代史之间的转折点。③ 与费正清的这种认识相反，柯文认为，从所谓最具革命性的意识形态——基督教教义来看，在起义者传播过程中已经经过了过滤，实际上是一种由福音基督教、原始共产主义、禁欲主义和儒家乌托邦思想的混合物，加之起义者的歪曲，因而谈不上外来宗教的冲击。而当时反应的一方——清政府恰恰因为太平天国运动造成的地方割据削弱了中央政权，对焦头烂额的内部事务已经疲于奔命，根本无暇对西方冲击作出有效的反应。④

费正清认为，十九世纪中叶以来，中国发生的一系列革新和革命活动

---

① ［美］保罗·柯文：《在中国发现历史》，林同奇：“‘中国中心观’：特点、思潮与内在张力（译者代序）”，第 8—9 页。

② 费正清：《伟大的中国革命》，刘尊棋译，北京：世界知识出版社，2001 年，第 96 页。

③ John King Fairbank. *The Cambridge History of China* (Vol. 10, Late Ch'ing, 1800-1911, Part I), Harvard University Press, 1978, p. 264.

④ ［美］保罗·柯文：《在中国发现历史》，第 10—12 页。

直至“五四”运动、共产主义革命，都是在西方影响下产生的，并对中国传统思想和制度形成了冲击，从而促进了中国的近代化进程。柯文不否认西方的影响，但是他认为，其实更是中国具有悠久历史的改革传统的一部分，在很大程度上可以看作是一种向内和向后的复古运动，并非近代化的革新。虽然这一时期也实施了一些西化改革，但也仅限于军事与外交等领域，其目标不过是为了维护儒教秩序而已。[①] 此外，由于普遍存在的仇外心理，无论在上层还是百姓间都有抵制改革的情况存在。而费正清仅仅选取了这一时期某些具有改革思想的上层人物的观点和对某些领域产生的积极影响（如他与邓嗣禹合作的《中国对西方之回应》），不能概括全面情况。对辛亥革命的看法，他将孙中山及其同人的作用退居次要地位，认为整个革命更多的是进行改革的清廷和某些方面相当保守的地方上层社会之间矛盾冲突的产物，似乎较少是一场受西方影响的激进分子对保守的清朝政治体制发动的反抗。因此，这场革命并不是近代势力战胜了传统势力，而是中国社会内部长期以来持续未断的权力斗争发展的结局。[②]

作为一位思想史家，列文森主要关注的是中国人的“内在的”世界——中国人对不断变化的世界的感悟及观点，而不是“外在的”世界——近代中国的经济、政治和社会的变化。列文森从中国思想史角度出发的“传统-近代”模式，尽管出发点不同但基本套路与费正清的“冲击-反应”模式如出一辙。他在《儒教中国及其近代命运》（*Confucian China and Its Modern Fate*）一书中认为，在西方把近代价值观引进中国之前的漫长岁月里，占据主宰地位的官方意识形态——儒家思想作为一种高度稳定的实体，成为中国社会“正常运转”的支柱，即使有什么变化，也只是词汇的变化，找不到引起语言变革——根本性变革的因素。[③] 十九世纪，当西方人到来时，带来的不再仅仅是机械钟和欧几里得几何之类的东西，背后

① ［美］保罗·柯文:《在中国发现历史》,第 21 页。

② ［美］保罗·柯文:《在中国发现历史》,第 176—177 页。

③ ［美］列文森:《儒教中国及其现代命运》,郑大华、任菁译,南宁:广西师范大学出版社,2009年,第 134—135 页。

还耸立着坚船利炮，中国内部这些细小的变化和冲突在激荡的中西文化撞击面前显得微不足道，中国的历史仿佛一下子被推出轨道，发生了根本性变化，近代价值观念的蓓蕾开始在中国渐次开放，而儒家思想由于丧失了与现实的联系，开始逐步凋零。在列文森看来，西方文化以两种途径作用于中国文化：一是作为溶剂，中国旧文化对其无力防御；二是作为楷模，中国新文化对其亦步亦趋。在这种观点下，中国革命成了一种反对西方正是为了加入西方的革命，似乎与本土问题毫不关联。[①] 柯文认为列文森这种模式源于十九世纪以来西方思想残余的影响，他从三个方面指出了存在的问题：（1）二元对立的两极划分法，排除任何中间地带；（2）“历史能量守恒的假设”，在特定的社会中，花在二元对立的两极上的能量总量是不变的，当社会流向一极能量增多时，流向另外一极的能量会相应减少，当近代的、西方的影响增多时，传统的、中国的影响自然就会减少；（3）用整齐匀称的概念解释根本不匀称的现实，“传统”“近代”“西方”“中国”根本上都是一些封闭的概念，比如“近代”一词对历史进程抱有一种程式化的看法，即社会严格按照直线发展，“历史单向集聚”的观点，但在现实中并没有该词所指涉的相应的状况，这种固有的观点不仅是一种十九世纪思想的残余，而且还体现了西方狭隘的种族中心主义思想。[②]

佩克是一位在反战背景下成长起来的“左翼”美国青年，由于对美国价值观的幻灭和失望，他在批判费正清“冲击-反应”模式和列文森“传统-近代”模式的基础上提出了自己的“帝国主义”模式。他从马克思、列宁、毛泽东有关帝国主义的理论出发，把从鸦片战争至中华人民共和国成立的百年历史看作是帝国主义的侵略史，指出了这两种模式存在着将帝国主义的侵略行径合法化的危险，并指责他们是美国扩张主义和侵略行径的帮凶和唆使者。佩克的焦点像费正清和列文森一样集中在十九世纪的中西冲突上面，他同样将鸦片战争作为中国近代史的开端，所不同的是他只是

① ［美］保罗·柯文：《在中国发现历史》，第64—75页。
② ［美］保罗·柯文：《在中国发现历史》，第88—91页。

将西方的冲击看作是帝国主义的侵略而已，把帝国主义归结为造成近代中国所有灾难的罪魁祸首，因而在中国产生了反抗帝国主义的共产主义革命，这样一来在他的论述中就出现了柯文所说的帝国主义“双面人”的矛盾形象。柯文对佩克敢于挑战权威的大胆做法给予了赞扬，但他同时指出，与上述两种模式一样，“帝国主义”模式也是一种“外部因素”的取向，原因在于目的论和中国史学的影响，以及佩克本人的反冷战意识形态，即如果强调“内部因素”，势必会减弱对美帝国主义的批判性，使之逍遥法外。[①]蒋廷黻和费正清都曾论述过，帝国主义冲击多是一种心理和道义上的影响，客观上促进了中国的近代化。柯文一方面批判了费正清等人美化帝国主义的西方文化中心主义思想，但同时认为，佩克的等人的“帝国主义”概念的政治意味过浓，与其说他们是在研究中国，倒不如说是在批评美帝国主义，对帝国主义批判往往是一种心理上和道义上的偏激行为。因而，佩克的“帝国主义”模式看上去更像是一种讨伐美国的政治檄文，而不是严格意义上的学术讨论。那么到底帝国主义有没有实际上的促进作用呢？柯文认为，帝国主义对中国主权的破坏，恰恰不利于在这一主权领导下的经济的发展；其次，他再次采取了相对主义的解释方法化解了冲击的作用：某些直接对中国形成侵略的公司和机构在多大程度上算得上帝国主义；十九世纪在中国的帝国主义列强并非一个，列强间存在着的相互竞争与冲突实际上削弱了整体的冲击力；冲击主要作用于外层带，中层带和内层带则较少受到影响，因而把中国作为一个国家，总体上的反应则显得微不足道。[②]

柯文依次进行的对三大模式的批判实际上体现了一种三段论的论证逻辑：外部力量对中国近代化的影响是有限的（“去冲击论”），中国的近代化有内在的自主性与方向感（“去近代化论”），那么由于帝国主义是一种外部力量，所以帝国主义对中国近代化的影响也是有限的（“去帝国主义论”）。这样一来，费正清和列文森的中国近代化进程中的“西方救世主”与佩克

① ［美］保罗·柯文:《在中国发现历史》,第119—120页。
② ［美］保罗·柯文:《在中国发现历史》,第149—120页。

的“双面人”就遭到驱逐。柯文援引萨义德的东方主义理论，认为那些厕身西方帝国主义国家的中国史家，在对中国历史进行表述时，都不可避免地带有“文化帝国主义”书写倾向，把西方冲击下的近代化描绘成一幅美景，因而都剥夺了中国历史的自主性。因而，柯文主张，只有反其道而行之，从外在的“殖民史学”转向非西方社会的内部，把中国近世历史变化的主动权交还给中国，才能在中国发现历史。[①]

柯文的“中国中心观”实际上在七十年代已经成型，当时时值美国越南战争失败，费正清帮助政府寻求与中国关系正常化的时期，因而柯文理论上的转向对费正清触动很大。他在后来认识到这一模式的偏见，部分地纠正了自己对中国历史的观点，承认自己的中国史观并非无懈可击，认识到中国的近代化主要是基于其自身的内在生命和动力，西方的影响是有限的。比如，他在1983年版的《美国与中国》中说道：“正如保罗·柯恩所指出的，中国人必须对他们所面临的整个局势做出反应，‘其中西方的影响不过是一个组成部分罢了’。同许多国家的情形一样，外来的威胁最初唤起了维护传统社会准则的排外反应。但是，国内叛乱的威胁也是有传统性的。从根本上讲，太平天国运动是对当地的民生和权威问题做出的反应。它受西方的影响仅仅是表面的，表现在它的伪基督教的性质上……通商口岸和条约体系虽在西方创造者的眼里显得很重要，但对中国人民甚至统治阶级来说，在长期内始终是他们主要关心的事项中占边缘地位的事项。”[②] 他也采用了柯文的相对主义的分析方法，对一些本质化、简约化的概念作了反思：“事实上，‘西方’这个词所包含的意思多种多样，甚为复杂，其程度甚至超过我们爱用的‘中国’这一笼统名称。从1840年以来，西方经历了革命的变革，其深刻程度不亚于中国。西方和西方的冲击都不是一件单独的、简单的事。为什么竟然要说是一个多面式的西方给予的一种多样化的、

① 夏明方：《一部没有“近代”的中国近代史——从“柯文三论”看“中国中心观”的内在逻辑及其困境》，《近代史研究》2007年第1期。

② 费正清：《美国与中国》，第179页。

冲击呢？为什么要把事情说得过分简单呢？”[①] 他认为，许多西方中国研究者把“中国”或“中国文化”实体化、概念化，对世界上最大的人群作简单化的处理，主要原因在于：“中国人对于帝国（至少理想的）统一的传统观念以及同源于此的根深蒂固的儒家价值观；耶稣传教士们、欧洲的大师们和早期汉学家们对这种思想文化统一体的肯定认识；以及现代西方人对于那种文化体系的兴趣，以为中国的东西就是最特异的。……文明与文化的会合，一开始时，的确要求我们认识一些粗枝大叶的实体，如什么‘西方’啦，‘现代世界’啦，至于‘现代化’啦，‘帝国主义’啦，更不用说‘民族主义’等。我们开始思考和讲话时，只能使用很概括的词语，尤其是在这个伟大的社会学时代，更需要如此。”所以，西方研究者在思想上对于中国形象的认识相对地缺少特殊性，他反对这种中国学研究中的过于简单化、概括化的处理，主张从宏观向微观推理，重视特殊性。但他同时也指出了这种条块分割、条分缕析的方法存在的问题，“历史社会学（或者说社会学的历史科学）的发展，正在把简单地将中国看为单一实体的做法加以分解开来。……‘中国’正是这样地被分成碎块对待了”。尽管他认为，这种相对主义的分析方法把中国学提高到较高的水平，但并没有改变关键问题，即如何在他自己的文化知识背景中，怎样思考别人在他的文化知识背景中怎么生活的问题。[②] 以此来看，虽然费正清对自己的“冲击-反应”模式有所反省，并在他后期著作的许多地方进行了打补丁式的修补，但他的西方中心主义的观念并没有得到根本修正，没有上升到“中国中心观”的高度。

第 4 节 “中国中心观”的影响及存在的问题

柯文“中国中心观”的矛头所向主要是美国的中国学，涉及的问题也主要是美国中国学家们的问题，但其产生的影响却是世界性的。特别是二

① 费正清:《美国与中国》,第 132 页。
② 费正清:《伟大的中国革命》,第 12—13 页。

十世纪七十年代末以来，伴随着中国经济的腾飞和国际地位的提升以及冷战的结束，以“冲击-反应”模式为代表的西方中心主义的中国学范式在一片口诛笔伐中渐趋式微，同时在全世界中国学学术界兴起了一股“中国中心观”的热潮，有的注重探讨中国学的方法论，有的则运用社会学的各种理论展开对中国社会方方面面的研究，有的注重新鲜史料的挖掘。

在日本，“中国中心观”的代表人物是沟口雄三。日本中国学界多重资料、重实证，不重方法论，沟口雄三却是个例外，基本观点与柯文有异曲同工之处。日本近代以来的中国研究主要受到了福泽谕吉“脱亚入欧”思想的影响，以近代西方的价值观来看待以中国为核心的东亚。二战战败后，日本在美国监督下进行了民主改造，其中国研究较多地受到了费正清“冲击-反应”的影响，主要探讨中日两国在西方冲击下的各自反应，通过对比研究企图寻找日本战败的原因和教训。沟口雄三认为，由于长期笼罩在西方学术话语霸权之下，日本乃至整个亚洲成为西方可供宰制和解剖的对象，亚洲在方法论上失去了自我。针对这种情况，沟口雄三在竹内好“作为方法的亚洲”的基础上提出了“在亚洲思考”和“作为方法的中国”的主张。竹内好是日本四十年代的“左翼”学者，是鲁迅研究专家，他认为，面对欧洲的入侵，日本全面西化，而中国则在不断的抵抗中，在固执于己的基础上不得不进行自我否定，不断产生出“超越欧洲或非欧洲式的”东西，因而中国成为东洋的中心，日本人变得什么也不是。沟口雄三认为这种“超越欧洲或非欧洲式”的观点不过是一种欧洲标准亚洲化观点，所以依然不落“先进-落后”的窠臼。所以他主张深入到内部，从中国思想史领域寻找中国近代化的动因，即他所谓的不同于世界史普遍性的“异”。他否认西方“冲击”对“旧中国”解体的作用，认为中国有其固有的发展——“以基体自身的内因为发展契机的辩证发展”，就像一条蛇蜕皮一样，蜕皮之后是一种再生，但它仍然是蛇。所以，他认为，中国近代以来的变革与革命仍然是“旧中国”的延续。中国近代化的过程从思想史的角度上来看，是一个“公”的过程，早在《礼记》中就有“大同”的提法，明末清初的思想家黄宗羲、王船山分别提出了“天下之大公”和“天理之大同”反对皇权专制的主张；戴震从关心百姓疾苦出发，主张保护农民的生存权，提出了相互联合、协调生存的“仁”的思想；龚自珍以“均贫富”为目标，提出了“平均”的思想；太平天国运动则企图将“有田同耕、有饭同食”的天下大同的乌托邦式幻想付诸实践。到近代，共和思想和人民民主主义思想尽管吸收了欧洲民权和平等及马克思主义的思想，但是这种吸收的成功源于“公”的思想的成熟。总之，中国的近代化是以其自身的前近代为母体的。①

有些研究者则越来越注重从社会经济史的角度、从中国社会内部来考察中国近代史。例如日本经济史家滨下武志，他反对亚洲的近代化是欧洲冲击的结果，认为亚洲的近代化有自身的规律性。他从经济史角度出发，认为有些人把“近代”当作封建社会的崩解是单纯地从封建性的政治制度来把握的，实际上，其社会经济并不完全是以封建为特征，其中还以血缘的、地缘的甚至是同行业间等地域性、社会性的联系为特征，并在这种联系中保持了历史的连续性。他认为，清末经济有其独立性，是历史积累下来的对内、对外各种关系的相互作用的结果，而不是简单的外部冲击。所以，考察清末的经济的整体状况，必须在中国经济、朝贡贸易以及周边华商经济圈之间的相互关系中加以理解，从滨下武志的叙述中可以看到，他是把西洋与日本对中国的影响纳入中国自身发展的逻辑中来对待的。②

在美国，最具代表性的当属“加州学派”（California School），他们受布罗代尔和沃勒斯坦世界体系理论的影响，将中国置于世界历史的范围之中，但反其道而行之，强调历史上中国经济在世界经济体系中的重要性，以此来反对西方中心主义的世界经济体系。这一学派中为中国学界熟悉的有安德鲁·贡德·弗兰克（Andre Gunder Frank）、李伯重、彭慕兰（Ken-

① ［日］沟口雄三:《日本人视野中的中国学》，李甦平、龚颖、徐滔译，北京：中国人民大学出版社，1996年，第4—9，17—18，37—38页。

② ［日］滨下武志:《中国近代经济史研究》，高淑娟、孙彬译，南京：凤凰出版传媒集团，江苏人民出版社，2006年，第1—2页。

neth Pomeranz）、王国斌（R. Bin Wong）等。在这里，仅以这几个人为例加以说明：

“加州学派”中最具批判锋芒的是弗兰克，1957 年他在芝加哥大学获得经济学博士学位后，只身赴拉美参加了那里的丛林游击战，一度成为格瓦拉式的英雄。在学术上，他因此表现出一种特立独行的风格，1998 年他的《白银资本：重视全球化中的东方》（*Reorient*：*The Global Economy in the Asian Age*，Berkeley and LA：University of California Press，1998）一书犹如一颗重磅炸弹在西方引起了轩然大波。该书对亚当·斯密、马克思、韦伯、桑巴特、涂尔干和齐美尔等诸多理论家的欧洲中心论进行了逐一批评。他认为，所谓“亚细亚生产方式”，或者“闭关自守”“停滞落后”的东方的说法，都是持欧洲中心立场的人在有限证据下编造出来的神话。在他看来，世界自始至终都处于一个体系之中，在 1400—1800 年长达几个世纪的时间里，就一直存在着一个具有全球分工和国际协作功能的世界经济体系，当时的中国在世界经济体系中保持着巨大的贸易顺差，吸收了大约世界白银产量的一半，所以这是一个以亚洲，特别是以中国为中心的世界体系，而欧洲则长期处于这一体系的边缘。1800 年以后，西方的兴起和东方的衰落并不是基于一个长期的历史趋势，是整个世界经济本身的结构与运动所产生的全球性、地区性与部门性后果。① 因此，在弗兰克看来，那些认为现代文明源于欧洲社会的种种理论，纯属没有事实根据的无稽之谈。

李伯重是一位致力于明清江南区域社会经济史研究的严谨学者，他在《江南农业的发展 1620—1850》一书中，在大量实证的基础上，对长期以来主宰史学界的“明清停滞论”提出了深刻质疑，认为在明清时期中国经济发展最成熟、最领先的江南地区，已经形成了一套配置均衡、运作有效的农业生产制度，劳动生产率得到了明显提高；此外，在《江南的早期工业化》一书中，他又指出，明清江南的城乡手工业已经发展到一个很高的水

---

① ［美］安德鲁·贡德·弗兰克：《白银资本：重视全球化中的东方》，刘北成译，北京：中央编译出版社，2000 年，第 31—32、104—105 页。

平，表现出“早期工业化”的特征，这种“早期工业化”相当长一段时间内毫不逊色于欧洲的近代工业化，只是其外在特征、发展动力以及发展前景与近代工业化有很大不同，根本上来讲，与欧洲近代工业化并没有必然联系。彭慕兰注重史学研究中的生态视角，虽有失偏颇，但也别具匠心，他在《大分流：中国、欧洲与近代世界经济和形成》一书中，提出了生态和资源制约了中国经济向近代转型的观点。

而“新儒家”的观点是中国近代遭到西方冲击后士子和学人在文化上做出的自我调适的反映，他们试图利用中西两种智源来调和两种中心的冲突。比如早期新儒家代表张君劢、钱穆等人强调民主与科学在中国也是“古已有之”的。当代新儒家如杜维明、余英时等人则强调慎重对待西方文明的普遍性的问题；安乐哲代表的“夏威夷儒家学派”，反对对儒家思想本质化、简约化的解释和理解，面对如今日趋碎片化、条块化的世界，主张应从儒家经典的原初意义出发，构建一个有机联系的世界。美国儒学研究专家狄百瑞同样反对把理学看作是一套僵死的价值概念，认为它能成为一股对现存秩序批判的力量，从而从内部推动中国社会的发展，墨子刻则认为理学家的根本目的在于通过不断改造自我和社会，以摆脱心理、道德、形而上学以及现实问题带来的困境感，因而形成一种改革的力量。

随着中国学“内部取向”的进一步深化，中国学家们的触角开始伸向中国社会的各个领域，对史料的挖掘更加深入、更加细致。美国加利福尼亚大学圣克鲁斯校区历史系教授贺萧（Gail B. Hershatter）大胆深入到中国娼妓研究领域，她在史料挖掘上可谓挖空心思，除了以前的相关研究资料，风月场场指南、奇闻轶事录、街头小报、政府拉客禁令、巡捕房妓女审判记录、妓女审判报道、妇女援救机构记录、医院性病报告、有关妓女问题改革的讨论、妓女题材小说等都成为她的《20世纪上海的娼妓问题与现代性：危险的愉悦》（*Dangerous Pleasures: Prostitution and Modernity in Twentieth-century Shanghai*）一书的研究材料。作者通过对这些芜杂史料的分析，重新将这些处于失语状态的中国二十世纪娼妓置于权力关系和各种话语激烈交锋的历史情境中，揭示了娼妓背后一整套的权力运作关系，及其对娼妓这一特殊底层群体的话语生产和社会建构的历史过程的共同参与，并由此展开了现代性发展的主题。黄宗智（Philip C. C. Huang）在对“过密化”、杜赞奇（Prasenjit Duara）在对“内卷化”（involution）的分析中，利用了以前很少有人问津的日本南满铁路株式会社于1939年至1943年间在中国华北农村进行的大规模实地调查结果——《中国农村惯行调查》（即满铁资料）。

应该说，以柯文为代表的中国学家“中国中心观”的转向，使对中国问题的研究在理论深度和内容广度上得到有力的拓展，从而把费正清创立的中国学带入了一片新的天地。但“中国中心观”所存在的问题也是不容小视的。

柯文批判过费正清为在“冲击-反应”模式框架下有意突出外部因素而排除内部因素的过分做法，当我们反过身来考察柯文的“中国中心观”时，发现他们二人之间存在着某种惊人的相似，柯文在阐述他的“中国中心观”时同样是理论先行、寻找论据、最后证明该理论正确性的循环论证方式，因而在他的论证中处处充满了对外部因素的刻意戒备和回避，这样一来，所有外部因素在他笔下一一化解，而把内部因素一股脑地装入他的“中国中心观”的篮子之中。

问题一，相对主义分析方法的过度应用。“相对”和“绝对”是反映事物性质的两个哲学范畴，“相对”指有条件的、暂时的、有比较关系的、有限的，而“绝对”是无条件的、永恒的、无须比较的、普遍的。相对主义强调现实的变动性，否认事物的确定性，只承认人类认识的主观形式和历史条件的依赖性，不承认可能的客观真理和事物的普遍规律。这样一来，就像古希腊哲学家赫拉克利特所说的“人不可能踏进同一条河流”，就像英国经验主义哲学家休谟那样，怀疑经验之外的世界的客观存在，认为世界是不可知的。柯文认为“西方”“近代”“帝国主义”等概念都是变动不居的，条块分割、相对性的，因而整体上西方、近代、帝国主义都是不存在的，因而没有冲击和反应、传统和近代、帝国主义的问题。这样，在柯文眼里，一切都是不可知的，一切都是虚无主义的，从而抹杀了历史的客观存在，西方和帝国主义对中国的侵略和掠夺连同它们对中国的正面影响都被一笔勾销了。另外，他对中国进行区域和层带的划分也出现了类似的问题，如果照此划分下去，还可以再细分成村、户、个人，个人还可以再解剖，层带还可以进一步划分为次层带、次次层带，正如费正清批评的那样，中国被分割成一个个的碎块，作为整体的中国和中国文化也被他化解掉了。“在中国发现历史”因而变成了在滨下武志的海关财政、弗兰克的白银、李伯重的江南、彭慕兰的生态资源里面发现历史，他们将原来处于边缘的诸种因素逐一中心化，而中国作为整体遭到驱逐，变成了一个个相互孤立的岛屿，“中国中心观”也就成了没有中国的中心。

问题二，二元对立的逻辑。柯文主张以“移情”的方法从中国人的心态和视角来体察中国历史，然而长期的西方知识熏陶，使他不可能摆脱“香蕉人”的角色。何况即使真的成一个中国人，仍然有一个从“今人”到“古人”的二次移情过程，仍然存在着“今人”与“古人”的断裂，今人不可能摆脱当下的认知视角。他曾批评过三大模式的两极划分、排除中间地带的做法，而他自己也掉入这个陷阱之中。他在1974年出版的《在传统与现代性之间——王韬与晚清改革》中，曾把中国沿海和内陆的差异作为分析近代中国社会变迁一项重要内容，在沿海及周边城市发展了一种具有现代精神的西方文化，并“承担了倡导变革的主要责任，内地则使变革合法化”，[①] 于是，现代对传统的挑战，或西方对东方的挑战，在他那里就被转换成西化的“沿海”对依旧传统的“腹地”的挑战。在1984年出版的《在中国发现历史》中，他改弦更张，将中国十九世纪的历史划分为三个层带，虽然承认各个层带的内容是流动不居的、层带之间是相互影响的，但为了批判西方冲击的作用，他又毫无理由地、武断地否认了外层带对内层带必然带动的历史跷跷板作用，这样做的结果仍然是把西化的“沿海”与旧传统的“腹地”之间的关系置于对峙状态。尽管柯文努力以“移情”的

① ［美］保罗·柯文：《在传统与现代性之间——王韬与晚清改革》，雷颐、罗检秋译，南京：江苏人民出版社，1998年，第219页。

方法试图摆脱二元对立逻辑，但当他进入中国内部后，在不知不觉中又走入这种逻辑，这不仅使他没有超越三大模式，反而其内部取向的努力大打折扣。同时也反映了他在从此岸走向彼岸的过程中出现的内在纠结与矛盾。

问题三，历史消极连续性。柯文的“中国中心观”除了主张向内看，还主张向后看，即在历史中发现可资用来推动社会发展的因素。他认为，早在十八世纪，“即西方进攻开始以前，中国主要的社会、经济变化已经开始”，[①] 弗兰克、李伯重、彭慕兰等也都把这一时期作为中国的辉煌时代，沟口雄三及“新儒家”等人从思想史上推得更远，十九世纪的各种问题均可在十八世纪乃至更古老的时代找到灵丹妙药。既然认为十八世纪时辉煌的，那么十九世纪自然是落后的。这样，中国历史不但是一个与外部不相往来的封闭运动，而且是一个消极连续的运动，如此一来，中国在近代的发展又当如何解释呢？沟口雄三对“公”的历史追寻，以及新儒家对“中国传统文化可以开导出民主、自由等现代价值观”的争辩都在逻辑上先验地以西方的现代价值观作为具有正当性的参照，反映了他们从历史连续性出发来对中国近代发展解释的软弱无力及无法摆脱西方逻辑的矛盾心理。[②]

问题四，中国作为工具。从柯文到沟口雄三、到“加州学派”，无论是“中国中心观”还是“作为方法的中国”、还是“世界体系中的中国”，他们无非是在论证自己的反西方中心主义，把中国作为一种工具，与费正清不同的是，他们把中国作为一种正面教材来诉说西方中心主义的种种不是。沟口雄三“作为方法的中国”是给日本人看的，他关心的是日本的中国学问题，通过批判西方中心主义，树立“中国中心”，旨在建立日本中国学的东方视角。弗兰克和彭慕兰，严格意义上他们不算中国学家而是世界经济史家，他们对十九世纪前以中国为中心的世界经济体系的描述，出发点是为了批判世界经济欧洲中心论的。从方法论上来说，他们的焦点在欧洲，而不是在中国。此外，随着中国逐渐迈入世界经济强国行列，国内复兴民

① ［美］保罗·柯文：《在中国发现历史》，第73页。

② 李扬帆：《费正清对华观念的主要模式批判》，载“世纪中国学术网站”（http://www.cc.org.cn/），2003年11月1日。

族文化的呼声越来越高，国外中国学家以其新颖的视角和研究方法在中国日益受到关注，中国历史研究在国外尤其在美国本来是一个非常寂寞的领域，有些在美国耕耘数年依然默默无闻的中国学家或历史学家，一到中国马上就受到不一样的待遇：新闻采访、发表演讲、举办研讨会、客座讲学、发行译著等。在美国大学教师中间流传着一句口头禅“不发表，就被炒”（publish or perish），所以，说得俗一些，也不排除个别人为了名利以中国为工具的功利性目的。

八十年代以后，特别是在近年我国复兴民族文化浪潮的推波助澜下，“中国中心观”几乎成为中国学这一学术共同体固守的一种学术范式，“冲击-反应”成为人们讳莫如深的字眼。当人们陷入范式争论的时候，黄宗智这位曾被柯文作为同路人的学者，指出“中国社会、经济史的研究正处于一场规范认识（即：范式 paradigm）的危机之中”，他在库恩（Thomas Kuhn）“范式理论”的基础上提出了自己的看法，范式“指的是那些为各种模式和理论，包括对立的模式和理论，所共同承认的，已成为不言自明的信念。这种规范信念对我们研究的影响远大于那些明确标榜的模式和理论”。因为“近数十年累积的实证研究动摇了这些信念，导致了当前的规范认识危机。这一危机的发生使大家感到现有理论体系的不足，并非通过对立理论间的争论就能解决”。实际上，范式争论的核心在于认识主体的视角的不同，而作为认识客体的历史的真实性被边缘化了，所以黄宗智告诫研究者们必须从中国历史的实际出发，而不是从各自固有的价值观念、范式信念和经典理论出发来研究中国社会、经济史。为了尽可能地还原历史，黄宗智在分析华北和长江三角洲地区的小农经济时，采用了宏观和微观相结合的办法，即从史实到理论再回到史实的程序，他认为：“如果研究只是局限于宏观和量的分析，很难免套用既有的理论和信念。然而，紧密的微观层面的信息，尤其是从人类学方法研究的来的第一手资料和感性认识，使我们有可能得出不同于既有规范认识的想法，使我们有可能把平日的认识方法——从既有概念到实证——颠倒过来，认识到悖论的事实”。

杜赞奇（Prasenjit Duara）的“复线历史”（bifurcated history）也是还原

历史真实性的一种很好尝试，他以此来替代线性历史概念。他认为，过去不仅是直线式地向前传递的，其意义也会散失在时空之中，复线的概念强调历史叙述结构和语言在传递过去的同时，也会根据当前的需要来利用这种散失的历史，以揭示现在如何决定过去的。“复线历史”观对“一切历史都是当下历史”而忽略历史客观存在的后现代主义历史观是一个有力的批判。

结语

二战以后，由费正清开创的美国中国学与传统汉学最大的不同是学术研究与现实政治的紧密结合，并由此形成了一套独特的社会科学的综合研究方法，构建了一个美国全国乃至全世界中国学的学科网络，在费正清的努力下，六十至七十年代成为中国学的一个巅峰时代，是中国研究从传统汉学向中国学的第一次范式转移。这一时期，由于冷战格局下的两极对立，美国知识精英与美国政府和普通民众一样，有着一种对来自社会主义阵营挑战的担忧，为资本主义制度和价值观进行辩护成为维护国家利益的象征，费正清中国学思想中的西方中心主义思想也是美国国家利益的一种体现。与此同时，美国在朝鲜战场特别是在越南战场上的失败，以及国内麦卡锡主义、水门丑闻，让美国人对资本主义制度和价值观产生了一种普遍的幻灭感，风起云涌的反战运动、民权运动、青年运动、妇女运动对美国现实政治和价值传统提出挑战，并波及全世界，西方思想界开始了自我反思的后现代主义浪潮。由柯文等人开启的“中国中心观”即是在反思中国学领域的“西方中心观”基础上形成的，其对消解西方中心主义，提升非西方的话语权有着极大的促进作用，从而形成了自八十年代以降“内部取向”的中国学热潮，是西方中国研究的第二次范式转移。

费正清“冲击-反应”模式中彰显的西方中心主义思想是不言而喻的，但柯文从“西方中心”到“中国中心”非此即彼的批判，只是原来二元的倒置，根本上还是一种简约化的二元对立逻辑。这种只强调一元的西方惯性思维模式往往容易堵塞人们进一步研究和多元化思考的可能性。尤为有害的是，在社会上容易导致狭隘的民族主义意识、保守主义倾向和激进主义的精神气质。

仔细考察近现代中国历史，就会发现，虽然近代以来西方经验、观念、社会模式对中国有着深刻的影响，但其中任何一个方面都遇到了中国特色的因素，来到中国后都演变成了中西混合的产物。历史经验无数次证明了，全盘西方化不仅不可能而且也没有成为现实。所以，以此来看，西方的经验、思想、社会模式并不是完全普适的。但如果走到另一个极端，即借批判西方中心主义而完全拒绝西方文化，势必造成文化孤立主义和社会发展的故步自封。西方文化中以人为本、民主、法治等理念，起源于西方并在西方社会最先得以实现，但是这些理念已经深入人心，成为人类的共识和人类共同追求的目标，其中的普遍性价值是无法回避的。[①] 十九世纪西方对中国的冲击是客观存在的事实，其对近代中国的侵略和掠夺所造成的对中国的负面影响是人所共知的，但是客观上对中国民族主义、民主主义和科学主义产生的促进作用，对中国近代转型的影响是不争的事实，所以不能一概予以否定。但如果缺少中国内部成长的近代化因素，外部因素是不可能发挥作用，甚至是起反作用的。因此，在历史研究中，共性和特殊性都不可偏废，应该看到二者的互动，我们在批判费正清中国学思想的同时，不能因噎废食，也应该看到其中具有普遍价值可以拿来建构我们自己的积极因素。王国斌在他的《转变的中国：历史变迁与欧洲经验的局限》一书中，对中国近代化过程的描述时，从粮食骚乱、抗税运动和革命三个方面，对于十七至十九世纪的中国和西欧进行了细腻的对比，既揭示了这三种社会现象在中国和西欧社会的共存，同时又深入到这两个社会的内部去探讨其不同的发生机制和运作逻辑。从而说明，中国和西欧的历史并不是泾渭分明的各自发展，存在着诸多相似之处，但又由于不同的社会架构和发展机制，从而使两个社会走上了彼此相异的历史发展道路。弗兰克在尽管在方法上把中国作为批判欧洲经济中心论的工具，但在实践层面，他把中国经济置于世界经济的大网络之中，让中国作为一个平等的经济体参与了世界经济的互动，彰显了他的双向视角。

这些做法都是值得我国学者借鉴参考的。中国学者自近代以来，国力的衰微造成了学术上的“失语”，在相当长的一段时间里，在西方学术话语霸权的笼罩下，丧失了自己的主体地位，成为西方学术话语的附庸，中国学成为西方学者书写中国问题的单向度写作。中国作为中国历史的载体，必须首先要确立中国视角的主体性地位，中国学者在加强民族文化自觉、提高自身文化身份认同，维护本民族文化和自身文化身份的主体性的同时，

① 韦磊:《美国中国学的西方中心范式》,《人文杂志》2008 年第 6 期。

也应培养自己的世界胸怀，把自己的研究置于世界语境中，展开与他人的平等交流与对话，注意从“被他者化”的视角中吸收、借鉴西方有关中国的理论和主张，避免单纯地以中国性批判西方性造成的颠倒式的“东方主义”。把中国学作为一种方法论，作为反观自身的一面镜子，要学会包容他者的他性，他者之镜构成了对中国的一种远距离、全景式的观察，有时映现出是歪曲、扭曲的镜像，有时也会映现出一些我们自身习以为常的、不易觉察的问题，对此我们可以进行批评与自我批评，从而可以弥补自我观察造成的中国文化格式塔（Gestalt）的不足。如今，全球性的生产和市场的形成，模糊了原来的疆域界限；全球性劳动力市场的形成，实现了研究人员的全球性的跨界流动，混淆了社会学家们的主体意识。同时，全球化还促进了不同国家和民族之间的沟通与理解。各国学者都应在互为主体、互为“他者”的视角下，抛弃中心和边缘的观念，展开不同文化间互为文本、互为语境、互为主观、互相参照、互相照亮的研究。就像二十世纪二十年代陈寅恪先生提出的“国学”研究的新视野那样——“中国主体，世界眼光”。同时，也应避免机械地以传统性来批判现代性形成新的保守主义和狭隘的民族主义，在批判继承传统的同时，面向未来，开拓创新。中国学者的文化身份应是自我与他者、现代与传统的定位。因此，笔者认为，中国学的第三次范式转移应该是一种“穿越西方，回归传统”的范式,[①] 利用古今中外各种智源来“发现在中国的历史”，而不仅仅是“在中国发现历史”。

中国学以及汉学都是中国文化与异质文化结合的产物，我们对中国学和汉学研究的目的不仅在于重构本国文化的努力，还在于中国参与全球文化平等对话和共同建设的努力。十八世纪，中国的儒家思想曾启迪了法国的启蒙主义，由此上帝遭到驱逐，人成了上帝，原来隐藏的肉体得到展示，原来被认为是不可认知的上帝创造的大自然得到发现。这样便走向了另一个极端，人不再依靠上帝而靠自身的理性成为一切的主宰。在培根“知识

① 张旭东:《全球化时代的文化认同:西方普遍主义话语的历史批判》,北京:北京大学出版社,2005 年,“代序”,第 3—4 页。

就是力量”的口号下，人的理性以及由此认知而来的真理成为一种暴政，人成为宰制自然的暴君。人与人之间的关系在各种理性的制度及精明的算计中，构成了一个洛克式的冷酷的契约社会、一个韦伯式的无法摆脱的“牢笼”。中国儒家思想中的互系哲学观及其注重“天人合一”的自然观，注重“温良恭俭让”以及“礼义仁智信”的道德观，注重上下有别、尊卑有序的伦理观，对于解决西方社会和价值的危机是一个很好的借镜。四十多年来的改革开放，我们主要是向西方单向地学习，随着中国的崛起，中国当代成功的经验以及参与世界事务的体验已成为各国中国学的理论和智识来源。原来处于优势地位的西方中国学家们已经开始了自我反思和批判，于连、安乐哲等西方中国研究专家尝试利用中国理论和智源、以“自我他者化”的视角开始了重塑西方文化的了努力。中国本土的研究者应主动加入与外国中国研究专家的互动中来，向不同文化和族群敞开自己，让人类更多地分享一切有价值的文明财富，共同促进一个由中国积极参与的世界性文化建设。当前，中国作为一个负责任的大国，在推动解决热点问题和全球性问题、促进全球治理体系变革方面，做出了重要贡献，因而理应获得与自身地位相匹配的话语权。但是，中国作为一个地域、人口、历史、政治、经济的大国，作为一个制度不同的后发现代化国家，在参与世界文化建设时，如果缺乏沟通与理解，就必然会让其他民族和国家产生某种程度的压力。因此，我们也许必须以古今中外智源重构我们的表达方式，重构有效的话语系统，建立起积极的中国形象促进沟通与交流，加强理解与被理解。按照习近平总书记的要求，在中外交往方面要“打造融通中外的新概念、新范畴、新表述”，既要“存异”也要“求同”，不仅要从自身文化传统出发，还要挖掘不同国家文化价值方面的共通性。①

---

① 胡开宝:《积极构建中国特色大国外交话语》,《中国社会科学报》,2019 年 5 月 9 日。

参考文献

费正清个人文献

英文文献

[1] "The Legalization of the Opium Trade before the Treaties of 1858", *The Chinese Social and Political Science Review*, 17(1933–1934), pp. 215–263.

[2] *The Origin of the Chinese Maritime Customs Service, 1850–58*, D. Phil. diss., Balliol College, Oxford University, 1936.

[3] "The Manchu Appeasement Policy of 1843", *Journal of the American Oriental Society*, 59, No. 4 (December 1939).

[4] "Chinese Diplomacy and the Treaty of Nanking, 1842", *The Journal of Modern History*, Vol. 12, No. 1 (Mar., 1940), pp. 1–30.

[5] "On the Ch'ing Tributary System", *Harvard Journal of Asiatic Studies*, Vol. 6 (2), 1941, 135–246. (co-edited with Ssu-yü Teng)

[6] "Far Eastern Crisis and American Education", *Notes on Far Eastern Studies in America*, IX (June, 1941), pp. 30–31.

[7] "Tributary Trade and China's Relations with the West", *The Far Eastern Quarterly*, Vol. 1, No. 2 (Feb., 1942), pp. 129–149.

[8] "Our Chances in China", *Atlantic Monthly*, CLXXVIII, No. 3 (Sep. 1946)

pp. 37-42.

[9] "China's Prospect and U. S. Policy", *Far Eastern Survey*, Vol. 16, No. 13 (Jul. 2, 1947).

[10] "Can We Compete in China?", *Far Eastern Survey*, Vol. 17, No. 10 (May 19, 1948), pp. 113-117.

[11] "Understanding the Far East through Area Study", *Far Eastern Survey*, Vol. 17, No. 10 (May 19, 1948), pp. 121-123. (co-edited with Edwin O. Reischauer)

[12] *The United States and China*, Cambridge, Mass.: Harvard University Press, 1948, 1958, 1971, 1983.

[13] "Communism in China and the New American Approach to Asia", *Next Step*, Cambridge, Mass.: Harvard University Press, 1949. (co-edited with Harlan Cleveland and William L. Holland)

[14] "Toward a Dynamic Far Eastern Policy", *Far Eastern Survey*, Vol. 18, No. 18, White Paper on China (Sep. 7, 1949), pp. 209-212.

[15] "The Issue of Asian Revolution", *Foreign Affairs*, Vol. 29, No. 4 (Oct., 1950). p. 106.

[16] *Trade and Diplomacy on the China Coast: The Opening of the Treaty Ports 1842-1854*, Cambridge: Harvard University Press, 1953.

[17] "The Manchu-Chinese Dyarchy in the 1840's and '50's", *The Far Eastern Quarterly*, Vol. 12, No. 3 (May, 1953), pp. 265-278.

[18] *China's Response to the West: a documentary survey 1839-1923*, Cambridge Msaa.: Harvard University Press, 1954. (co-edited with Ssu-yü Teng).

[19] *Chinese Thought and Institutions*, Chicago: University of Chicago Press, 1957.

[20] "Synarchy Under the Treaties", *Chinese Thought and Institutions*, Chicago: University of Chicago Press, 1957.

[21] "Patterns Behind the Tientsin Massacre", *Harvard Journal of Asiatic Studies*, 20, nos. 3-4 (Dec. 1957), pp. 480-511.

[22] "A Note of Ambiguity: Asian Studies in America", *The Journal of Asian Studies*, Vol. 19, No. 1 (Nov., 1959), pp. 3-9.

[23] *East Asia: The Modern Transformation*, Boston: Houghton Mifflin, 1965. (co-edited with Albert M Craig)

[24] "New Thinking About China", *Atlantic Monthly*, CCXVII, No. 6 (June 1966).

[25] "The People's Middle Kingdom", *Foreign Affairs*, Vol. 44 (July 1966), pp. 574-586.

[26] *China: The People's Middle Kingdom and the U. S. A.*, Cambridge, Mass.: Harvard University Press, 1967.

[27] *The Chinese World Order: Traditional China's Foreign Relations*, Cambridge, Mass.: Harvard University Press, 1968.

[28] "A Preliminary Framework", "The Early Treaty System in the Chinese World Order" *The Chinese World Order: Traditional China's Foreign Relations*, Cambridge, Mass.: Harvard University Press, 1968.

[29] "Assignment for the'70's" *American Historical Review*, 74 (Feb. 1969), pp. 861-869.

[30] "China's Foreign Policy in Historical Perspective", *Foreign Affairs*, Vol. 47, No. 3 (Apr., 1969), pp. 449-463.

[31] "American China Policy to 1898: A Misconception". *Pacific Historical Review*, Vol. 39, No. 4 (Nov., 1970), pp. 409-420.

[32] *China: Tradition and Transformation*, Boston: Houghton Mifflin Company, 1973, 1989. (co-edited with Edwin O. Reischauer)

[33] "Introduction: The Many Faces of Protestant Missions in China and the United States", *The Missionary Enterprise in China and America*, Cam-

bridge, Mass.: Harvard University Press, 1974.

[34] *The Cambridge History of China* (*Vol.* 10, *Late Ch'ing*, *1800-1911*, *Part I*), Cambridge: Cambridge University Press, 1978.

[35] *Chinabound*: *A Fifty-Year Memoir*, New York: Harper and Row, 1982.

[36] *The Cambridge History of China* (*Vol.* 12, *Republican China*, *1912-1949*). Cambridge: Cambridge University Press, 1983.

[37] "The Place of Protestant Writings in China's Cultural History", *Christianity in China*: *Early Protestant Missionary Writings*, Cambridge, Mass.: Harvard University Press, 1985. (co-edited with S. W Barnett)

[38] *Great Chinese Revolution*: *1800-1985*, New York: Harper and Row Publishers, 1986.

[39] *China Watch*, Cambridge, Mass.: Harvard University Press, 1987.

[40] *China*: *A New History*. Cambridge, Mass.: Harvard University Press, 1992.

中文文献

[1]《美国与中国》,孙瑞琴、陈泽宪译,北京:商务印书馆,1966 年。

[2]《剑桥中国晚清史》(上卷),中国社会科学院历史研究所编译室译,北京:中国社会科学出版社,1985 年。

[3]《费正清对华回忆录》,刘尊棋译,上海:知识出版社,1991 年。

[4]《费正清集》,陶文钊编选,林海、符致兴等译,天津:天津人民出版社,1991 年。

[5]《费正清自传》,黎鸣、贾玉文等译,天津:天津人民出版社,1993 年。

[6]《剑桥中华民国史》(上卷),杨品泉等译,谢亮生校,北京:中国社会科学出版社,1994 年。

[7]《费正清论中国:中国新史》,薛绚译,台北:正中书局,1994 年。

[8]《美国与中国》,张理京译,北京:世界知识出版社,1999 年。

[9]《伟大的中国革命》,刘尊棋译,北京:世界知识出版社,2001 年。

[10]《观察中国》,傅光明译,北京:世界知识出版社,2001 年。

[11]《中国:传统与变迁》,张沛、张源、顾思兼译,长春:吉林出版集团有限责任公司,2008 年。

[12]《中国的思想与制度》,郭晓兵等译,北京:世界知识出版社,2008 年。

[13]《中国的世界秩序:传统中国的对外关系》,杜继东译,北京:中国社会科学出版社,2010 年。

其他参考文献

英文文献

[1] Brandt, Conrad, Schwartz, Benjamin and Fairbank, John K. *A Documentary History of Chinese Communism*. Cambridge, Massachusetts: Harvard University Press, 1952.

[2] William J. Buxton and Nichols, Lawrence T. "Talcott Parsons and the 'Far East' at Harvard, 1941-48: Comparative Institutions and National Policies". *The American Sociologist*, summer, 2000.

[3] Joel R. Campbell. "An Old Guide to a Complicated Relationship: Sino-American Relations through Lens of John King Fairbank". *Nanzan Review of American Studies*, Vol. 24 (2002): 57-64.

[4] Paul Cohen. *Discovering History in China: American Historical Writing on the Recent Chinese Past*, New York: Columbia University Press, 1984.

[5] Paul Evans. "Historians and Chinese World Order: Fairbank, Wang, and the matter of 'indeterminate relevance'", Zheng Yongnian, *China and International Relations: The Chinese view and the contributions of Wang Gungwu*, Londong and New York: Routledge, Taylor & Francis Group, 2010.

[6] Paul Evans. *Fairbank: Intellectual and Enterprise in American China Scholar-*

ship, 1936–1961, PhD dissertation, Dalhousie University, 1982.

[7] Paul M. Evans. *John Fairbank and the American Understanding of Modern China*, New York: Basil Blackwell, 1988.

[8] Andre Gunder Frank. *ReOrient Global Economy in the Asian Age*. Berkeley, Los Angeles, London: California University Press, 1998.

[9] Philip Alden Kuhn. *Rebellion and Its Enemies in Late Imperial China*, Cambridge, Massachusetts: Harvard University Press, 1970.

[10] Philip Alden Kuhn. *Origins of Chinese State*. Stanford, California: Stanford University Press, 2002.

[11] Owen Latimore. *Inner Asian Frontier of China*, New York: American Geographical Society, 1940.

[12] John M. H. Lindbeck. *Understanding China: An Assessment of American Scholarly Resources*, New York: Praeger, 1971.

[13] William Manchester. *American Caesar: Douglas MacArthur 1880–1964*, New York: Random House Inc. , 1979.

[14] George McKenna. *The Puritan Origins of American Patriotism*. New Haven, London: Yale University Press, 2007.

[15] Berkin Miller and Cherny Gormly. *Making America: A History of the United States*. Boston: Houghton Mifflin Company, 1995.

[16] Hosea Ballou Morse. *The International Relations of the Chinese Empire (The Period of Conflict 1834–1860)*. London: Longmans, Green and Co,. 1910.

[17] James Peck. "The Roots of Rhetoric: The Professional Ideology of America's China Watchers", *Bulletin of Concerned Asian Scholars*, (Oct. 1969), 2(1).

[18] Kenneth Pomeranz. *The Great Divergence: China, Europe, and the Making of the Modern World Economy*. Princeton, N. J. : Princeton University Press, 2000.

[19] Richard H. Rovere. *Senator Joe McCarthy*, Berkeley: University of Califor-

nia Press, 1959.

[20] Edward Schafer. *What and How Is Sinology*? Inaugural Lecture for the Department of Oriental Languages and Literatures, University of Colorado, Boulder, October 14, 1982.

[21] Michael Schaller. *The United States and China in the Twentieth Century* (second edition), New York, Oxford: Oxford University Press Inc., 1990.

[22] A. T. Steele. *The American People and China*, New York: McGraw-Hill Book Company, 1966.

[23] Andrew G. Walder. *The Transformation of Contemporary China Studies, 1977-2002*, produced by the Berkeley Electronic Press, UCIAS Edited Volumes Vol. 3 [2002], Article 8, in http://repositories. cdlib. org/ucias-pubs/ editedvolumes/3/8.

[24] Samuel Wells Williams. *The Middle Kingdom*, New York & London: Wiley and Putnam, 1848.

[25] Theodore H. White. "On Offering of History to Men Who Must Act Now", *Harvard Alumni Bulletin*, May 13, 1967.

[26] Arthur F. Wright. "The Chinese World Order: Traditional China's Foreign Relations by Ta-tuan Ch'en, JohnKing Fairbank". *The American Historical Review*, Vol. 75, No. 1 (Oct., 1969), pp. 184-185.

[27] Xi Jin-ping. *The Belt and Road Initiative*. Beijing: Foreign Languages Press, 2019.

[28] Michael Yahuda. *The International Politics of the Asia-Pacific, 1945-1995*, London and New York: Routledge, 1996.

日文文献

[1] 高田时雄:《國際漢學の出現と漢學の變容》(2001 年 6 月 24 日东京大学中国社会文化学会学术会议上的论文), http//www. zinbun. kyoto-u. ac.

jp/ ~takata/ kokusaikangaku. pdf

法文文献

[1] Larousse. *Librairie Larousse*, Paris, 1985.

中文文献

[1] 保罗·埃文斯:《费正清看中国》,陈同、罗苏文、袁燮铭、张培德译,上海:上海人民出版社,1995 年。
[2] 莫里斯·艾泽曼:《美国人眼中的越南战争》,孙宝寅译,北京:当代中国出版社,2006 年。
[3] 安乐哲:《通过孔子而思》,何金俐译,北京:北京大学出版社,2005 年。
[4] 滨下武志:《序——中国近代经济史研究的角度与方法》,《中国近代经济史研究》,高淑娟、孙彬译,南京:凤凰出版传媒集团,江苏人民出版社,2006 年。
[5] 布洛赫:《历史学家的技艺》,张和声、程郁译,上海:上海社会科学出版社,1992 年版。
[6] 蔡葆真:《读费正清的〈美国与中国〉》,《国外社会科学》1980 年第 4 期。
[7] 蔡葆真:《评费正清的〈中国之行:五十年的回顾〉》(J. 斯潘斯评价费正清自传体回忆录的译文),《国外社会科学》1982 年第 6 期。
[8] 陈国兴:《论安乐哲〈论语〉翻译的哲学思想》,《中国比较文学》2010 年第 1 期。
[9] 陈国兴:《费正清"夷"字翻译的话语解读》,《聊城大学学报》(社科版)2011 年第 3 期。
[10] 陈国兴:《从朝贡制度到条约制度——费正清的中国世界秩序观》,《国际汉学》2016 年第 1 期。
[11] 陈来:《传统与现代:人文主义的视界》,北京:三联书店,2009 年。
[12] 陈同:《〈伟大的中国革命〉与费正清的史学倾向》,《社会科学》1994 年第 1 期。

[13] 陈翔:《费正清与档案》,《四川档案》1996 年第 6 期。

[14] 陈霞飞:《越过重洋的追悼——记在一个研究项目中与费正清教授的文字交往》,《近代史研究》1992 年第 2 期。

[15] 陈夏红:《政治风浪中的“冤家”钱端升与费正清》,学术批评网 www.acriticism.com。

[16] 陈宇:《费正清的基督教思想和儒教思想》,《福建师大学报》(哲社版)1997 年第 2 期。

[17] 陈宇:《费正清中国研究的文化视角》,《福建师大学报》(哲社版)1999 年第 4 期。

[18] 陈祖怀:《费正清与中国》,《史林》1991 年第 1 期。

[19] 邓鹏:《费正清评传》,成都:天地出版社,1997 年。

[20] 邓鹏:《盖棺之作》,《读书》1992 年第 12 期。

[21] 狄百瑞:《儒家的困境》,黄水婴译,北京大学出版社,2009 年。

[22] 杜维明:《对话与创新》,南宁:广西师范大学出版社,2005 年。

[23] 杜维明、乐黛云:《是多元现代性,还是现代性的多元发展》,乐黛云、[法]李比雄:《跨文化对话》26 辑,北京:三联书店,2010 年。

[24] 杜赞奇:《从民族国家拯救历史:民族主义话语与中国现代史研究》,王宪明等译,南京:凤凰出版传媒集团,江苏人民出版社,2009 年。

[25] 费慰梅:《梁思成与林徽因:一对探索中国建筑史的伴侣》,曲莹璞、关超等译,北京:中国文联出版社,1997 年。

[26] 冯先祥:《同中有异的社会科学中国化——蒋廷黻与萧公权之对比》,《国史馆馆刊》2015 年 6 月第 44 期。

[27] 贡德・弗兰克:《白银资本:重视全球化中的东方》,刘北成译,北京:中央编译出版社,2000 年。

[28] 米歇尔・福柯:《规训与惩罚》,刘北成、杨远婴译,北京:三联书店,1999 年。

[29] 高翠:《费正清的中国情缘》,《党史纵览》2003 年第 8 期。

[30] 高国荣:《浅析费正清的历史观与西方两大史学思潮的关系》,《九江师

专学报》(哲社版)1998年第3期。

[31] 龚忠武:《试论费正清及其哈佛学派的得失成败》(2008年9月8日在北大历史系的讲座),《北京大学研究生学志》2008年第3期。

[32] 高兴:《政治信念和法制理想——论中国左翼文人和自由主义知识分子的价值诉求》,《思想与文化》2014年第1期。

[33] 沟口雄三:《日本人视野中的中国学》,李甦平、龚颖、徐滔译,北京:中国人民大学出版社,1996年。

[34] 顾钧:《中美文化交流的开端——美国人早期汉语学习的历史考察》,孙有中:《跨文化视角》,北京:高等教育出版社,2009年。

[35] 顾钧:《费正清的第一篇论文》,《历史档案》2011年第1期。

[36] 顾钧:《中国外交史的学术革命——〈筹办夷务始末〉》,《中华读书报》2014年1月29日第14版。

[37] 郝大维、安乐哲:《先贤的民主:杜威、孔子与中国民主之希望》,何刚强译,刘东校,南京:江苏人民出版社,2004年。

[38] 郝大维、安乐哲:《期望中国:中西哲学文化比较》,施忠连、何锡蓉、马迅、李琍译,上海:学林出版社,2005年。

[39] 郝平:《美国当代中国研究四十年概述》,《北京大学学报》1997年第6期。

[40] 何炳棣:《读史阅世六十年》,南宁:广西师范大学出版社,2005年。

[41] 何伟亚:《怀柔远人:马嘎尔尼使华的中英礼仪冲突》,邓常春译,北京:社会科学文献出版社,2002。

[42] 黑格尔:《历史哲学》,王造时译,上海:上海世纪出版集团,2006年。

[43] 洪晓斌:《丁文江学术文化随笔》,北京:中国青年出版社,2000年。

[44] 侯且岸:《费正清与美国现代中国学》,《史学理论研究》1995年第2期。

[45] 侯且岸:《当代美国的"显学"——美国现代中国学研究》,北京:人民出版社,1996年。

[46] 胡开宝:《积极构建中国特色大国外交话语》,《中国社会科学报》2019年5月9日。

[47] 胡适:《编辑后记》,《独立评论》1935 年 3 月第 142 期。
[48] 胡适:《介绍我自己的思想》,欧阳哲生编:《胡适文集》5,北京:北京大学出版社,1998 年。
[49] 黄宗智:《中国社会经济史中的悖论现象与当前的规范认识危机》,《史学理论研究》1993 年第 1 期。
[50] 霍尔,斯图尔特:《文化身份与族群散居》,罗钢、刘象愚主编:《文化研究读本》,北京:中国社会科学出版社,2000 年。
[51] 姜超:《国共政权更迭原因初探——以费正清所著〈伟大的中国革命〉为中心的考察》,《榆林学院学报》2011 年第 1 期。
[52] 蒋廷黻:《中国近代化问题》,蒋廷黻著:《蒋廷黻文集》第四册,台北:台北传记文学出版社,1978 年。
[53] 蒋廷黻:《蒋廷黻回忆录》,长沙:岳麓书社,2003 年。
[54] 蒋廷黻:《中国近代史》,上海:上海世纪出版集团　上海古籍出版社,2006 年。
[55] [美]柯文:《在传统与现代性之间——王韬与晚清改革》,雷颐、罗检秋译,南京:江苏人民出版社,1998 年。
[56] 保罗·柯文、默尔·戈德曼主编:《费正清的世界:同时代人的回忆》,朱政惠、陈燕、张晓阳译,上海:东方出版中心,2000 年。
[57] 保罗·柯文:《在中国发现历史》,林同奇译,北京:中华书局,2002 年。
[58] 孔飞力:《中国现代国家的起源》,陈兼、陈之宏译,北京:读书·生活·新知三联书店,2013 年。
[59] 李帆:《韦伯学说与美国的中国研究》,《近代史研究》1998 年第 4 期。
[60] 李嘉译:《费正清论中国时局真相》,《文萃》1946 年第 50 期。
[61] 李欧梵:《我的哈佛岁月》,南京:江苏教育出版社,2005 年。
[62] 李扬帆:《费正清对华观念的主要模式批判》,载“世纪中国学术网站”(http://www.cc.org.cn/),2003 年 11 月 1 日。
[63] 李勇、侯洪颖:《蒋廷黻与鲁宾逊的新史学》,《学术月刊》2002 年第 12 期。

[64] 列文森:《儒教中国及其现代命运》,郑大华、任菁译,南宁:广西师范大学出版社,2009 年。

[65] 刘禾:《帝国的话语政治:从近代中西冲突看现代世界的构成》,杨华等译,北京:三联书店,2008 年。

[66] 刘小枫:《现代性社会理论绪论》,上海:上海三联书店,1998 年。

[67] 刘征、林丽萍:《费正清的中国档案情结》,《湖北档案》2008 年第 5 期。

[68] 刘尊棋:《费正清著中国近代史》,《读书》1988 年第 12 期。

[69] 路克利:《费正清 1946 年对国共两党历史命运的分析和预料》,《党的文献》2011 年第 2 期。

[70] 路克利:《论费正清研究马克思主义中国化的“刺激-反应”范式》,《毛泽东思想研究》2011 年第 5 期。

[71] 陆定一:《对于战后国际形势中的几个基本问题的解释》,《群众》(香港版)1947 年第 1 期。

[72] 罗志田:《发现在中国的历史——关于中国近代史研究的一点反思》,《北京大学学报》(哲学社会科学版)2004 年第 5 期。

[73] 马叙伦:《读美国人费正清论中国时局》,《民主周刊》1946 年第 51—52 期。

[74] 墨子刻:《摆脱困境:新儒学与中国政治文化的演进》,颜世安、高华、黄东兰译,南京:江苏人民出版社,1996 年。

[75] 约瑟夫 · 奈:《美国霸权的困惑》,郑志国译,北京:世界知识出版社,2002 年。

[76] 倪世雄:《当代西方国际关系理论》,上海:复旦大学出版社,2001 年。

[77] 宁先绪:《西方头号“中国通”——费正清》,《炎黄春秋》1992 年第 1 期。

[78] 沃浓 · 路易 · 帕灵顿:《美国思想史》,陈永国译,长春:吉林人民出版社,2002 年。

[79] 帕森斯:《社会会行动的结构》,张明德等译,南京:译林出版社,2003 年。

[80] 潘成鑫:《试论费正清关于近代中西关系的文化观》,《美国研究》1996 年第 3 期。

[81] 钱金宝:《中国史大师费正清》,《世界汉学》1998 年第 1 期。
[82] 钱满素:《自由的基因:美国自由主义的历史变迁》,上海:东方出版社,2016 年。
[83] 秦亚青:《中国学者看世界 · 国际秩序卷》,北京:新世界出版社,2007 年。
[84] 仇华飞:《从"冲击-回应"到"中国中心观"看美国汉学研究模式的嬗变》,《上海师大学报》(哲社版)2000 年第 1 期。
[85] 任东波:《"欧洲中心论"与世界史研究——兼论世界史研究的"中国学派"问题》,《史学理论研究》2006 年 1 期。
[86] 桑兵:《国学与汉学:近代中外学界交往录》,杭州:浙江人民出版社,1999 年。
[87] 爱德华 · W. 萨义德:《东方学》,王宇根译,北京:三联书店,1999 年。
[88] 爱德华 · W. 萨义德:《文化与帝国主义》,李琨译,北京:三联书店,2003 年。
[89] 山极晃:《中美关系的历史性展开》,鹿锡俊译,北京:社会科学文献出版社,1999 年。
[90] 沈渭滨:《蒋廷黻〈中国近代史〉导读——兼论近代通史体系的推陈出新》,蒋廷黻撰:《中国近代史》,上海:上海古籍出版社,1999 年。
[91] 施宾格勒:《西方的没落》,齐世荣、田农等译,北京:商务印书馆,1991 年。
[92] 师永刚、林博文:《宋美龄画传》,北京:作家出版社,2008 年。
[93] 亚当 · 斯密:《国民财富的性质和原因的研究》下卷,郭大力、王亚南译,北京:商务印书馆,1983 年。
[94] 苏炜:《有感于美国的中国学研究》,《读书》1987 年第 2 期。
[95] 汤因比:《历史研究》,曹未风等译,上海:上海人民出版社,1986 年。
[96] 陶文钊:《费正清与美国的中国学》,《历史研究》1999 年第 1 期。
[97] 陶文钊:《费正清与他的〈中国的世界秩序〉》,《前沿》2010 年第 14 期。
[98] 田辰山:《关于"儒家思想与科技的关系"问题》,《孔子研究》2005 年第 5 期。
[99] 汪德迈:《〈儒藏〉的世界意义》,《光明日报》,2009 年 8 月 31 日第 12 版。

[100] 王国斌:《转变的中国:历史变迁与欧洲经验的局限》,李伯重、连玲玲译,南京:江苏人民出版社,1998 年。

[101] 汪晖:《现代中国思想的兴起》(上卷第二部),北京:三联书店,2008 年。

[102] 王建平、史国强:《费正清在哈佛:东亚学在美国的机构化进程》,《社会科学辑刊》2001 年第 4 期。

[103] 王立新:《意识形态与美国外交政策》,北京:北京大学出版社,2007 年。

[104] 汪民安:《现代性》,南宁:广西师范大学出版社,2005 年。

[105] 王宪明:《蒋廷黻著〈中国近代史〉学术影响源探析——以所受"新史学"及马士的影响为中心》,《河北学刊》2004 年第 4 期。

[106] 王新谦:《对费正清中国史观的理性考察》,《史学月刊》2003 年第 3 期。

[107] 王新谦:《费正清在 20 世纪 40 年代美国对华政策调整中的作用与贡献》,《河南大学学报》(社科版)2005 年第 2 期。

[108] 马克斯·韦伯:《新教伦理与资本主义精神》,于晓、陈维刚等译,北京:三联书店,1987 年。

[109] 马克斯·韦伯:《儒教与道教》,洪天富译,南京:凤凰出版传媒集团,江苏人民出版社,2008 年。

[110] 韦磊:《1940 年代费正清对中国共产党的认识》,《重庆社会科学》2006 年第 6 期。

[111] 韦磊:《费正清抗战时期来华对其中国研究的影响》,《新视野》2007 年第 1 期。

[112] 韦磊:《美国中国学中的西方中心范式》,《人文杂志》2008 年第 6 期。

[113] 魏特夫:《东方专制主义》,徐式容、奚瑞森、邹如山等译,北京:中国社会科学出版社,1989 年。

[114] 肯尼思·沃尔兹:《现实主义与国际政治》,张睿壮,刘丰译,北京:北京大学出版社,2012 年。

[115] 伊曼纽尔·沃勒斯坦:《所知世界的终结——二十一世纪的社会科学》,冯炳昆译,北京:社会科学文献出版社,2002 年。

[116] 吴国安、高峻:《费正清的中国问题研究及其学术理论得失》,《党史与教学研究》1992 年第 1 期。
[117] 吴原元:《二十世纪六十年代末以来美国中国学的新走向》,《历史教学问题》2007 年第 2 期。
[118] 吴原元:《麦卡锡主义时期美国的中共党史研究》,《上海党史与党建》2008 年第 12 期。
[119] 巫云仙:《费正清的学术生涯与中美关系》,《文史哲》1994 年第 4 期。
[120] 巫云仙:《费正清中美关系史研究的主要特征》,《文史哲》1995 年第 6 期。
[121] 习近平:《习近平谈治国理政》(第二卷),北京:外文出版社,2017 年。
[122] 习近平:《习近平谈“一带一路”》,北京:中央文献出版社,2018 年。
[123] 夏明方:《一部没有“近代”的中国近代史——从“柯文三论”看“中国中心观”的内在逻辑及其困境》,《近代史研究》2007 年第 1 期。
[124] 夏明亮:《中国学之父费正清》,《文史月刊》2007 年第 7 期。
[125] 项锷:《费正清创建美国中国学的启示》,《学术月刊》2000 年第 1 期。
[126] 肖耀先:《费正清的〈伟大的中国革命:一八〇〇—一九八五〉》,《瞭望》1988 年第 31 期。
[127] 徐国琦:《略论费正清》,《美国研究》1994 年第 2 期。
[128] 徐里:《费正清眼里的中国》,《中国图书评论》1990 年第 2 期。
[129] 阎纯德:《从“传统”到“现代”:汉学形态的历史演进》,《文史哲》2004 年第 5 期。
[130] 杨静林:《从〈中国新史〉看费正清的中国观》,《西南交大学学报》(社科版)2007 年第 1 期。
[131] 杨静林:《20 世纪 70 年代费正清对中美关系发展的贡献》,《四川教育学院学报》2007 年第 11 期。
[132] 杨静林:《费正清与 20 世纪 30 年代中国自由主义知识分子的儒学观之比较》,《四川教育学院学报》2009 年第 3 期。
[133] 杨婉蓉:《费正清与〈中国新史〉》,《历史教学》2002 年第 2 期。

[134] 姚小平:《17—19 世纪的德国语言学与中国语言学》,北京:外研社,2001 年。

[135] 叶哲铭:《在“西方中心”和“中国中心”之间——论〈剑桥中国晚清史〉中费正清的史学研究模式》,《杭州师院学报》2005 年第 6 期。

[136] 俞可平:《民主与陀螺》,北京:北京大学出版社,2008 年。

[137] 于连,弗朗索瓦:《迂回与进入》,杜小真译,北京:三联书店,1998 年。

[138] 余英时:《费正清与中国》,《编译参考》1992 年 3—4 期。

[139] 乐黛云:《比较文学与比较文化十讲》,上海:复旦大学出版社,2004 年。

[140] 乐黛云:《漫议汉学与国学的交叉》,《清华大学学报》(哲社版)2010 年第 6 期。

[141] 岳山:《自由主义群体议政的努力——〈努力周报〉的创刊和停刊》,《安徽文学》2010 年第 10 期。

[142] 詹庆华:《中国海关洋员与哈佛的汉学研究——以马士与费正清为中心》,《上海海关高等专科学校学报》2006 年第 4 期。

[143] 曾亚雄:《“冲击-反应论”与马克思的中国观》,《江汉论坛》2003 年第 9 期。

[144] 张峰:《解构朝贡体系》,《国际政治科学》2010 年第 2 期。

[145] 张朋园:《郭廷以　费正清　韦慕庭——台湾与美国学术交流个案初探》(“中央”研究院近代史研究所专刊　第 80 辑),台北:“中央”研究院近代史研究所出版,1997 年。

[146] 张西平:《欧洲早期汉学史:中西文化交流与西方汉学的兴起》,北京:中华书局,2009 年。

[147] 张西平:《西方汉学十六讲》,北京:外语教学与研究出版社,2011 年。

[148] 张旭东:《全球化时代的文化认同:西方普遍主义话语的历史批判》,北京:北京大学出版社,2005 年。

[149] 赵惠芬:《儒学思想视角下费正清对中国近代化延缓的阐释》,《法制与社会》2009 年第 13 期。

[150] 赵文学:《论清教主义对美国主流文化价值观的影响》,《东北大学学

报》(社会科学版)2008 年第 3 期。

[151] 赵毅衡:《诗神远游:中国如何改变了美国现代诗》,上海:上海译文出版社。

[152] 中共中央宣传部:《习近平新时代中国特色社会主义思想学习纲要》,北京:学习出版社,人民出版社,2019 年。

[153] 仲子:《费正清的〈眺望中国〉》,《读书》1988 年第 6 期。

[154] 周宁:《契丹传奇》,北京:学苑出版社,2004 年。

[155] 周勤:《本土经验的全球意义——为〈世界汉学〉创刊访杜维明教授》,《世界汉学》创刊号。

[156] 周之鸣:《太平洋学会怎样适应共产主义出卖》,台北:华龙文化事业有限公司,1979 年。

[157] 朱政惠:《中国学者论美国中国学》,上海:上海辞书出版社,2008 年。

[158] 资中筠、姬红:《美国学术界对中美关系的研究,1969—1972》,《美国研究》1995 年第 1 期。

[159] 资中筠:《追根溯源:战后美国对华政策的缘起与发展,1945—1950》,上海:上海人民出版社,2000 年。

附：费正清生平年表

1907	5 月 24 日，出生于南达科他州的休伦市（Huron, South Dakoda）；
1911	举家迁往南达科他州的苏费尔斯（Sioux Falls），并在这里完成了小学及中学一二年级的教育；
1923	入新罕布什尔州菲力普斯·埃克塞特学校（Phillips Exeter Academy, New Hampshire），插入三年级学习；
1925	入威斯康星大学（University of Wisconsin-Madison）；
1927	转入哈佛大学三年级就读；
1929	获罗兹奖学金（Rhodes Scholarship），赴英国牛津大学巴利奥尔学院（Balliol College, Oxford University）就读；
1931	春，完成《1850—1854 年英国对中华帝国海关起源的政策》（*British Policy in Relation to the Origin of the Chinese Imperial Customs Service, 1850-54*）论文，获哈佛大学学士学位；
1932	2 月，来到北平为其博士论文做研究；6 月在北平与威尔玛·迪尼奥·坎农（Wilma Denio Cannon）结婚；结识梁思成、林徽因夫妇，梁思成给他们起中文名字“费正清”“费慰梅”；
1933—1934	在蒋廷黻帮助下任清华大学讲师，并在其作编委的英文期刊《中国社会及政治评论》（1933—34 年第 17 卷）发表第一篇学术论文《天津条约前鸦片贸易的合法化》（*The Legalization of the Opium Trade before the Treaties of* 1858）；

1935　1月，在香港发现怡和洋行案卷，圣诞节离华返美；

1936　4月，完成《中国海关的起源1850—58》(*The Origin of the Chinese Maritime Customs Service, 1850-58*)论文并通过答辩；6月获得牛津大学博士学位；9月，开始在哈佛大学任教；

1941　8月，进华盛顿特区情报协调局远东组工作；

1942　6月，被任命为情报协调局(1942年6月13日改名为战略情报局)驻中国首席代表；9月，抵达昆明，后到重庆，看望了在西南联大的故交；11月，去四川南溪县李庄探望了贫病交加的梁思成、林徽因夫妇；

1943　12月8日，离开重庆返回华盛顿，调战时情报局远东部主持中国问题部门工作；

1945　10月，到达重庆，任美国新闻处驻华总办事处主任；

1946　6月，与威尔玛一起前往张家口的中国共产党华北联合大学商讨中美人才交流计划；7月7日，从上海离华返美；秋，重回哈佛大学任教；

1948　第一部学术著作《美国与中国》出版；

1950　收养两个女儿劳拉和霍莉(Laura King Fairbank, Holly King Fairbank)；与刘广京合编的《近代中国：1898—1937中文著作目录指南》(*Modern China: A Bibliographical Guide to Chinese Works 1898-1937*)出版；

1952　3月10—11日，遭控告，到麦卡伦委员会(参议院的国内安全小组委员会)进行陈述；与其研究生巴兰特(Conrad Brandt)合作编撰的《中国共产主义运动史文献资料》(*A Documentary History of Chinese Communism 1921-1950*)出版；

1952—1953　以古根海姆基金会学者的身份在日本访问；

1953　《中国沿海的贸易与外交：1842—1854年通商口岸的开埠》(*Trade and Diplomacy on the China Coast: The Opening of the*

Treaty Ports 1842—1854)出版；

1954 《中国对西方的反应：1839—1923 年文献通论》(*China's Response to the West: A Documentary Survey 1839-1923*)出版；

1955 任新成立的哈佛大学东亚问题研究中心主任(1961 年更名为“东亚研究中心”)；

1957 《中国的思想与制度》(*Chinese Thought and Institutions*)出版；

1958 当选为美国亚洲研究协会主席；

1960 1—9 月，在全世界 26 个国家和地区巡游，其间在 7 月份第一次赴苏联参加国际东方学家代表大会；与赖肖尔(Edwin O. Reischauer)合作的《东亚：伟大的传统》(*East Asia: the Great Tradition*)出版；与邓嗣禹合著的《清代行政：三个研究》(*Ch'ing Administration: Three Studies*)，《中美关系中中国的形象和政策》(*China Perceived: Images and Policies in China-American Relations*)出版；

1964 1—7 月，出访亚洲 12 个国家和地区；

1965 与赖肖尔、克雷格(Albert M. Craig)合著的《东亚近代的变迁》(*East Asia: The Modern Transformation*)出版；

1966 3 月 10 日，在参议院外交委员会就对华政策作证，和崔瑞德(Denis Twitchett，台湾译为“杜希德”)开始共同编著《剑桥中国史》(*The Cambridge History of China*)；

1967 在坎布里奇举行六十大寿庆祝会，与费维恺(Albert Feuerwerker)、墨菲(Rhoads Murphey)、芮玛丽(Mary Wright)合编的《中国近现代史入门》(*An Introduction to Modern Chinese History*)出版，作为寿礼；

1968 当选为美国历史协会主席；《中国的世界秩序：传统中国的对外关系》(*The Chinese World Order: Traditional China's Foreign Relations*)出版；

1972 5 月下旬，与威尔玛重访中国；

1973　5月，辞去东亚研究中心主任，任哈佛东亚问题研究委员会主席；与赖肖尔、克雷格合著的《东亚：传统与变迁》(*East Asia: Tradition and Transformation*)出版；

1975　由他主编的《总税务司在北京：中国海关总税务司赫德致金登干书简，1868—1907》(*The I. G. in Peking: Letters of Robert Hart, Chinese Maritime Customs, 1868-1907*)出版；

1977　3月退休，"东亚研究中心"更名为"费正清东亚研究中心"作为退休礼以示纪念；

1978　与赖肖尔合著的《剑桥中国晚清史》上卷《中国：传统与变迁》(*China: Tradition and Transformation*)出版；

1979　1月，与威尔玛、白修德一起参加卡特总统为邓小平副总理举行的欢迎晚宴；8月，随蒙代尔副总统访华；感恩节，几乎致命的心脏病发作；

1982　《费正清对华回忆录》(*Chinabound: A Fifty-year Memoir*)出版；

1985　《基督教在中国：早期新教传教士作品研究》(*Christianity in China: Early Protestant Missionary Writings*)出版；

1986　《伟大的中国革命：1800—1985》(*The Great Chinese Revolution, 1800-1985*)、《中国海关总税务司赫德札记 1854—1863》(*Entering China's Service: Robert Hart's Journals, 1854-1863*)、《美国对华贸易的历史回顾：中美双方的状况》(*America's China Trade in Historical Perspective: The Chinese and American Performance*)出版；

1987　《观察中国》(*China Watch*)出版；

1991　9月12日，完成《中国新史》(*China: A New History*)书稿交哈佛大学出社(1992年出版)；9月14日，在坎布里奇去世。

致谢

最早知道乐黛云先生是通过她在 1995 年出版的一本叫作《独角兽与龙》的小册子，由此在我面前开启了一扇叫作比较文学的大门。在著作、文章、电视、报端常常闪现的先生的名字和身影，让我充满了景仰与好奇，在不断的阅读中，先生像一位持灯的使者，她的思想和主张常常成为我写作和教学的火花，朦胧中产生的拜见先生的不切实际的念头随之挥之一笑地打消了。2008 年考取乐黛云先生在北京外国语大学招收的博士研究生，9 月初开学之际与同门一起去北大朗润园向先生修弟子之礼，当我真切地坐在她四壁皆书的逼仄的客厅里面对着先生时，心里不免掠过一阵阵的紧张，先生随意、和蔼的话语让我放松下来。其间同我们谈起了未来三年的学习计划以及我们各自想做的方向，先生是一个性格豁达、开朗，但治学严谨的人，并没有一开始就给我们设定研究的框框，只是要我们在广泛涉猎的基础上缕析出自己的方向。她问我有没有兴趣参与她正在做的一套当代海外汉学家个案研究的丛书编撰计划，由于自己的硕士方向与此相近，最终选择了费正清，事实上对费正清的了解只是皮毛，所以诚惶诚恐地接手了这个研究课题。先生是一个不断创新的人，她鼓励我大胆进行新领域的探索。经过多次交流和探讨，先生同意了我的想法，放手让我做费正清的个案研究，在她的信任、指导和关怀下，一个崭新的领域在我面前渐次打开。

先生给我们开设了一门《比较文学新视野》的课程，让我们每周写一篇小论文，通过Email提前发给她，然后打印出来上课前与我们讨论，上面总是布满了密密麻麻的修改痕迹，先生没有嫌弃我的愚钝和浅陋，总是耐心地指出问题、热情地给予鼓励。此外，还安排我们在北大听了安乐哲、陈跃红、戴锦华等教授的课程，在北外选修了张西平、汪民安等教授的课程，这些老师在不同领域的卓越成就和个性的教学风格，给我的研究打下了良好的基础，也给我自己的教学带来了很多启迪。先生和师公汤一介先生还带着我、安排我参加了一些学术会议，引领我进入到比较文学更广阔的领域。在论文写作过程中，先生不时通过Email给我发来一些参考资料，在我寻找费正清博士论文的时候，她联系了一位在哈佛大学做访问的北大学生，在《费正清评传》那本书过了交稿日期时，她亲自给上海的出版社替我请了假，这一切都是难以用语言来表达的。

北外读博三年多的时间里，实际上自己在北京待的时间并不是太长，和先生见面的机会也不是很多，在单位和家里常常由于诸事缠身再加上自己的懒惰，学术上总是滞阻不前，有时羞于与先生联系。但每一次见面，先生总是先问起我的家人情况，问我衣服带得够不够，这常常让我感到无地自容、无以回报。和先生见面虽少，但每一次见面时先生聊家常式的学术指点都成为我温馨的回忆。

“夫子之墙数仞，不得其门而入，不见宗庙之美，百官之富。得其门者或寡矣。”（子贡语，《论语·子张》）以前常徘徊于学术之墙外而不自知，经过先生三年多来的指点与熏陶，终于理解了什么是学术，虽还不能登堂入室，但也庶几可以窥见“宗庙之美”了。

开题时，张西平教授指出，一些重要的参考文献一手材料不足，促使我下决心找到费正清的博士论文，其间张老师在欧洲访问时还给我发短信，指导我联系国图国际互借部和哈佛大学费正清中心；汪民安教授建议我读一读拉铁摩尔和沟口雄三的书，后来又通过电话对论文结构提出了很好的建议，上课期间他对现代性和后先现代性理论的介绍给予我很大启发；魏崇新教授对论文文字的鼓励，学姐张洪波副教授对论文题目的纠正，以及田辰山教授对中西比较哲学的介绍等等都给予我很大帮助。

此外，在收集材料、论文写作过程中，还要感谢给予我帮助的费正清的女儿 Holly Fairbank 女士、中央网络电视台的胡劲草编导、加拿大英属哥伦比亚大学亚洲研究所的 Paul M. Evans 教授、牛津大学 Bodleian 图书馆的 Rob Wilkes 先生、哈佛大学费正清中国研究中心图书馆的 Nancy Hearst 女士、中国国家图书馆的冯京桉女士，感谢我的同门张锦、张宁、闫雅萍博士，学友张凯、贾洪伟、何岩巍、陈敏哲、刘立平、滕海区博士以及我的朋友戴景海、钟传水、陈力先生等帮我取得的各种参考资料和帮我建立的联系。在本书结稿、修改之际，惊闻贾洪伟博士 5 月 24 日突然去世的消息，在此表示特别的纪念。

在我读书期间，单位领导和同事给予我很大的支持，我不在岗的时候，是他们帮我完成了应由我完成的各项工作。

感谢我日渐年迈的父母、岳父母以及其他所有家人，在我不在家的日子对我家庭的照顾与关怀以及对我的挂念与支持。

感谢我的妻子和女儿。结婚以来，曾有两次长时间离家，一次是在英国诺丁汉大学攻读硕士学位期间，另一次就是在北京外国语大学攻读博士学位期间，是妻子默默承担起照顾孩子和老人的重担，以及各种繁杂的家务事，正是由于她的宽容、谅解、支持和安慰让我安心完成了学业。对她的感激无以言辞，唯愿“执子之手，与子偕老”。从 2008 年秋到 2011 年冬，在我奔波于济南和北京一面工作一面读博期间，无暇女儿的学业，她自觉地努力学习，考取了省重点中学山东省实验中学，她也从一个懵懂的小姑娘长成了一个懂事的大姑娘，能替我和她妈妈分担些事情，这让我既感到欣喜又感到愧疚。

感谢亦师亦友的刘振前教授在项目资金上给予的大力支持以及对本

书提出的宝贵意见和建议，感谢闫先会博士在联系出版社方面给予的热情帮助。

对这些师长、同门、学友、朋友、同事、家人以及各位好心人一直以来给予我的帮助与支持，微薄的言辞难以表达我的由衷感激，唯有在心底默默地向他们祝福！

陈国兴

于济南长清湖

齐鲁工业大学外国语学院

2021年6月

Abstract

No matter in what ways to comb or explore the studies on China in modern sense, a figure—John King Fairbank (1907–1991) cannot be bypassed.

The traditional Sinology, which was centered in France, usually based on historical and textological approaches, is a kind of studies on classic China as an intellectual object. Sinology had played a role in promoting the cultural communication between the East and West, but it is usually regarded as a learning of pure knowledge. But in pragmatic America, its early Sinology assumed features of social sciences for the relation with business and national interest, which thus differed with humanities-oriented European Sinoloy. So, when European Sinology was transplanted to America, it turned out to be unacclimatized. Fairbank chose the history of diplomacy between China and Britain as an access, and almost single-handedly penetrated into a new field of studies on China. After WWII, especially with the foundation, development and prosperity of new China, the "Area Studies"—Chinese Studies created by Fairbank has gradually become a distinguished learning, which finally shifted the center for studies on China from France to America. John King Fairbank has thus become a great master for his creation of China studies and perspective idea of and contribution to the development of Sino-US relations based on Chinese Studies.

In almost 60 years of academic career, Fairbank not only witnessed the surging waves of the transformation of Chinese society and history since 1930s, but also directly participated in the treacherous and entangled Sino-US communications. From a Puritan offspring from the conservative middle-west America, to a student in the declining British Empire, to an American diplomat in corrupt KMT China, to an upper-class professor in New England, in the constant changes of realistic context and his identities, he had never deviated his consistent academic focus from China, and gradually developed American China studies with realistic features in the construction of his self-identity. As he said: "A historian is a part of his own history. I don't believe in the reality of social scientific research without the criteria of subjective values", "it is just to deceive himself for a social scientist to abandon the criteria of subjective values".

According to an incomplete statistics, in his life career he finished at least 44 monographs (including some collaborative ones), edited and co-edited at least 18 works, published 187 treatises and 160 book reviews, written 52 prefaces for other people's works and a lot of special interviews and audio-visual materials as well. Even 2 days before his death on September 14 of 1991, he himself handed in his fresh book *China: A New History* to Harvard University Press(HUP).

Because of his unique and rich life experience, and complex and changing academic ideas, he himself has become a study object in the academic circles either home or abroad. After WWII, there has emerged an academic trend with strong political color and cultural criticism—post-colonialism, some scholars in American historical circle have raised challenge toward the long-dominated model of "impact-response". While in China, the study on John King Fairbank has always been a hot topic fromthe 1990's till today, but because of the impact from Western post-colonialism, the research by Chinese scholars has basically been the criticism based on Western cultural centrism. Theoretically it can be said that their criticism is not wrong, but ignores the realistic context where Fairbank lived to some extent. This book tries to explore the realistic context behind the changes of his thoughts on China studies, so as to conduct a rational and objective analysis and criticism of the formation, development and change of his China studies, from which some beneficial references are expected to borrow to construct a cultural discourse with Chinese characteristics in the contemporary world context.

Thebook firstly presents the retrospection of Fairbank's life experience and academic career, combs the origin of his academics, summarizes and analyzes the causes of creation and the main features of his China studies different from traditional Sinology. Among the 4 guiding masters Charles Kingsley Webster, Hosea Ballou Morse, Owen Latimore and Ting-fu Tsiang, the first three were experts in diplomatic history, especially among whom Morse and Latimore were both the experts and participants in modern Chinese diplomatic history, while Ting-fu Tsiang was an expert in modern Chinese history. Their influence brought Fairbank into the research field of modern Chinese diplomatic history dismissed by Sinologists, and the use of Chinese documents in the research made him different from the former ones who studied on modern Chinese diplomatic history; his idea of academic research for the sake of national interest stemmed from the religious family background and scholastic official identity and his research programs supported by the special-interest group funds and the government made his China studies have a strong color of utilitarianism, which leaves an impression of a kind of official studies on China, and Fairbank thus got himself a nickname "academic entrepreneur". So, the objectivity of his Chinese Studies is often under question. After McCarthyism, Fairbank integrated the rift of China studies institutions in the east and west of the United States, and helped form the national group-coordinating network for academic research and education. Besides, his two global academic tours in 1960s helped the expansion of China studies around the world; during the WWII, American government established the Office of War Information, which assembled many experts of various fields from the whole nation like Fairbank to collect, sort and analyze the war information. The application of social science approaches in the information analysis gave Fairbank an inspiration. After the

War, he organized seminars in the Center for East Asian Research and invited the experts in social sciences to give lectures, and he also put the theories of social sciences into the writing of his first monograph *The United States and China*. So, the comprehensive approaches of social sciences form another feature of his China studies. Thus, Fairbank's China studies can be called the first paradigm shift since the traditional Sinology.

The analysis and evaluation on Fairbank's thoughts in China studies form the important part of thebook. The leading thought in Fairbank's China studies is his view on traditional Chinese culture and the "impact-response" model based on the view. Through the analysis of the background of China studies above, the author summarizes the following causes of his view on traditional Chinese culture: his negative prejudice (*vorurteil*) on Chinese image under the impact from American missionaries' view on China; his Western intellectual structure; the influence of the Chinese liberal intellectuals of the May Fourth Movement and the bigoted disgust for corrupt KMT government. So, Fairbank formed his negative evaluation on traditional Chinese culture, especially had a complete negation on Confucianism. Fairbank's view on Confucianism basically continues Talcott Parsons' universalism of capitalist system and values developed from Max Weber's rational capitalism, and it is indeed an idea regarding Confucianism as a kind of autocratic tool. The book thinks that Confucianism as a kind of instrumental rationality definitely has its limits, but its value rationality, like aesthetic rationality and correlative logic, can still play an important role in social construction. Comparative philosophy between West and China, just out of the value rationality in Confucianism, attempts to explore the intellectual source of traditional Chinese culture in order to heal the rifts in society, nature and values caused by capitalist rationality since the Enlightenment.

The studies on Chinese tributary system was first started by Fairbank, so his view on Chinese world order makes an important part of his thoughts on traditional

Chinese culture, thebook specially discusses his view on Chinese world order. According to Fairbank, Chinese world order is a self-centered, hierarchical tributary system, thus an unequal and backward diplomatic system, while the Western treaty system based on nation-state is an equal and advanced diplomatic system which can thus stimulate and disintegrate Chinese tributary system, and finally pave the way for the birth of China as a nation-state in modern sense. By tracing back to the formation and development of international relation laws of treaty system, the book holds that the so-called international relation laws, which were based on nation-state and formed after Westphalia system, were actually laws between nations to coordinate the relations inside Europe at the beginning, and later became a universal hegemonic logic for the sake of colonization and expansion. After the Opium War, the series of unequal treaties the foreign powers imposed on China are just the embodiment of this hegemonic logic. Chinese tributary system is in nature a correlative diplomatic system of hierarchical inclusion which laid emphasis on the harmony and stability of society, nature, morality and spirit, and on the correlative inclusion between the suzerain and vassals and objected the opposition between them. So, the traditional Chinese diplomatic system is a good reference for accommodating the tension, opposition, conflict in current international relations caused by Western hegemonic logic and power politics.

Because of his view on Chinese world order, Fairbank attempted to fit the development of Sino-US relations into American liberty-democracy structure, but the impact on the so-called American universal system and value by the terror of McCarthyism, the failures in Korean War and Vietnam War and the scandal of "Watergate", and especially with the consolidation and increase of China's international status, Fairbank began to reflect Sino-US relations from the realistic perspective of tri-power relations between China, US and USSR, and finally turned into a realist from an idealist, and was adjusted to the development of Sino-US relations and made contributions for the normalization of the relations between the two nations. The normalization of Sino-US relations is a good footnote for the application of his China studies in real politics, which represents the peak of his academic career.

The "impact-response" model is the core analytic frame for his whole China studies, the author analyzes the formation of Fairbank's "impact-response" model and Paul Cohen and other scholars' criticism on the model. His intellectual structure developed in the Western intellectual background and his bipolar thinking mode in the Cold War made his thinking logic carry with an inertia of binary opposition, and his idea on social development a linear and teleological one, in which his famous "impact-response" model came into being. According to the model, the modernization of stagnant and backward Chinese society can only be realized by the impact of the dynamic and progressive West. Paul Cohen, from the view of post-modern historical theories, thinks that Farbank's "impact-response" model and the similar "imperialism" and "tradition-modern" models are all typical ideas of Western-centralism. Cohen insists on penetrating into inner China through "empathy" to find the elements to China herself for modernization after deconstructing the concept "West". The "China-centered" approach to China studies represented by Cohen's "inner orientation" perspective can be regarded as the second paradigm shift of studies on China in the West. The second paradigm shift has brought about wide and lasting influence, a great amount of case studies afterwards on a figure, a village or a class are just the fruits of this influence. In his later years, Fairbank realized the faults of "outer orientation" in his China studies, and made some patch-mendings in the books like *The United States and China* (4th Edition), *China: Tradition and Transformation*, *The Great Chinese Revolution: 1800–1985* etc., but the general frame of his "impact-response" model basically remains intact.

Paul Cohen's "inner orientation" is undoubtedly of great help in getting rid of

Western-centralism, but the China studies based on "China-centered" approach is only the upside-down of Orientalism, which is apt to lead to the parochial nationalism and conservatism in Chinese society and unfavorable to the multiple thinking in the era of globalization. Therefore, the conclusion of thebook insists that John King Farbanlk's thoughts in China studies should not be completely denied only from one-sided "China-centered" approach, because the Western impact on China in 19th Century as an objective being cannot be avoided by anybody anyway. The excellent civilization fruits created by any nation in her long history have something deserving learning and borrowing by others. Civilizations come in different colors, are equal and inclusive, so they can be richer and more colorful through exchanges and mutual learning. In addition, the criticism on his China studies cannot be purely conducted in theory, which is easy to fall into historical nihilism, but should be objectively and rationally analyzed by referring to the realistic context. Fairbank also pointed out: "... to imagine Peking acting completely free of history would be the height of unrealism". Therefore, China studies created by John King Fairbank can be treated as a self-reflection mirror by us. By borrowing and absorbing Western culture and inheriting our traditional culture through criticism and self-criticism, our current culture can be reshaped on the horizontal and vertical coordinates of "through West and back to the tradition", which can form an interactive and co-constructive setup of studies on China home and abroad, and finally makes Chinese culture become an important intellectual souree in constructing contemporary world culture, and hopes to develop the third paradigm shift of China studies.

Key words: John King Fairbank; China studies; culture; "impact-response" model